Pearson

丛书主编　杨向东

引领学校和区域教育变革的七步骤

THE LEADER'S GUIDE TO
21ST CENTURY EDUCATION:
7 Steps for Schools and Districts

大夏书系・『核心素养与21世纪技能』译丛

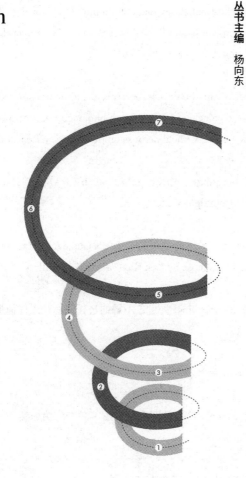

[美]
肯·凯
Ken Kay

瓦莱丽·格林希尔
Valerie Greenhill
著

张晓蕾　何晓娜
译

华东师范大学出版社
ECNUP
全国百佳图书出版单位
・上海・

Authorized translation from the English language edition, entitled Leader's Guide to 21st Century Education, The: 7 Steps for Schools and Districts 1e by Ken Kay/Valerie Greenhill, published by Pearson Education, Inc, Copyright © 2013.

All rights reserved. No part of this book may be reproduced or transmitted in any form or by any means, electronic or mechanical, including photocopying, recording or by any information storage retrieval system, without permission from Pearson Education, Inc.

CHINESE SIMPLIFIED language edition published by EAST CHINA NORMAL UNIVERSITY PRESS LTD., Copyright © 2023.

本书译自 Pearson Education, Inc. 2013 年出版的 Leader's Guide to 21st Century Education, The: 7 Steps for Schools and Districts 1e by Ken Kay/Valerie Greenhill。

版权所有。未经 Pearson Education, Inc. 许可，不得通过任何途径以任何形式复制、传播本书的任何部分。

简体中文版 © 华东师范大学出版社有限公司，2023。

本书封面贴有 Pearson Education（培生教育出版集团）激光防伪标签，无标签者不能销售。

上海市版权局著作权合同登记 图字：09-2017-506 号

华东师范大学"幸福之花"基金先导项目(人文社会科学)"复杂学习情境下核心素养测评范式及其培养机制研究"(2019ECNUXFZH015)的成果。

"核心素养与21世纪技能"译丛
编委会

主　编： 杨向东
副主编： 安桂清
编辑委员会（按姓氏拼音排序）：
　　　安桂清　窦卫霖　高振宇　杨向东
　　　张晓蕾　张紫屏

书评

《引领学校和区域教育变革的七步骤》这本书对于想要在学校变革中作出实质性改进的教育者来说是个非常好的资源。作者认识到要想提升学生的21世纪技能，需要教育者深入参与到共同探究、建立共识、合作努力、行动研究和共享学习中来，这些对持续改进至关重要。凯和格林希尔两位作者并没有随意给出快速解决的方案或简单的答案，相反，他们提出了一些更有价值的东西，即如果要满足当代学生的需求，教育者必须考虑的重要问题和深刻见解。《引领学校和区域教育变革的七步骤》对学校改进作出了重大贡献，我强烈推荐这本书。

——里克·杜弗（Rick Dufour）

教育作家和顾问

两位作者肯·凯和瓦莱丽·格林希尔为教育改革运动作出了重要的贡献。他们一步步详细阐述了领导者指南，为有意创建21世纪教育学校系统的学区领导者提供帮助。本书用实例和具体的指导方针描述了高绩效系统的实践，为我们的孩子在21世纪的工作和公民生活中取得成功提供了具体的愿景和路线图。

——芭芭拉·周（Barbara Chow）

威廉和弗洛拉·休利特基金会教育项目主任

"我们需要有效解决问题的人，"凯和格林希尔说，"学生知道如何将所学的知识运用到他们可能不熟悉的环境中。"这本书为学校再造教育提供了一个架构,让学生为 21 世纪的生活作好准备。利用路线图、真实生活故事和经验教训,这本书巧妙地引导教育者解决了绩效责任制、抵制变革,以及教学技能与教学内容之间的错误二分法等复杂的问题。这为今天教育界进行的讨论增添了重要一笔。

——丹尼尔·多梅内克(Daniel A. Domenech)
美国学校管理者协会执行董事

两位作者凯和格林希尔积累了大量的 21 世纪教与学的资料,并将其转化为清晰、易读、方便使用的格式和内容。这本书不仅仅是一个"指南",更是实现学校变革的最终蓝图。本书概述了如何通过学校的教学来领导、引导、培养和实施 4C(批判性思维能力、沟通能力、合作能力和创新能力)——这是致力于培养 21 世纪学习者的教育领导者之必读书目。

我特别高兴的是,全美各地的学校董事会成员(他们中的许多人一直是 21 世纪教育的积极支持者)能够利用这一宝贵资源来推动地区教育向前发展。

——安妮·布莱恩特(Anne L. Bryant)
全美学校董事会协会(NSBA)执行董事

目录

"核心素养与21世纪技能"译丛译者序　　001
前　言　　007

步骤1　确立愿景　　001

简　介　　002
有关21世纪生活的各个面向　　003
从何开始：4C　　017
除了4C以外，还需要加上什么？　　025
结　语　　031
参考文献　　036

步骤2　建立共同体共识　　039

介　绍　　040
将4C作为引领　　040
让他人了解4C的重要性　　042
围绕4C展开合作　　057
结　语　　070
参考文献　　071

步骤 3
系统内部相互配合
073

相互配合：扩大工作规模	074
什么是 4C 的相互配合？	076
如何开启教育改革：运用 MILE 指南	084
结　语	089
参考文献	091

步骤 4
构建专业能力
093

简　介	094
4C 作为专业发展设计的原则	094
4C 作为专业发展内容的核心	099
专业发展的资源	102
结　语	105
参考文献	107

步骤 5
聚焦课程与评价
109

什么是 4C 课程？	110
基于理解的教学设计与 4C 课程	112
4C 的课程行动步骤	113
对课程的最后思考	121
4C 和评价	121
关于评价的好消息	122
评价的行动步骤	124

	新的"起始点"在哪里？	140
	结　语	141
	参考文献	143

步骤 6
支持教师
145

激励教师	146
关注学生工作	149
将 4C 教学法划分优先次序	152
加强 4C 学习环境建设	155
结　语	162
反　思	162
练　习	163
参考文献	164

步骤 7
改进与创新
165

创建"步骤 7"组织	166
创建支持持续改进的文化	169
关注你在 4C 教学与学习方面的持续改进	172
将 4C 持续改进战略延伸到你组织的其他关键部分	174
关于持续改进的最后想法	175
结　语	176
参考文献	177

附录 1	P21 架构性定义	179
附录 2	21 世纪技能地图	193
附录 3	批判性思维资源文档	194
附录 4	沟通资源文档	203
附录 5	合作技能相关的资料	212
附录 6	创造性资源的文件	220
附录 7	共同体小组拓展工具箱	232
附录 8	商业共同体拓展工具箱	241
附录 9	学校董事会备忘录——利益相关者的拓展	245
附录 10	为学生准备的拓展工具箱	249
附录 11	21 世纪问题解决任务（PST）	261
附录 12	上阿灵顿城市学区毕业设计的操作标准	267
附录 13	高级技术高等项目调整草案	272
附录 14	MILE 指南	275

"核心素养与 21 世纪技能"译丛译者序

1997 年，世界经济合作与发展组织（OECD）启动了"素养的界定和选择"（Definition and Selection of Competencies，DeSeCo）项目（OECD，2005）。该项目旨在研究面向 21 世纪的个体应该具备的核心素养，提供界定和选择这些核心素养的理论依据，以回应日益复杂的时代变化和加速度的科技革新给个人生活与社会发展所提出的种种挑战。

自 DeSeCo 项目发起之后，核心素养迅速成为世界各个国家、地区和国际组织界定和思考 21 世纪学校教育与学生学习质量的基本概念。培养学生具有适应 21 世纪社会需求、促进终身学习和发展的核心素养，成为基础教育改革和发展的国际最新趋势。根据全球化和信息化时代生存和发展的要求，许多发达国家和国际组织纷纷提出了各自的核心素养架构，其中比较有影响力的包括欧盟提出的终身学习核心素养共同架构（European Commission，2006，2012），美国 21 世纪技能联盟提出的 21 世纪学生学习结果及其支持系统（US partnership for 21st century skills，2014），以及思科（Cisco）、英特尔（Intel）和微软（Microsoft）三大信息技术公司发起的 21 世纪技能教学和测评项目（Griffin et al.，2012）。

这些架构无一例外都关注创新、批判性思维、沟通交流和团队合作能力，强调个体的核心素养需要在数字化和信息化环境下展开，重视在全球化条件下和多元异质社会中培养主动参与和积极贡献的意识、能力和责任感。这种相似性并非偶然，集中反映了全球化和数字化时代对公民素养的共同要求。自上世纪 60 年代以来，数字化技术的迅猛发展导致全球经济模式、产业结构和社会生活持续发生根本性的变化。新的世纪进入人工智能时代，经济模式以创新为主要驱动力。越来越多的工作类型要求参与者适应充斥着高新技术的工作环境，能够对复杂陌生的问题作出灵活反应，能够有效沟通和使用各种资源、技术和工具，能够在团队中创新，持续生成新信息、知识或产品。现代社会变化加速，工作和生活流动性增加，需要人们能够学会学习和终身学习，尽快适应新的环境和不断变化的生活节奏及性质。

显然，滥觞于本世纪初的这场运动从一开始就带有浓浓的社会适应的味道，虽然这种适应不可避免地带有促进个体发展的意蕴。所谓的核心素养，就是个体适应日益复杂多变的 21 世纪社会需求所需要的关键性和根本性的品质。在这个意义上，核心素养与 21 世纪技能在内涵上是互通的，指向新世纪个体的可持续发展与社会的良好运作。按照 OECD 的说法，21 世纪的核心素养需要满足三个条件：(1) 要产生对社会和个体有价值的结果；(2) 帮助个体在多样化情境中满足重要需要；(3) 不仅对具体领域的专家而言是重要的，对所有人都是重要的（OECD, 2005）。在内涵上，核心素养超越了对具体（学科）领域知识或技能的理解与掌握，更强调整合性、现实性和可迁移性。按照 OECD 的说法，素养"不仅仅是知识与技能，它包括在特定情境中个体调动和利用种种心理社会资源，以满足复杂需要的能力"。所调动和利用的心理社会资源"包含各种知识、技能、态度和价值观（OECD, 2005, p. 4）"。它是个体整合上述资源，应对或解决各种复杂陌生的现实问题的综合性品质。

这对既有的教育理念和方式提出了巨大的挑战，也产生了深远的影响。以 21 世纪的核心素养为育人目标，让教育者更加关注如何搭建学校教育、儿童生活与未来社会的桥梁，而不仅仅将视野局限在学科内容、教学要求和考试大纲等方面。利用核心素养模型来阐述教育总体目标，不仅使育人形象更为清晰，也对学校教育提出了超越学科知识和技能的育人要求，强调对高阶、整合和可迁移的综合品质的培养。素养导向的学校教育指向更为广义的课程观，蕴含了一种以人为本的泛在育人环境的构建。以学生的核心素养发展为主轴，通过各种整合性的现实情境和真实性任务，实现各教育阶段的螺旋上升和各学科课程之间的统整。在学习方式上，通过问题式或项目式学习，让学生体验解决复杂的、不确定的真实性问题，模仿或参与各种真实的社会实践，发展批判性和创造性思维，学会沟通交流和团队协作，在经历对知识和理解的社会性建构过程中实现自我成长与社会适应的统一。毋庸置疑，这样一种教育模式对学校的教学管理、资源配置、考试评估及教师专业发展等方面都提出了诸多挑战和要求。学校需要从素养培养的现实需求出发进行资源配置，按照新型学习方式开展日常教学管理，构建以核心素养为实质内涵的质量话语体系和评价机制，赋予教师更加充分的专业自主权和灵活性。这一过程显然是长期而艰巨的。正如那句英语谚语所说的，"It takes a village to raise a child"（养孩子需要全村协力），没有整个教育系统的转型，素养导向的教育变革难以真正实现。

与国际教育改革和发展的趋势相一致，我国以普通高中课程标准的修订为契机，开启了以核心素养为纲的基础教育课程改革。2018年1月，历时四年修订的普通高中课程标准正式颁布。以核心素养的培养为主线，新修订的课程标准在教育目标、课程育人价值、课程结构、内容组织、学业质量标准、学习和教学方式、考试评价等一系列领域均取得了重要突破，为我国基础教育课程改革的进一步深化提供了理论基础和政策前提。如何在此基础上，系统反思我国原有教育教学观念和体系的弊端与不足，结合我国教育实际开展系统深入的素养教育理论和实践研究，开发促进学生核心素养发展的课程体系、学习方式和评价机制，实现学校育人模式和管理机制的转型，是摆在我国教育理论工作者和实践人员面前的迫切任务。

出于以上思考，我们选编、翻译和出版了这套"核心素养与21世纪技能"译丛。考虑到国内推进基础教育课程改革的现实需求，本套丛书聚焦于以核心素养或21世纪技能为指向的理论、研究和实践的整合，关注当前基础教育的重大议题。所选书目在主题和内容上包括：(1)基于国情构建核心素养体系的探索；(2)21世纪学习机制和理论架构的研究；(3)核心素养理念指导下课程与教学改革的可行路径；(4)21世纪技能测评的方法与技术；(5)促进学生核心素养发展的学校和社区教育环境的建设等。对相关主题的阐述既有理论的视角，也有便于参考和借鉴的思维架构、研究或实施路径，以及源于教育现实的真实案例或课堂实录。本套书适合致力于推进我国基于核心素养的课程、教学、评价以及学校管理的广大教育研究人员和实践工作者阅读和使用。我们希望这套丛书为大家提供有用的资源，改善大家对核心素养的理解，促进课程、教学和评价等领域的转型，为推进我国基础教育课程改革提供富有价值的支持。

  本套译丛是集体合作的成果。参与译丛翻译工作的大都是从事我国基础教育研究工作的中青年学者，具有良好的教育背景和科研素养。为了统一不同书中的专业术语，保障译丛翻译稿件质量，每本书的译者先对附录中的专业词汇进行了翻译，然后在整套译丛层面上进行了汇总，并在讨论基础上尽可能进行了统一处理。翻译是一项既有很强专业性，又富有艺术性的工作。翻译过程既细致而又漫长。在此向参与译丛翻译的各位译者的辛勤付出表示衷心的感谢。译丛中不同原著已然风格不一，不同译者又有着自己的理解和语言风格，希望读者能够理解并给以谅解。华东师范大学出版社的龚海燕总编对本套译丛非常关心，在译丛版权方面做了大量富有成效的工作，在此一并表示衷心的感谢。

杨向东

参考文献

European Commission. (2006). *Key Competences for Lifelong Learning, OJ L 394, 30.12.2006* [online]. Available: *Http: //europa.eu/legislation_summaries/education_training_youth/lifelong_learning/c11090_en.htm.*

European Commission. (2012). *Developing Key Competences at School in Europe: Challenges and Opportunities for Policy [online]. Available: http: //eacea.ec.europa.eu/education/eurydice/documents/thematic_reports/145EN.pdf.*

Griffin, P., McGaw, B., & Care, E. (2012). *Assessment and teaching of 21st century skills.* Dordrecht, NE: Springer.

Organization for Economic Cooperation and Development (2005). *The definition and selection of key competencies, Executive summary.* Paris, France: OECD.

Partnership for 21st Century Skills (2014). *Framework for 21st Century Learning* [online]. Available: *http: //www.p21.org/about-us/p21-framework.*

前　言

确切地说，21世纪教育的旅程开始于2000年。在准备处理《芝加哥论坛报》编委会有关教育技术的事宜中，在芝加哥举行的一个教育和商界领导讨论会上，我们的朋友凯伦·布鲁特（Karen Bruett）——戴尔（DELL）公司教育市场部的总监提到："我知道你们接下来应该做什么。你们应该发展新的国家联盟，去深入探讨新的全球化经济时代什么能力是年轻人需要的。"

这开启了我们21世纪的教育旅程，至今仍然在路上，从未停止。我们创立了21世纪技能合作组织（P21），这个组织开启了著名的"21世纪学习架构"（也就是我们熟悉的"彩虹架构"）。

对于我们每一个人来说，这都是一个令人欣喜的旅程。它让我们有机会深入地对K-12教育变革的根本问题展开探讨。这一过程富于挑战。在与州立及国会层面的政策制定者共同工作十年之后，我们注意到越来越多的地区教育领导们开始向我们提问，问题包括如何更好地在学校教育实践中实施21世纪技能。我们越来越有兴趣与学区督导、学校校长、学校董事会成员，以及地方商业领袖等，对如何落实21世纪教育愿景开展合作。国家层面上，是否需要21世纪教育的新模式的问题似乎已不再成为一个问题，大家关注和讨论的核心问题是：新的模式如何实施？

本书应运而生。在我们与学校和学区领导开展合作的过程中，我们希望分享他们的经验，同时也根据我们的所思所想，提供看法。这本书的目标是为教育领导者们提供一个实施21世纪教育新模式的导向引领，使它对当前处于践行新教育模式任何阶段的实践者们都有所帮助。

在这之前有一事需说明：迄今为止，如果没有一个强有力的领导，就没有一所学校或学区能够真正意义上实施21世纪教育的新模式。个别教师和课程虽能呈现一些有启发性的案例，但没有教师领导、校长和学区督导的强有力支持，这项任务难以持续下去。因此，本书的对象是那些正在争取与校长和学区督导合作，共同实施21世纪教育模式的教育领导们。当然在写作本书过程中我们的心中也一直装着校长和学区督导们。所以也欢迎以上提及的教育领导们将本书及其中的观点分享给同事、教师领导、校长和教育学院的领导们。

本书概观：7个步骤和4种能力

本书的结构简洁明了。7个步骤，与我们的实施模型相互对应。我们希望这7个步骤能够给教育领导者们以帮助，无论你是刚刚开始践行21世纪教育的新模式，还是开始这项改革任务已有一段时间。

在过去的十多年间，我们看到了很多种践行和落实21世纪教育新模式的路径。大多数情况下，实施的结果都有赖于一位强势的学区督导。不过，我们也看到一些校长、教师或者技术督导发起这项工作。在很多案例中，这些努力的发起源自学校董事会的成员。但对于践行21世纪教育的变革行动来说，并不存在所谓既定的模式。

对此，我们不去强调将某一个学区或者学校的实践作为所谓的模板。我们根据对整个国家范围内学校和学区实践的已有观察，界定出7个步骤。希望通过这些步骤，配合我们提供的不同案例，展现一个多元化的践行21世纪教育新模式的图景，帮助各位开展工作（如下图）。

给教育领导者的7个步骤

步骤7　改进与创新

步骤6　支持教师

步骤5　聚焦课程与评价

步骤4　构建专业能力

步骤3　系统内部相互配合

步骤2　建立共同体共识

步骤1　确立愿景

除了这7个步骤，本书的另一个组织原则是4种核心能力（4C）。21世纪技能合作组织（P21）开发的"21世纪学习架构"中界定了18种不同的能力。目前，16个州采用这个架构，建构了21世纪学生学习结果、教师专业发展和评价的标准。但是，介于这个架构界定较为宽泛，很多教师和政策制定者对于这个架构如何落实都不知从何下手。为此，P21组织深入到不同的教育共同体和公共社群中，进一步界定了4种为各方教育者都认可的最核心的能力素养，俗称4C：批判性思维能力（critical thinking）、沟通能力（communication）、合作能力（collaboration）和创新能力（creativity）。

在步骤1和步骤2中，我们鼓励每所学校和学区领导者发展出各自独特的模型。但是我们强烈建议各位使用4C作为思考问题的起点。在全书中，我们都将使用4C作为讨论的支柱。希望在这个架构下面，各位可以根据各自学校的情况确立属于自身教育情境的独特愿景。

在本书中，我们希望通过7个步骤和4种核心能力，指导我们落实教育改革，推动教育系统的整体变革。

步骤1　确立愿景

在目前的环境下，确立愿景似乎是违反直觉的，但这实际上是澄清教育中领导力价值的好时机。尽管20世纪的绩效责任制度及预算下降使得教育领导者的影响力式微，士气低落，但这正是领导者展现引领学校改进愿景的好机会。

在步骤1中，作为教育领导者，我们希望诸位先考虑一下各自的21世纪教育愿景。这将需要诸位亲身体会，21世纪的年轻人从学校毕业之后，需具备怎样的知识和技能以适应社会。

诸位可通过阅读和学习不同的材料去了解21世纪一个年轻的有所作为的公民是怎样的，以及新的全球化经济时代的发展情况如何。诸位可以好好了解一下21世纪的劳动力市场上，雇主都需要具备一些什么核心技能的年轻人，这对理解21世纪的教育改革很有价值。

在步骤1中，我们希望你考虑社会转型的八个观点，其中哪些是你个人认为最让人心动的教育愿景。作为教育领导者，你需要确定4C在学校或地区发挥的作用。我们将让你认识到，实施21世纪教育模式对学生批判性思维能力、合作能力、沟通能力和创新能力的发展有何重要性。你所在的学校或学区有意识、有目的地在培养学生这些能力吗？除了4C之外，还有没有其他能力是重要的（如国际理解能力或自主学习能力）？

为此，请允许你为自己作一些决定：作为教育领导，你想引领的教育变革是什么？你认为，学校或学区目前有意或有目的地在这些方面作出努力的结果，是否抓住了核心及重要的问题？这个过程将允许你更为俯身贴地地对学校和学区所进行的21世纪教育改革进行思考。这是专属于你的21世纪旅程的起点。

步骤1结束后，我们会继续讨论这4种能力。它们不仅仅与学生的学习成绩相关，也可作为构建教育领导力的能力架构。

步骤2　建立共同体共识

在步骤2中，我们希望你专注于与他人合作，为你的学校或学区共同创造一个愿景。我们将重点关注你作为领导者的沟通和合作能力。我们将为你提供一些具体的工具，用于有效传达你对21世纪教育愿景的构想。

我们还将帮助你专注于一些可用于支持教育改进行动的关键信息，以及可能面临的批评之声。我们将提供一些如何回应批评的建议。

步骤 2 还将重点介绍如何为你的合作技能建模。我们为如何发掘"早期支持者"提供建议，为教育改进行动提供更广泛的支持。对于向何处寻求支援，我们会提供具体建议。我们将对这些支持性资源进行描述（包括附录 7—10），帮助你与学生、商界领袖和社区团体展开进一步探索。

步骤 2 是必不可少的。它将帮助你在个人愿景的基础上，与社区同仁共同协作，创造出新的教育改革愿景。完成步骤 2，你和所在社区的主要利益相关者对学校或地区 21 世纪教育的战略愿景将达成共识。

步骤 3　系统内部相互配合

如果将步骤 1 和步骤 2 做好了，你就为 21 世纪教育改进的方向构建了强有力的共识。据此，对于接下来需要做什么，你可能已经建立了一个清晰的认识。当然也有可能出现另一种情况，你意识到当前自己所处的学校和学区教育系统的各项行动与 21 世纪教育改进的愿景之间并不相契合。你可能对目前需要做什么已有清晰认识，但它也可能与当前的系统是不一致的。也就是说，当前学校和学区内的教学与学习状况并不支持你所拥护的教育改革愿景。

在这种情况下，对目前所身处的教育状况之于改革愿景之间作一个自我评估是非常重要的。P21 为此提供了 MILE 指南 [MILE Guide, MILE 是 "milestones for improving learning and education"（改善学习与教育的里程碑）的缩写]。本章中，我们将帮助你使用 MILE 指南进行自我评估。我们还将为你制定与愿景相契合的策略，以便更有效地实施 21 世纪教育改进的愿景。

步骤 4　构建专业能力

至此，你已经花了很多时间思考、规划和建立有关如何开展 21 世纪教育改进的共识。现在，需要考虑资源——在严峻的经济形势中，重新分配资源或寻找新的资源尤为重要。

　　为教师提供有效的专业学习是一项重要的投资。西弗吉尼亚州前教育专员史蒂夫·潘恩（Steve Paine）说，他在21世纪教育改进方面的努力，80%侧重于构建教师能力。这个百分比听起来是合理的。

　　步骤4讨论如何以两种重要方式，通过运用4C能力架构，促进教师专业发展。首先，我们建议使用4C作为专业发展的主要设计指标。想象一下，如果从以下几个角度来重新审视教师的专业发展，将会怎样？

- 批判性思维能力
- 合作和沟通能力
- 创新能力

　　我们强调4C架构作为教师专业发展内容的重要性。我们为教师提供如何在学校和学区发展教学和评估批判性思维能力的优秀实例。这种专业发展的方式是步骤4强调的重点。

步骤5　聚焦课程与评价

　　步骤5可能是最具挑战性的关键一步。这其中有诸多原因。首先，缺乏立竿见影的评估策略，很难为关键利益相关者，如校董会、教师和家长提供简单的解决方案。然而，若要引领学区创设具有创造性的实践，则需要不断打破已有课程和评估系统中的21世纪教育改进计划。换句话说，不断重构课程和评估是一项艰苦的工作，但却是21世纪教育改进进程的重要组成部分。

　　在步骤5中，我们将帮助你思考需要采取哪些方式来完善课程和评估的方案。如何根据4C来建构课程和评估方案？此步骤使你能够：

- 评估4C在当前课程中整合的水平，并进行必要的设计更改。

- 确保 4C 在学生学业表现中有所体现，对学生 4C 的评估也将为课堂教学、学校和学区教与学的改进提供依据。

步骤 6　支持教师

如果没有教师的持续努力，21 世纪教育改进的工作就无法持续推进。与此同时，教师也需要一定的专业支持，才有可能持续推进教育改革。作为教育领导者，必须清楚教师和其他教育工作者需要什么样的支持。作为教育领导者，需要考虑如下问题：

- 我们是否构建了教师专业学习共同体？是否开展有效的专业学习？
- 我们是否为教育工作者提供了支持性的学习环境？
- 教师是否具有教学专业自主性，能够根据情况灵活开展基于项目的学生学习和多学科内容整合的学习？
- 教育工作者正在做的工作是否能够获得及时的建设性反馈？

在步骤 6 中，我们鼓励你认可、支持和分享优秀的教师实践经验。我们将不断发起挑战，使你在反思过程中确认并消除影响教师和学生开展有效教学和学习的障碍，如作为教育者缺乏导师的引领，不够灵活的日程安排，物理/技术等基础设施不足等。教师是你工作的关键合作伙伴，他们的需求值得给予最大的关注。

步骤 7　改进与创新

恭喜你进入步骤 7。但在 21 世纪教育改进过程中，你的工作并没有完成。这只是一个反省、修订和改进的时机。但我们模型的最后一步非常关键，因为它涉及如何为整个学校或地区营造新的文化。在步骤 7 中，你会了解如何持续改进学校文化，并将这种持续改进文化的方式带入到所在学校和学区教育变革过程中。我们提出以下问题：

- 你营造了有助于学生、教师和教育领导者持续改进的文化吗？
- 你所在学校和学区的专业学习共同体是否拥戴这种以 4C 为目标的持续改进工作？
- 你的领导团队是否确定了组织流程，例如人力资源政策，哪些 4C 可以嵌入到实际工作中？

在步骤 7 中，我们希望你理解并营造一种持续改进的文化。在此基础上，进一步反思所构建的新的文化与已有实践模式是否契合。

这是一个持续推进、循序渐进的工作，没有结束的时候。你正在为一个不断变化持续改进的世界培养年轻人，他们应该在学校和学区受教育过程中感受到这种新世界的文化气息。

在不断反思这项工作的过程中，我们对此更加有信心。我们认为本书中概述的 7 个步骤将真正支持学校和学区教育变革的目标。从领导者的角度，不断细化利益相关者们对学校教育发展的愿景，使专业发展、课程和学生评价相互协调，尽可能在各个方面为教师提供强有力的支持，持续改进，这些都是 21 世纪教育变革进程中需要不断明晰的议题。

本书特点

这虽然不是第一本甚或唯一一本有关教育改进的书，但它的独特之处在于它从教育领导者的角度，思考和聚焦关注 21 世纪的教育实践改进。本书旨在帮助教育领导者启动和引领 21 世纪学校或学区教育改进。深入理解 21 世纪技能框架非短时之功，但我们希望教育领导者依据架构提供的目标和愿景改进学校和学区。具体来说，我们所分享的 7 个步骤从有助于提升学生学习效果的角度，通过课程、教师专业发展和学生学业评估等必要的策略，确保所有学生都能从这场教育变革中受益。在整本书中，我们还尝试将全美教育界目前的情况呈现出来，将这些情况与 21 世纪教育改革的愿景联系起来思考。我们将探讨基于理解的教学设计（UbD）和专业学习共同体（PLC）等策略是如何支持 21 世纪教育改革在全美各地生根发芽的。

书中的每一章都涵盖了 7 步模型中的一个步骤。在每个步骤中均包括：

- 聚焦 4C，提供关于 4C 如何与本章主题相融会贯通的概述。
- 来自全国各地在该步骤阶段的示例。
- 通过小结总结关于步骤的关键点。

本书还包含附录，我们已编译了一些与实施改革相关的工具：

- 关于 21 世纪最重要成果的资源指南，见附录 3—6。
- 在步骤 2 中突出显示的有关学生、企业家和公民团体的拓展性工具，见附录 7—10。
- 在步骤 3 中突出显示的 P21 MILE 指南，见附录 14。
- 支持 4C 在课程和持续改进中的项目任务、标题和协议示例，见附录 11—13。

EdLeader21（教育领导 21）

21 世纪教育之旅开始于几年前，即当我们决定推出"EdLeader21"计划的时候。EdLeader21 是一个教育领导者们的专业学习共同体，以推进和引领 21 世纪教育改革为共同体愿景。很幸运能与数百名教育领导者们一起工作，他们在这项以学生发展为核心的教育改革中相互学习、相互分享。目前，我们：

- 为每个 4C 创建一套评价量表。
- 确定 21 世纪学校或地区的评价标准。

- 开展创新型学生学业评估，帮助各自学区完成针对4C培养的教育测量。

EdLeader21 还为领导者和教师提供专业发展机会，包括与21世纪教育专家开展网络研讨会等。与该项目成员的通力合作，也为实施21世纪的学校和学区教育改进提供资源系统，这些内容包括在附录1—13中。我们通过面对面会议分享经验教训，支持同事的工作。我们为数百名教育领导者提供了一个社交网络，并就共同感兴趣的问题和项目开展合作。希望你能加入到我们的专业学习共同体中。请访问网站 www.edleader21.com 检索更多信息。非常希望您加入我们的队伍，开展持续合作，投入到21世纪教育改进的行动中。

启　程

今天，没有比改变学校和学区教育环境，为所有学生未来的生活、工作和完成公民身份建构更重要的努力。如果没有教育领导者们的不断努力，这些改变就不会发生。我们对那些多年来在21世纪教育改革中一直努力工作的教育领导们深表敬意。本书旨在为各级教育领导的工作提供支持。我们同时希望借此鼓励一批又一批的教育领导者们加入到这项对国家教育系统改进和儿童发展有益的光荣的工作中来，一同为了这项光荣的事业而不懈奋斗。

现在，让我们启程吧。

步骤 1　确立愿景

聚焦 4C

步骤1 聚焦 4C：

- 批判性思维能力
- 沟通能力
- 合作能力
- 创新能力

我们建议使用这 4 种能力作为学校或学区教育改革的起点。尽管你可能想要增加一两种能力，但与我们合作的大多数领导者都已经使用 4C 作为教育改革愿景的起点。在步骤 1 中，我们将为教育领导者批判性地思考学校或学区教育改革的方向和愿景提供基础。

○ 简 介

今天的教育领导者不断受到变革社会的挑战和冲击。据我所知，大多数领导者并没有太多时间思考自身教育改革的愿景。但是，如果你对学生培养目标有一个简单清楚的认识，所谓确立改革愿景这件事儿就容易多了。

考虑一下，当你面对近十年来我们向各学校或学区教育领导们提出的问题："学区和学校如何为孩子的 21 世纪新生活作准备？未来需要怎样的教育改革？"作为教育领导者，你会有怎样的答案？

肯访问了他在纽约的老学区。在学区前的大堂屏幕上显示着一个问题：2025 年我们的学生们知道什么，他们能够做什么？他们选择了 2025 年，因为这是即将进入幼儿园班的孩子毕业进入劳动力市场的一年。许多学校和学区都很关心这个问题，学校董事会和利益相关者团体展开激烈讨论。我们知道你也会参与这些对话。我们将在步骤 2 对此提出一些建设性建议。但在步骤 1，我们请你先花时间进行反思。这个旅程的每个阶段都基于对 21 世纪教育愿景的体认。对自身、对学校和所在学区问题的深入认识是思考教育实践问题最重要的锚。

如果学校或学区对 21 世纪教育改革的愿景没有达成共识，你的团队开展的教育改革路径将缺乏连贯性——无论在战术还是战略上。这很可能导致"为 21 世纪每一个学生发展作准备"的教育改革运动目标难以达成。

另一方面，如果对自身的教育愿景有比较坚定的认识和理解，你就有了与同行教育家和利益相关者合作推进学校或学区教育改革愿景的能力。你可与董事会、学生、老师、领导团队和社区合作，建立一个具有集体愿景的共同体。

步骤 1 将帮助你定义 21 世纪学生发展所需要的教育的愿景。根据我们的经验，在这个过程中有两个经验教训。第一，对于 21 世纪学生学业成就来说，在每所学校或学区并不存在一个统一的标准或愿景。第二，持久的成功总是归功于为学生个性差异发展考虑的教育领导。尊重和发展个体学生的个性，尊重学生的差异，需要来自学校和学区教育领导者的支持。一个由正直、真诚而富有激情的教育领导对教育发展愿景的考虑不应是简单、碎片化且容易达成的。

在步骤1，你可以开启作为一名称职的教育领导者的旅程。当工作于你来说动力十足，目标清晰，就能激发一批同事共同开展行动。弗吉尼亚海滩学区督导吉姆·梅林（Jim Merrill）在2010年告诉我们，"我终于在教育中找到了真正激励我的东西，这是21世纪教育改革的倡议。这就是为什么我期待成为这个领域领导者的原因之一"（Merrill，2011）。在步骤1结束后，我们希望大家都能够保有这样一个工作的愿景（并且可以如梅林一样对此充满热情）。

我们的分享将为你思考与学生发展相关的社会变化因素提供意见和启示。我们将帮助你确定当前社会变革与教育变革之间的关系，以及如要开展教育变革的行动，应从何处开始，如何在必要时进一步拓展愿景。

有关21世纪生活的各个面向

在每个21世纪教育改革运动中，谈话的起点和终点都归结为一个词：变革。要求学校或学区改变，需要作出澄清，确认哪些社会变革是目前教育变革中应着重考虑的。本节中，我们将着重陈述影响社会改变和教育更新的一些重要变革事件。我们相信对这些问题的认真思考将有助于理解当前变革的意义。你将对在这场教育变革中扮演怎样的角色以推动学生学习有更为深入的认识。

我们强调社会变革的八个面向，且认为这些面向都会对当前的社会变革具有深远影响。我们鼓励选择最令你感到有意思有共鸣的观点作为教育变革愿景的理论基础和逻辑支持。

视角1：劳动力市场

在过去40年中，劳动力技能和需求发生了巨大变化。这使得整个教育系统的构建为了一个可能不再存在的经济体而努力。在当前数字经济时代，教育愿景必然会涉及这个时代的劳动力培养及其职业准备等问题。

莱文（Levy）和默南（Murnane）注意到经济学家有关劳动力市场的研究，这些研究显示了过去40至50年间不同工作的减少和增多（Autor，Levy和Murnane 1279-334）（见图1.1）。图中显示，一些常规性的工作在逐渐减少。这是因为工作任务越常规化，就越容易为数字化技术所取代。一旦这些工作被数字化以后，其工作内容便呈现出自动化特征，这样的工作也就逐渐"离岸"，不再需要人力劳动。

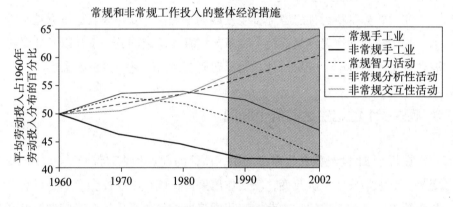

图1.1 技能需求改变趋势

另一方面，如图1.1所示，涉及非常规分析和交互式沟通能力的工作需求在21世纪迅速增长。这些都是需要批判性思维能力和人际交往能力的工作任务——不容易被轻易复制。那些关注学生、病患和客户之间特殊需求的工作不太可能被数字化、自动化或"离岸"处理。莱文和默南这样的劳动经济学家的观点为我们思考目前的教育模式提供了一个重要的时代背景，无论这一背景是否能够与最新的经济发展态势相符。

50年前，我们的基础教育（K–12）系统主要集中在常规任务的学习和训练。记忆和"服从式教学"非常适合作为组织成员从事常规性工作。这些方法也非常适合那些终身从事一种职业或一生只做过几种工作的人。今天的年轻人所面对的是需要非常规复杂思维和互动沟通能力的工作。我们的教育模式跟不上这些变化。在这种情况下，莱文和默南的工作提供了一种有用的方式来描述所有教育系统的转型——从为从事常规性工作作准备的教育转变为让学生具备分析和沟通能力的教育。也许这是一个为21世纪年轻人的工作和生活作恰切准备的有用方式。

除了莱文和默南的工作，20世纪90年代初的一项重要举措奠定了我们思考如何为21世纪的年轻人作准备的教育改革的基础。成立于1990年的劳工部基本技术委员会（SCANS），旨在识别和确认现代高科技经济发展背景中取得成功所需的技能。该委员会的报告《工作的技能和任务：2000年美国SCANS报告》强调了21世纪所需的通识技能，包括解决问题能力、创新能力、信息分析能力等。这些能力转变的信号成为个人及其组织考虑教育和劳动力发展有价值的支持信息。

大约十年后，P21组织在此基础上推出了《21世纪学习》的报告。报告概述了21世纪学习的架构，其中详细阐述了学习者在高等教育、社会生活和职业发展过程中所需要的广泛知识和技能。

另一份帮助教育工作者了解企业对员工队伍准备情况的看法的出版物是《他们是否真的准备好去工作？》。这份报告阐述了企业人力资源经理对近年来学校毕业生知识和技能准备情况的看法。当要求雇主对招聘的高中毕业生所需要具备的最有价值的知识和技能进行排名时，他们的回应显得很有启发性。那些占有压倒性地位的优先技能包括：职业道德、合作能力、良好的沟通能力、社会责任感、批判性思维能力和解决问题能力。

当人力资源经理被要求指出最近雇用的高中毕业生的弱点时，高管们提到以下不足：写作能力、领导力、职业道德、批判性思维能力、解决问题能力和自主学习能力。当他们被要求确定在未来五年招聘决策中最受重视的能力时，批判性思维能力、身心健康、合作能力、创新能力、个人/财务责任位居前五位。

在美国管理协会（AMA）进行的 2010 年批判性能力调查中，以上这些观点再次被证实。AMA 向 2100 家小型、中型和大型企业了解批判性思维能力、沟通能力、合作能力和创新能力之于组织的重要性。他们向这些组织了解在其年度绩效审查时是否对其员工的这些技能和能力进行了测量。超过 70% 的组织管理者说他们对员工的批判性思维能力、沟通能力和合作能力进行了测量，超过 50% 的组织管理者对员工的创新能力进行了测量。

这是很好的反思起点。你评估学生的这些技能吗？你应该做这样的评估吗？你用这些技能评估过教师吗？你是否应该这样做？你用这些技能评估过你的团队吗？你是否应该这样做？

此外，AMA 还询问企业在招聘新员工时是否评估这些技能（"2010 年 AMA 批判性能力调查"）。超过 75% 的人力资源经理表示，他们正努力对潜在员工的批判性思维和沟通能力进行评估。超过 60% 的人力资源经理表示他们正努力对潜在员工的合作能力和创新能力进行评估。

这也促进了新的反思：

- 学生知道他们将来进入劳动力市场以后，这些能力将会受到评估吗？
- 教师知道这些能力是劳动力市场中的关键技能吗？

美国管理协会（AMA）调查的近 75% 的受访者表示，这些技能在未来三到五年内将更加重要。超过 90% 的受访者表示，这些技能对他们组织的发展至关重要。约 80% 的受访者表示，如果学生掌握基本核心科目的知识及批判性思维能力、沟通能力、合作能力和创新能力等，他们即为迎接 21 世纪经济发展带来的挑战作好了准备。

以上这些数据为你提供了描绘所在社区需要的教育转型的另一种方式。20 世纪 50 年代，劳动力市场中并不需要批判性思维能力、沟通能力、合作能力和创新能力。这些能力并不是当时年轻人职业发展的入场券。教育机构并不需要有意识有目的地把教育的关注点放在发展学生的这些能力上。但当前，劳动力市场的需求已经发生转变，而支撑教育的基本目标尚未改变。

如果学校或学区处于当前的社会情境中，那么，一个年轻人正在学习的知识与技能同未来在大学生活、日常生活和职业生涯中所需要的知识和技能之间的对接，将成为非常重要的问题。当你修正了个人教育愿景，开始考虑你的学生当下真正需要什么，教育系统是否能够帮助他们达成相应的学习目标，你即启动了创新能力和批判性思维能力，借助报告和相应的资源，逐渐明确你想要发展的方向。

在进入下一部分内容之前，请考虑反思框1.1中的问题。

1.1 对于劳动力市场需求的反思

以下一些问题或许对你的思考有帮助：

1. 你是否觉得学校或学区教育的模式已经进行了充分变革？其中，你的学生是否已经作好了迎接更为复杂和高互动学习环境的准备？你的学校或学区是否为每一位学生提供了复杂性思维和沟通能力的训练机会？

2. 将"常规思维"和"复杂性思维"进行对照，对于思考学校或学区开展教育改革是否有帮助？

3. 如果学生掌握核心课程的内容，并具备批判性思维能力、沟通能力、合作能力和创新能力，他们就具备了迎接21世纪劳动力市场提出的挑战，对这一观点你是否感同身受？

4. 你是否了解商业界的管理者对你所在学区毕业生的评价？你是否了解商业界的管理者和从事商业工作的父母们对于他们的孩子需要具备什么样的能力有哪些考虑？

视角 2：世界是平的

莱文和默南，SCANS 和 P21 都指出劳动力市场的数据对制定教育改革架构非常有帮助。而当托马斯·弗里德曼（Thomas Friedman）的开创性作品《世界是平的》于 2005 年出版时，以上所有想法都成为公众关注和讨论的议题。在新兴的全球经济背景下，所有与 20 世纪 90 年代劳动力市场相关的研究都受到重视。

弗里德曼提出了一个新的由信息技术和互联网重塑的全球景观。他解释了各种政府、组织和各种等级制结构如何被这些新工具"拉平"。大量的信息、资源和互联网的力量赋予每个个体以力量，成为撬动变革的杠杆，削弱了传统社会结构中的等级规制。

许多教育工作者希望《世界是平的》书中能够更详细地介绍在这样一个被"拉平"的世界中教育的作用。这个话题已经在弗里德曼最近与同事麦可尔·曼德尔鲍姆（Michael Mandelbaum）合著的作品《我们一直这样》（That Used to Be Us）中有所陈述。这本书可被视为"世界是平的 2.0"，书中内容与我们今天教育中的问题息息相关。

> ……世界是平的 2.0 是 1.0 的升级版。在升级版中，更多人能够连接到这个扁平世界沟通平台中，更多的人能够与其他人连接，更多的人能够基于共同的价值观、兴趣和理想与其他人展开合作，无论是支持政治家，跟随岩石集团，发明产品，还是发动一场革命行动（Friedman & Mandelbaum, p. 60）。

同样重要的是，弗里德曼和曼德尔鲍姆在"世界是平的"这一概念和教育之间建立了非常明确的联系；他们为教育变革提供了一个情境，并为教育改进提出一些可能的方向。"世界是平的"对每个组织和每个人都有影响。个人可以获得越来越多关于组织的信息，但是有了这些信息就意味着个人有更多的责任去做这些事情。因此，扁平世界中更加需要具有自我管理和自主学习能力的个人。正如苹果公司的一位高管告诉我们的，在如今的环境下,"如果一个人需要被管理,那么他们很难在就业市场上找到工作"。组织的扁平化意味着过去的管理层没有了。自我管理是扁平世界的要求和前提条件。参见反思框1.2。

我们推荐阅读弗里德曼的书。你还可以考虑向领导团队和学校董事会成员推荐此书或提供该书的复印本。

1.2 对于扁平世界的反思

1. 扁平世界的发展趋势对于你思考学校或学区的教育愿景有什么影响?
2. 在扁平世界和扁平化的组织中,你是否想过学生将会是怎样的?
3. 哪些能力和特质是你希望学生拥有的?
4. 在学校或学区所创造的环境中,你的学生是否被不断地鼓励提升自身的自学能力和自我管理能力?或者是否你的学校或学区范围内的架构和实践是"自上而下"的,以至于对培养学生的这些技能并无助益?
5. 相比十年前,你所在学校的组织结构是否更加"扁平化"?
6. 你所在学校或学区是否如你所期待的那样有针对性地将扁平世界和扁平化组织的思考纳入学生学习的评价范畴中?

视角3:服务业经济

21世纪社会变革的另一个趋势是服务型经济的崛起。不久前,教育的基本目标还是为学生在农业和制造业中谋到一份工作作准备。这样的职业发展机会逐渐减少。今天,学生需要更多的是为从事以服务为导向的职业作准备。今天,80%的工作属于服务业,这一数字还将持续增长,超过85%(《21世纪技能、教育和竞争力》,p.4)。

面对众多的教育者,我们也时常发问:"在大家看来,未来从事服务业的年轻人占多大比例?"经常发生的情况是,只有半数的教育者能够回答这个问题。在我们看来，所有的教育者都是服务行业的从业者。多种原因造成我们倾向于将服务业的工作等同于低端的、快餐式的工作。但事实上服务业占经济的比重最高。几乎所有医疗健康护理行业和教育行业的从业者都是服务业的从业者。任何一个与消费者、客户或病人互动的行业都属于服务业。销售高端电脑的电子工程类博士也属于服务业的从业者。

一百年前，我们大都处于农业经济时代。50年前，大量的劳动者涌入制造业。今天，大量的年轻人从事服务业。教育的模式并没有因时代的深刻变革而不断变化。

请考虑反思框1.3中的问题。

1.3 对于服务型经济环境的反思

1. 在服务型经济环境中，人们需要具备哪些技能？倾听的技能、同理心、问题解决的技能、沟通能力、合作能力、服务定制和解决能力，或者其他的能力？

2. 假如意识到五分之四的学生从学校毕业走出去将从事服务业工作，对于你思考学校或学区教育应该如何做有哪些启示？这样的考虑是否改变了你对教育模式的思考？

3. 你所在的学校或学区是否有针对性地培养学生的倾听能力、同理心、问题解决能力、沟通能力以帮助他们更好地适应服务型经济的工作环境？

4. 从农业社会到工业社会再到服务业经济占主体的经济发展的概念转变，是否对思考学校或学区的教育改革架构有所帮助？

视角4：公民身份

我们以上呈现的每个趋势都仅仅聚焦在未来的经济环境和工作机会上。这些趋势在很大程度上影响着我们社会中最基本的支柱——公民身份。

新的全球化经济环境中，哪些技能和能力是年轻人需要的？这个问题无疑非常重要。但是作为一个公民社会中有想法的教育领导者，参与公民社会共同体，一个重要的任务即是识别出对于21世纪的公民来说，现代劳动力市场所需要的技能是什么。21世纪是复杂的，无论公共政策、社会运动和社会创新都令人震惊、出乎意料。自1950年代起，媒体对于公共意识的塑造作用已经从深层次上发生改变。相比50年前，今天对公民身份的要求更高。在教育中，这些社会发展带来的挑战都需要更复杂的思维、更具同理心、更加文明、更加睿智的互动方式来应对。同时，还需辅以高质量的媒体素养。最后，很多的国家政策在过去可能受到一两代人的挑战，而现在已受到全球范围的挑战。

参见反思框1.4。

1.4 对于公民身份的反思

1. 你所在学校或学区的领导者是否已对如何培养21世纪的公民有所思考？

2. 你是否与所在社区负责公民事务工作的领导者就过去50年间社会对公民素养界定和认识的变化展开讨论？

3. 你所在学校或学区的教育领导者是否认识并开始实施变革，以培养适应21世纪全球化挑战的公民？

视角5：变革

1950年代，"变革"并不是社会文化的突出特点。近年来，变革成了我们文化中的标志性词汇。更早时期的教育者们不太需要考虑类似"为学生终身学习和成长作准备"等高屋建瓴的教育目标。但对于今天的教育者们来说，这是需要的。参见反思框1.5。

我们的祖辈对自身职业的选择可以是一种职业从一而终，或一生从事一到两种工作。今天的学生所面对的是一个完全不同的社会现实。根据美国劳工部的数据，当前18～42岁的人群中，每个人平均从事过10.4种工作。

在《我们一直这样》中，弗里德曼和曼德尔鲍姆作了这样的阐述：

> 当托马斯写作《世界是平的》的时候，脸书（Facebook）还没成气候；它只是刚刚出现，只是一个不起眼的现象。事实上，2005年，脸书对于大多数人来说都还很陌生。推特（Twitter）也只是新生事物，"云"还在天上，"3G"只是停车位的代名词，而"Skype"是一个打字机。过去六年间发生了太多的变化。（P.59）

1.5 对于变革的反思

1. 目前的教育模式为学生适应未来社会的挑战作了怎样的准备？
2. 你所在的学校组织文化如何不断更新持续改进？
3. 面对变革情境，作为领导，当你向团队成员表述有关组织发展灵活性和适应性问题时，感觉如何？你的团队感觉如何？

视角6：设计和创新

当提及教育变革时，另一个需要考虑的视角是我们经济发展中日益重要的创意、创新和设计问题（creativity, innovation, and design in our economy）。数十年来，我们一直在担心由于劳动力成本的原因就业机会已转移到了中国和印度。但是成本并非唯一的因素。

最近，我们邀请了一些教育者分享他们的案例，讲述他们以远远超过同类品的最低价格所购买的高价产品——换句话说，就是那些他们本可以用非常低的价格买入，但实际选择了高价格的那些商品。一位教师害羞地举起手说，她曾花40美元买了个废纸篓。我们问她本可以花多少——

她说 99 美分。接着我们又问为什么她愿意花 40 多倍的钱，她解释说，贵的那件的设计刚好贴合她家洗手间的台面。我们都了解那一刻，因为每个人都会有作出类似决定的时候。很多人会因为审美或其他设计相关的理由，作出"低成本"之外的选择。

丹尼尔·平克（Daniel Pink）在其新书《全新思维》（*A Whole New Mind*）中反复讨论了这一现象。随着经济的持续发展，设计和创意成为极富价值的技能，事实上成为经济发展的主要驱动力。托尼·瓦格纳（Tony Wagner）在其有关教育中创新的论著《打造创新者：培养改变世界的年轻人》（*Creating Innovators: The Making of Young People Who Will Change the World*）中大力强化了这一观点。作者在该书中提出"学习文化"有必要鼓励创新。他认为最成功的学校将被要求培养创新者，他们是新经济的推动者。他总结了传统教育环境中与创新环境发生冲突的五个关键特征。这些特征常常被描述为：

- 个体成就
- 学术课程
- 外部指令（如分数）
- 规避风险
- 知识灌输

与此相反，他观察到高度融入创新环境的"学习文化"表现为：

- 合作
- 跨越学科领域边界（如打破筒仓）
- 内在动机（如激情）
- 责任感与风险承担
- 知识创生

对于上述关于学习环境的五个特征，教师能否在一堂课中创造出这样的环境？答案是肯定的。但这位教师必须具备自信、勇气和某种程度上的"格格不入"。托尼发现现实案例常常是这样。这些创新的案例往往是零星且孤立的。他把创新者视为"异类"（outliers）。参考反思框1.6。

> **1.6 对于设计和创新的反思**
>
> 1. 你所在的学校中，创新能力是否有所提升？
> 2. 你是否察觉，如创新能力和设计能力等在学校或学区教学中有所涉及？
> 3. "设计"是一个需要讨论的话题吗？
> 4. 当前社会创新能力的重要性愈发突显。这是否是推进学校或学区变革的动力？

视角7：信息

信息不断丰富也很大程度上影响教育领导者对21世纪教育愿景的思考。对于我们这些年过40的人来说，在大部分人开始上学的年代，信息的本质主要是静态的。我们使用的信息大多是固定的。一本教材适用于一个甚至两个年代。但是，当前信息变化的速度急剧增加。对此，我们用信息"保质期"的概念——即信息"保鲜"的时间长短加以描述。例如：

- 在肯（Ken）学习九大行星时，这一信息的保质期是50年（在肯的大半辈子中这一信息没有发生改变）。
- 在瓦莱丽（Valerie）学习九大行星时，这一信息的保质期是30年。
- 在肯的女儿学习九大行星时，这一信息的保质期是15年。
- 在瓦莱丽的女儿学习九大行星时，这一信息的保质期是7天；

她刚学习了九大行星，一周以后冥王星就从这一名单中被剔除了。

还不单是信息保质期的问题；海量数据的可获得性仅仅与十年前相比就已经大不相同。

认知研究领域的领军人物约翰·布兰斯福德（John Bransford）就观察到，在今天的美国，我们会一百次向自己的孩子讲述同样一件事，在第一百零一次时我们会问他们是否记住了这件事；而在21世纪的真正法则是，孩子们能够查看他们未曾接触的材料，并且知道如何处理它们。

今天，学生们仍然在一个强调记忆和熟练掌握（精熟）内容的教育系统中学习。然而，如前面所讨论的，我们正生活在一个信息不断增长的世界中，熟练掌握（精熟）只是学生需要应对学习内容众多方法中的一种。

请思考反思框1.7中的问题。

1.7 对于信息变化更新的反思

1. 当前信息瞬息万变和周遭事物保质期越来越短的情况，对你的学校和学区来说有什么启示？
2. 这样的情况如何影响学校或学区处理教与学的事务？
3. 你的学校或学区依旧还对精通所学知识内容给予很多的关注吗？
4. 你的学校或学区是否逐渐关注到其他的技能，如循证能力、鉴别能力、影响力、综合能力、整合信息的能力等。
5. 对你来说，从知识精通到"知识与技能"的精通是否对思考引领学校或学区变革有帮助？

视角8：技术

说到"重大社会变革"清单，技术往往位居前列。技术更新显而易见。我们每个人都能够讲述诸如技术改变着自己的生活，或者我们的子女、孙辈、侄甥辈和年轻朋友比成年人更加自如地应用技术等这样的故事。技术对我们的影响确凿无疑。参考反思框 1.8。

1.8 对于技术的反思

1. 你是否将技术作为一种"学习投入"的策略？对于你来说，让学生对他们原本不感兴趣的内容感兴趣是否是一件易事？如何确认学生具备了取得学业成功所必需的教学技能？或者，你是否也感受到今天信息技术的提升对于 21 世纪的教育愿景来说具有重要的驱动作用？

2. 你是否已对如何在学校或学区中使用信息技术有一个完整的设计规划？技术运用能与其他 21 世纪的学习结果联系起来考虑吗？

3. 你会将技术与铅笔、粉笔和黑板放在一个光谱序列上考虑吗？你是否认为今天的技术将在整体上改变学校的教与学？你是否认为技术是一个很强大的动力，驱动学校组织的变革？

参考下列摘自 P21 报告《21 世纪技能、教育和竞争力》中的数据：

- 1967 年，实物产品的生产（例如汽车、化学品和工业品等）和建设运输（例如交通、建筑和零售等）占一国经济产出的 54%。

- 到 1997 年，信息产品的生产（例如计算机、书籍、电视和软件等）和信息服务的提供（例如电信、金融和广播电视服务和教育等）占一国产出的 63%。

- 从 1967 年到 1997 年的 30 年间，信息服务从占经济的 36% 增长到 56%。

- 今天，美国进入信息时代已超过了 15 年。1991 年，美国在信息技术上的经费（1120 亿美元）首次超过产品技术（1070 亿美元）。1999 年吸纳最多劳动力的部门是物质生产服务（占 45%），而信息服务部门并未落后多少（41%）——并且以明显更快的速度增长。

本书的两位作者是从十余年前开始从事21世纪教育工作的，当时我们都深信在教育发展过程中技术意味着变革。那时（20世纪90年代后期），互联网爆炸似乎成为我们可以想象的改变的最重要基础。通过与计算机产业合作，肯致力于鼓励教育者采用更具技术导向的策略，减少技术隔阂。瓦莱丽使用技术来为业界和学校开发培训及教育课程。对于学习来说，我们曾坚信技术将是下一个灵丹妙药（silver bullet）。

但我们逐渐地改变了自己的观点。我们更多看到的是为了使用技术而使用的状况。对于"新玩具"的兴奋，常常掩盖了我们对于学生学习效果/产出的关注。根据不同的学习目标，纸笔仍然是课堂上最好的工具。对于使用技术可能带来的好处——创建一套全新的工作基础以解决学校和学区面临的共同挑战——我们常常发现这无法得到保证。在学生所需的众多能力中，我们将信息技术视为一种竞争力（非常重要的一种竞争力）。

我们深信技术支持教学和学习变革的力量。我们也知道一些最聪明、高效和具有创新性的教育者在拥抱技术，并将其潜力发挥到最大——我们在本书和其他工作中高度认可这些探索的成绩。但是技术绝不是也不应该是唯一的焦点或终极目标。需要注意的是，对于领导力愿景而言，技术不应成为最重要的工作基础。

我们希望这些反思为你考虑日常工作中不常碰到的问题时更为谨慎。我们的目标是帮助你阐释学校或学区需要的新的教育模式。我们也希望帮助你明晰学校变革路径和类型。现在，我们将转而讨论学生们需要哪些技能以应对21世纪社会的变革与挑战。

○ 从何开始：4C

假如你和我们曾经合作过的教育领导者一样的话，你现在肯定已经处于迫不及待想要跳过前面的内容，直接撸起袖子干事儿了。你肯定在想，"既然我已经决定实施变革，我该做的就是立即采取行动改变我的学校和我所在的学区。"需要提醒的是：教育中有一种趋势是快速聚焦于教育的策略，并将其作为着重需要变革的事宜。

假如你不去界定未来你的学生需要具备什么样的能力才能更好地生活、工作、履行作为公民的责任和义务的话，你就很难对自己的学校和学区需要一种怎样的教育有比较清晰的认识。

在过去的八年间我们集中精力在这件事情上，将 4C 作为思考该问题的起点，供你参考：

- 批判性思维能力
- 沟通能力
- 合作能力
- 创新能力

我们相信，这四种能力是 21 世纪教育的根本基点。我们也发现很多教育领导者将此作为他们思考教育改革的愿景。接下来我们将逐一进行探讨。

批判性思维能力

在我们看来，批判性思维能力应该是四种能力中最重要的一种，尤其当我们开始思考为 21 世纪学生的幸福生活作准备的时候。当然，批判性思维并不是一种新的能力。我们的意思是，批判性思维在当前比任何一个时代都更是我们所有学生必须具备的能力。对此至少有三个原因。

首先，新的经济环境中每个人都必须知道如何持续地改进。监控和提升个人和团队的表现，是扁平化组织的需要。而如果没有批判性思维能力的话，个体和团队都不可能持续改进。请看反思框 1.9。

1.9 对批判性思维的反思

1. 作为个人愿景的一部分，在你看来，批判性思维是一种很重要的

> 能力吗?
> 2. 你是否思考过"系统性思维"策略的价值?
> 3. 你所在的学校或学区采纳了批判性思维策略了吗?
> 4. 你是否同意批判性思维对于每个学生来说都是重要的策略,而这个策略目前尚未纳入学校或学区的考虑范围?

其次,进行批判性思考也是目前在新的经济环境中持续发展和生存下去的一个必备技能。当我们被问及,是否每个人都真的需要批判性思维能力的时候,甚至有人指出那些站在收银台后面的妇女,对于他们来说,是否真正需要批判性思维?我们的回应是,这样的常规性工作的确已经自动化了。但假若这位收银员想要重新定位自己在组织中的角色呢?她如何定位和考虑自己之于组织和公司的价值?假若她被辞退,她该如何定位自己以找到一份新的工作呢?所有这些都需要有效运用批判性思维。

第三,在大学中,若想取得学业成功,每个人都需要批判性思维能力。大卫·克利(David Conley),国家高等教育和职业发展研究的首席专家,他观察认为,思维习惯如分析、释义、精确性、问题解决和意义性等比知识更能决定学生在高等教育中取得成功的可能性。

不难发现,我们经常从教师和商业领袖那里听到这样的表述:如今的孩子们不会思考。我们也听到,今天的学生更加喜欢从课程的学习中得到A的成绩,而对所学的学科主题中发展对一个问题真正的理解不感兴趣。在印第安纳州,一个医院的管理者告诉我们,高中毕业的学生进入到工作中,承担收银或者相关岗位的工作,他们并不懂得思考。也因此,他们对于医院来说,不会成为很有用的雇员。

我们所有人都有义务发展学生的批判性思维能力。不仅如此,这对于培育公民来说也很重要。在当前的政策环境中,我们必须培育能够运用批判性思维能力进行思考的公民,尤其是在不同的场景,如选举或者政策执行的场景中。

当我们思考如何将批判性思维融入学校教育系统时，我们对校长玛丽·凯梅泽尔（Mary Kamerzell）和她位于亚利桑那州的卡塔利娜山麓学区的团队所做的事情印象深刻。系统性思维和批判性思维是他们模型的基础。他们已经和沃特斯基金会一起合作将系统性思维广泛整合到课程和评价系统中。可以欣喜地看到，小学生使用系统性思维工具展示一个系统中的一个部分发生变化将如何影响系统的其他部分。

我们也为位于俄亥俄州哥伦比亚郊外的上阿灵顿城市学校的校长杰夫·韦弗（Jeff Weaver）和他的教师团队的工作所触动。他们花了一年时间修改完善学区改革建议组提出的 21 世纪变革模型，并决定将批判性思维能力作为改革优先考虑培养的能力。他们提出了希望每一个学生都成为有效的批判性思考者的期待。在本书的"步骤 4"中，我们还将详细阐释如何运用 21 世纪技能指导学区，提升教师的批判性思维能力，促进他们的专业发展。同时，你也可以在附录 3 找到更多和批判性思维有关的资源。

沟通能力

另一项被雇主多次强调的问题是雇员们普遍缺乏沟通能力。吊诡的是，在 K-12 阶段教育系统中，对于学生写作和口语沟通能力的培养尤为强调，特别是在英语语言艺术的课中。但是，我们依旧不断听到所有学生都在这方面存在能力缺乏的说法，包括已完成大学四年学习的毕业生，其不足具体表现在：

- 写作沟通能力
- 口语沟通能力
- 使用信息技术有效沟通的能力

在《他们是否真的准备好去工作？》这一报告中，雇主们指出，尽管口语和写作沟通能力被认为是对新聘员工技能要求的四项重要技能的其中两项，但几乎所有毕业生都欠缺这两项能力。高中毕业生的情况还要更差，53%的雇主认为这个群体的沟通能力有缺陷，81%的雇主认为他们的写作能力有问题。几乎一半的雇主认为那些获得两年制学位的雇员在这两项能力上相当不足，而超过四分之一的雇主感到四年制毕业生同样欠缺这两项能力。请参考反思框1.10。

1.10 对于沟通技巧的反思

1. 你是否认同沟通技巧是学校或学区范围内需要优先强调和考虑的能力？

2. 你觉得是否有必要将口语沟通能力作为首要考虑的一项技能？学生需要经常向公众和校外专家进行口头报告吗？

3. 包括商业信件写作，备忘录写作和其他工作申请书的写作等更加广泛的写作能力要求是否应写入学校的学术写作课程标准中？

4. 技术能力是否是你所在学校学生沟通能力的一部分？

5. 对于所在的学校或学区，更新学生沟通能力的要求是否是构建21世纪教育改革模型的一项重要元素？

有90年办学历史的纳帕谷联合学区对这一问题有同样的感受。为此他们开办了新技术高中（我们还将在第2章详述这个故事）。该校最大的特色是对SCANS报告中强调的核心能力的重新界定，特别是对沟通能力的界定。

这个新高中成立了一个年级，运用有关学生口语沟通的报告卡，即一项干预的策略，帮助学生持续改进他们的沟通技能。沟通技能目前在每一门课程中都占有绩点，贯穿整个新技术高中网络（New Tech Network）。

最后，服务业经济的扩张也使口语沟通能力变成一项绝对意义上的核心能力。沟通能力欠缺的人很难在社会环境中很好地生存。在附录4中，你还将发现一系列有关如何教、如何学习沟通能力的学习资源。

合作能力

有多少工作是完完全全由你一个人完成的？假如你和大多数人一样，你会发现完全由个人独立完成的工作越来越少。当前，几乎没有任何一份工作是完完全全由一个人独立完成的。然而，我们目前还不断在教学和评价中强调个人表现的重要性。来自雇主的评论认为，那些在工作中不太成功的员工，往往都是难以同别人开展有效合作的人。即便是写作，那些看起来相对独立性强的工作，也需要出版社、编辑和公众共同帮助作者达成他们作品发表的目标。

更进一步说，当今越来越多的工作由全球合作小组完成。一个田纳西州的自动化工程师所负责的"常规工作小组"包括来自美国北部和南部的员工。这些员工不仅说着不同的语言，甚至可能在完全不同的时区工作。但这份工作带给他们非常丰富的多元文化体验。

作家詹姆斯·索罗维基（James Surowircki）在他的作品中有一个精彩描述：在 21 世纪，合作引领了知识的创生。他解释了"智慧拥挤"如何促进新知识的发展。这些知识比个人创生的知识更为靠谱，也更为有用："在适当的环境中，群体更为有智慧，也超过个体的机智程度。"索罗维基的作品强调了合作的重要性。他举的一个最引人入胜的例子是，多元的个体所组成的群体能够发展出更多恰切、精准和良好的预测，同时也更有可能作出比个体更好的决策，尽管个体本身可能已经是一个很好的决策者。

在 21 世纪的学校中，有关合作的一个流传较广的例子是惠及环境的全球学习和观察课程（GLOBE）。GLOBE 是一个世界范围内的小学和初中阶段具有实践性的校本科学教育项目。该项目让学生、教师和科学家合作开展环境探究活动。每年，100 多个国家的学生进行合作，探究他们家乡的环境，并将他们的探究结果分享到网络上。自其 1995 年建立以来，超过 150 万的学生参加了 GLOBE 项目。这为该项目创造了超 2200 万份测量数据。这些数据库资源为后续学生开展科学探究活动提供参考。类似 GLOBE 这样的项目对于反思数字化时代的合作非常重要（GLOBE，

2011）。参看反思框 1.11。

我们已经将关于合作的补充资料放在了附录 5 中。

1.11 对于合作的反思

1. 在何种程度上需要你的学生在团队中进行工作陈述，并解决问题？

2. 你是否需要每个学生都参与到"知识创生"项目中？这些你所认可的知识是否可以融入到 K–12 基础教育课程中？

3. 你是否会从多元文化角度考虑学生与他人合作的能力，并将多元文化能力作为学生所需的核心能力来看待？

4. 合作能力在思考 21 世纪教育愿景过程中究竟有多重要？

创新能力

一直以来我们都将创新能力视为艺术领域的事。具有讽刺意味的是，当我们认识到创新能力对于学生能力发展的重要性时，我们对艺术教育的支持经费却日渐减少。但是从本质上看，我们对于创新能力的思考越来越广泛了。

《世界是平的》的作者弗里德曼指出："你的想象力将决定你驾驭未来生活品质的能力。因此，赋权、滋养、培育学生和公民的想象力，决定了这所学校、州及国家在未来竞争中取胜的可能性"（AASA）。从我们的视角看，创新能力是取得经济发展的核心要素。你既需要让自己具有创新能力，又需要有效地与他人合作。参照反思框 1.12。

1.12 对于创新能力的反思

1. 你是否能够持续地在艺术教育上投入资源？

2. 学校或学区是否应该重新思考艺术和创新能力的作用，并给予其更多关注？

3. 学校或学区是否应考虑将更多创新能力和创新能力的元素融入课堂教学中？

4. 还有哪些途径能够更大范围内推广和扩散艺术和创新能力，使之最终融入到日常课堂教学实践中？

5. 你是否应将设计和工程思维融入到课程中？

6. 创新能力和创新能力是你所在学校或学区教育愿景的一部分吗？

事实上，创新能力不应仅仅在艺术中被强调，其作用应更为宽泛。创新能力应渗透在每一个学科中。这是一个具有挑战性的假设。传统的典型学校教育路径很少能够允许我们在课堂教学中发展创新能力。我们合作过的很多学校和学区都有了书吧，或者围绕创新能力的专业学习共同体开展小组讨论。他们阅读 肯·罗宾森（Ken Robinson）、理查德·佛罗里达（Richard Florida）和丹尼尔·平克的作品，围绕这些主题开展讨论。

丹尼尔·平克的作品《全新思维》目前在 K-12 领域中特别流行。它激发了一系列有关创新能力和设计的价值的讨论。平克指出，我们在着力帮助所有学生发展他们的艺术敏感性。这本书促使大家围绕这些主题展开讨论。你也可以期待参与由制作活动的倡导者戴尔·多尔蒂（Dale Dougherty）发起的项目。他最近已经举行了一场空间制作活动，目的在于激发高中生投入到合作、分工、设计和操作实验的过程中。此外，纽约科学会堂已充当了将创新能力引入科学和数学教育中的倡导者和引领者。其中大部分活动指向将艺术与科学、技术、工程、数学教育（STEM）融合在一起，形成一个新的词：STEAM。请考虑将这些理念融入到你的改革项目中。

一系列对于创造力教学有帮助的资源还可以在附录 6 中找到。

在这部分，我们希望帮助你认识到 4C 的重要性。你应该将自己置于一个更高的位置界定批判性思维能力、沟通能力、合作能力和创新能力在建构 21 世纪学校或学区发展愿景中发挥的作用。我们也相信，4C 应该是每一所学校和每个学区的学生需要具备的核心能力。你需要界定这些核心能力是否符合学校发展愿景和共同体的发展愿景。对于 4C 的考虑和反思可参见反思框 1.13。

1.13 对于 4C 的反思

1. 你是否同意对于 21 世纪的公民和劳动者来说，4C 中每一个核心素养都是很关键的能力？
2. 哪些关键能力应是每一位毕业生进入社会之前需要具备的？

除了 4C 以外，还需要加上什么？

4C 并不神秘。一些学校和学区已经开始倡导 5C。有一些将"同理心"（compassion）列入其中，有一些将"礼仪"（civility）作为第五个"C"。这里我们想将另一个很重要的"C"——"公民素养"（citizenship）纳入其中。4C 可能会稀释核心知识内容，即便大多数情况下 4C 是能够与核心知识内容整合在一起的。可以思考一下，你的学校或学区对核心知识内容（content）是否高度认可。你可以考虑将"核心知识内容"作为第五个"C"在愿景中清晰体现吗？

除了 4C 和 5C 以外，还有很多能力可以考虑。其他一些技能可作为对学生学习结果的期待加入到愿景清单里面。与我们合作的很多学校和学区都将 4C 作为 21 世纪的学生学习结果的核心能力，我们也列出以下三种能力供你参考，你可考虑将这三种能力添加到愿景清单中：

- 自主学习能力

- 全球竞争力
- 财经素养

自主学习能力

有些人可能会提出，我们正面临着自主性危机。这种认识可能是对的。

之前我们提过，一个执行总裁认为，在今天如果工作还需要被人管理的话，那么这样的员工是不再会被聘用的。但是无论走到哪里，我们都会听说今天很多年轻人缺乏自主学习能力和自我管理能力。这不是说年轻人懒惰，而是他们既希望随时被告知下一步该做什么，又不想或者不能通过自己的能力去解决问题。在 21 世纪，这是一个很大的障碍。

丹尼尔·平克在《驱动力》(*Drive*) 一书中，强调了一种自主性。他认为，个体生来就具备一种自主能力。我们观察到，新的经济形势下对自主性的需求越来越迫切。问题是，大多数学校都将这样的事情弄得越来越糟糕（对于"直升机父母"的影响无言以对）。相当多的学校处于一种"自上而下"的环境中，其中最成功的学生都紧跟学习指导大纲进行学习，他们从不越界或者冒险，因为他们担心失败，或者分数降低等级。他们的课程作业中，几乎很少有共同合作的知识创生，也几乎没有自主学习的痕迹。

在我们工作的美国中西部学区中，教育者认识到问题的紧迫性。他们决定在课程中强调自主学习能力。自主学习能力的计划表与很多作业结合在一起。除了提交作业，每个学生需要写上做作业对于自身来说有什么作用。在完成作业以后，每个学生还被问及一系列有关他们学业表现的问题，包括：

- 你为自己制定了合适的学习目标吗？
- 有没有为下次作业制定一个更好的目标？
- 你的工作效率高吗？

- 下次你如何更为有效地完成作业?
- 对于作业完成,还有什么方面可以持续不断改进?

我们观察到,对于写作业来说,这个方法效果特别好;但是,这种方法在任何学科都有一定效果。让我们印象深刻的是,这样一个很小也很简单的训练非常有助于学生自我管理、自我引导、自我评价并不断改进。

其他学区关注到项目式学习也能在很大程度上提升学生的自主学习能力。学生在真实问题情境中的学习是更加主动的。他们也能得到更多做决策的机会,不断引导自己的学习进程。

有很多方式帮助你思考如何提高学生的自主学习能力。可以参考反思框1.14。

1.14 对于自主学习能力的反思

1. 如今,你所在的学校或学区是否关注学生的自主学习能力?
2. 你是否有针对性地考虑将自主学习能力作为学习结果的一部分?
3. 对于自主学习能力,你是否需要对它作一些注解?
4. 你是否对与自主学习能力相关的话题产生共鸣?
5. 你有没有将自主学习能力纳入到学校变革愿景中?

全球竞争力

全球竞争力是一个概念,它包含语言的流利性、国际理解,以及多元文化环境中的合作能力。去问任何一个中型或者大型公司的执行官,他们会告诉你,能与来自不同文化背景、说不同语言的全球各个地方的人持续沟通合作,是未来商业环境中一项非常重要和关键的能力。

我们观察到,在美国不同的地方,有关"全球竞争力"的话题是具有争议性的;它甚至被某些人视为不爱国的表现。对于这样的认识或情绪表达,你需要谨慎处理,尤其是当这样一种情绪在学区中盛行的时候。与此同时，在接下来的20年间，在全球化情境中展开工作将会变得越来越重要，这种能力很有可能是决定大多数学生取得成功的关键。如我们之前提到过的，全球公民素养也应是未来一个阶段的重要素质。

很多学校、学区和组织都关注到全球竞争力的重要性。他们构建了学校联盟，这些联盟被视为全球竞争力的教学典范。他们也开发了一整套培养全球竞争力的指南和手册（http://asiasociety.org）。哈佛大学教育学院福特基金会国际教育的费尔南多·赖默斯（Fernando Reimers）教授的作品现今为人所熟知。这些作品也为你在这个领域中展开领导力实践给予有益的帮助（http://www.edweek.org/ew/articles/2008/10/08/07reimers.h28.html）。

更进一步说，与我们合作过的很多学校和学区都采用了国际文凭（International Baccalaureate, IB）课程。IB课程在国际上有一定规模，也获得了比较好的社会效应。其领导者有开阔的视野，期望课程能整合"21世纪学生学习能力"。实际上，俄亥俄州的上阿灵顿学区目前正在将IB课程整合到他们即将要推出的21世纪学生学习能力的试点项目中。

我们已经欣喜地看到很多学区都与国际学生旅行公司英孚教育（EF Education）建立了伙伴关系，以此推动国际教育的发展。EF设计了一些旨在促进教师和学生全球竞争力培养与提升的游学课程，包括（但不局限于）语言流利性的培养。他们同时也与俄亥俄州的教育领导合作建立了领导者的网络联盟系统。通过合作，共同对"全球竞争力"究竟是什么、应该如何定义等展开讨论。

最后，可以留意一下"全球新公民"的资料。亚利桑那州凤凰城已经创建了一些用于引导课堂建立全球联结的资源系统。这些系统可以使每个课堂在需要的时候寻求来自全球资源支持和帮助。"全球新公民"不仅提供了资源，还为每一个课堂界定和匹配合适的合作者和项目资源。若想进一步了解，可以查阅www.newglobalcitizens.org。这些例子能让你对培养全球竞争力有更多的思考，使你能够在自己的学校或学区中有针对性地开展教育改革。可查阅反思框1.15。

> **1.15 对于全球竞争力的反思**
>
> 1. 当前在学校或学区内，哪些课程涉及全球竞争力？
> 2. 你是否要拓展这些课程的覆盖范围？
> 3. 你是否要为全球竞争力作一些注解？
> 4. 在学校或学区范围内，全球竞争力对于每一个孩子来说是否重要，是否是学校改革愿景的一个部分？

财经素养

世界范围内经济的持续走低始于 2009 年。这也再次强调了财经素养的重要性。回看金融危机，当我们反应过来的时候，已错失了真正的机会。数以百万计的消费者并没有足够的财经知识和技能，也无法成为睿智的财务工具使用者。很多人并没有理解基本的信贷知识。很多人也没有债务和偿还的知识。显然，他们都需要学习财经相关课程提升财经素养。但能够接受这样课程学习的人为数尚少。我们呼吁财经素养应该被视为 21 世纪教育中新的必修课程和必备能力。

在罗德岛的麦特学校中，财经素养是课程体系的一个部分。学生每周有一半时间在社区和学校自营的商业项目中工作。我们也采访了一位学生，他负责学校自营的本地公司和分公司的软饮料销售和市场分析。我们期望他分享一些对学校的态度。他对该项目十分喜爱，但仍然感到自己对此尚缺乏足够的数学知识。这让人大吃一惊。我们告诉他，他是我们见过的第一个认为自己缺乏数学知识的学生。他很快回应道："您不理解。我是销售和市场的负责人，在我的工作中需要大量数学知识，但学校教给我的尚且不够。"

学生比我们想象中对一些严谨学科，例如数学，有更多的学习需求，尤其当他们在实际情境中运用所学知识的时候。在该校中，学生理解为什么要学习数学公式，并且对此求知若渴，想要知道更多。遗憾的是，很多数学教育者并没有将财经素养作为数学学科教学的一部分来考虑。对此，我们并不认同。任何时候我们问数学老师有百分之几的学科内容应在财经或商业情境中开展教学，我们得到的答案是介乎于70%到90%之间。因此，我们并不是非常理解为何课程制定者们不将财经素养的内容融入数学课程中。

我们也认为可以将商业和公司运营的知识融入K-12基础教育的课程中。公司运营教学的网络（NFTE）是一个组织，这个组织针对低收入家庭的学生开展公司运营活动。这个课程包括有关于公司运营的基础知识及商业计划制定。学生们向本地区、州和国家的比赛项目提交商业计划。这个专注于公司运营的课程应该在更广范围内推广。

另一个令人欣喜的是由督导唐纳·迪萨尔图（Donna DeSiato）和她的团队在纽约东雪城米诺中心学区开展的项目。他们通过一个高中学生自营的信用社来培养学生的财经素养。这个学生自营的信用社矗立在街道旁边。该信用社的交易额超过了其他实体经营的信用社。不仅该校的高中学生在这个信用社工作，高中生们也教小学生和初中生学习一些基本的财经知识。

在其他学区，初级学业成就水平（Junior Achievement，JA）是对财经素养的教与学有帮助的资源。JA通过与不同学校形成伙伴关系，让很多商业执行官帮助学生学习，参与到商业和财经素养相关的项目中。不仅如此，商业教育联盟已积累了很多这方面的资源，这对于想要开展商业课程的学校有所帮助。这些都是未来开展财经教育可能的方向。参见反思框1.16。

1.16 对于财经素养的反思

1. 财经素养是学校或学区目前正被强调的一种能力素养吗？
2. 财经素养是否应作为你所在学校或学区教育改革愿景的一部分？

尽管我们强调全球竞争力、财经素养和自主学习能力的重要性，但对于你的学校来说，其他的能力也可以根据情况纳入其中。我们建议你参看 P21 的技能架构（the Partnership for 21st Century Skills' full framework），这个架构我们放在了附录 1，你也可以从 www.P21.org 处获得资料。你将从中看到很多其他未列在这里的能力，包括：

- 信息、媒介和技术素养
- 灵活性和适应性
- 效率和履行义务
- 领导力和责任感
- 公民素养
- 健康素养
- 环境素养

当你构建教育改革的愿景时，你可能会考虑以上所有能力，或者其他未列在此的能力。尽管我们强调 4C 及另外三种能力，但其他能力对于学校、学区和社区来说，有可能更为重要。出于本书的写作目的，接下来我们将继续聚焦不同的能力，帮助建构自身独特的、符合本土教育实践需要的 21 世纪教育愿景。

○ 结　语

你已经花费大量时间思考作为学校改革领导者的教育愿景问题。经过多年积累，你成为一位教育领导者，你在过往已经考虑过类似的问题，也将自己丰富的经验付诸实践。现在，在你阅读这一步骤的时候，你可以利用前面提供的视角和反思架构进行思考。这些思维方式帮助你考虑对未来的孩子们来说，哪些学习结果值得期待？这些期待也可以纳入到你的教育行动架构中。

你目前所形成的愿景也非一成不变。我们的意见是，21世纪教育的旅程应该从你感兴趣和相信的点生发出来。假如这一愿景不出自你所深信的教育理念，那么接下来的步骤2至步骤7都无法将之落到实处。一旦采纳了这一愿景，就需在实际领导团队开展教育改革中与校内外的利益相关者一起不断生成、创造，并持续批判性地思考，调整这一愿景，推进教育改革。再次重申，这一行动始于你所确定的教育愿景，是教育行动的出发点。

在最终敲定这个教育愿景前，我们认为了解一些其他教育改革者们的实践案例或许有很大帮助（参看图1.2中的三个案例）。这些图代表了整个项目达成共识之后的最终结果（有一部分内容将在步骤2中体现）。于你来说或许只是一个前奏。第一个是2015指南（Compass to 2015），它是弗吉尼亚海滩市公立学校的案例（见图1.2a）。第二个是卡塔利娜山麓模型，图中所示是该学区高中设计的标志（见图1.2b）。最后，我们也关注了俄亥俄州的上阿灵顿模型（见图1.2c）。

三个模型显示了每所学校每个学区对于教育改革理念的不同考虑。此处没有"一刀切"的模式。每一个学区的教育领导都是根据自己的需要开发适合自身教育情境的模型。这些模型对你思考如何展现21世纪的教育愿景有所帮助。我们也鼓励你设计自己的教育愿景。

弗吉尼亚海滩市公立学校
2015指南
学生学业成就

我们的重点是教授和评估学生成为21世纪学习者、工作者和公民所必需的技能。所有弗吉尼亚海滩市公立学校的学生都将能够：
- 精通学科知识；
- 成为有效的沟通者和合作者；
- 成为具有全球意识、独立、自主、有责任感的学习者和公民；
- 成为具有批判性和创造性的思考者、创新者和问题解决者。

图1.2a 弗吉尼亚海滩市公立学校学区模型

图1.2b 卡塔利娜山麓模型

图1.2c 俄亥俄州上阿灵顿模型

我们最后作一个反思,帮助你整理本章节所阐述的关键思维。

请填写下面的两个表格:

1. 哪些社会和教育变革力量在驱动你思考学校或学区开展面向21世纪的教育改革。

2. 哪些学生未来的学业成就是教育变革愿景所关注的部分?这些部分或将是未来与学校或学区范围内利益相关者共同推进教育改革的立足点。

对 21 世纪发展视角的反思

视　角	有（无）兴趣	重要性	对于自身愿景的重要程度
劳动力			
扁平世界			
服务型经济			
公民			
变革			
设计 & 创新			
信息			
技术			

对学生学习结果的反思

学生学习结果	有（无）兴趣	重要性	对于自身愿景的重要程度
批判性思维能力			
沟通能力			
合作能力			
创新能力			
自主学习能力			
全球竞争力			
财经素养			
其他 1			
其他 2			
其他 3			

对于教学和领导力更为广阔的愿景

步骤1为学校或学区工作提供了一个独特的视角,也为学校或学区内教学和领导力发展提供了战略性方向。这些特质是优秀的教师和教育领导者们需要具备的。当你不断改进21世纪学习的愿景时,应谨记以下一些提示:

- 4C不仅是学生学习的结果
- 4C也不仅是好的教学的所有面向
- 4C是21世纪教育领导力的重要特质

当我们将视角指向这三个方面——学生学习结果、教学和领导力的时候,4C的重要性突显出来。如图1.3中所示"4C在21世纪教育中的作用"。

图1.3 4C在21世纪教育中的作用

其中，学生学习结果处于"金字塔"最顶层，展示了对4C的关注。21世纪的学生必须具备这些能力。教师需要将这些能力融入到教学实践中。同样地，教育领导者也应将这些能力融入到其领导力实践的过程中。

最近一位教育督导与我们交流："我很喜欢这个模型。它看起来很美。我们的学生需要4C。我们的教师需要怀揣4C开展教学。但我们也需要明确学校的领导团队需要4C。整个学校需要将4C的运用作为组织运行和发展的核心概念。"对我来说，这句话听起来如同美妙的音乐一样令人神清气爽。我想对你来说，也是一样。你目前需要一个模型，它不仅为思考学生学习结果提供了一个可以参照的架构，同时也为你构建学校和学区内教师和领导团队时心中有数。

在步骤1，我们相信你已经对此进行了充分的批判性思考。感谢你的努力付出。我们期待在开展21世纪教育改革的旅程中，给予你有效的帮助。

现在让我们移步到步骤2，在构建21世纪学校或学区教育改革愿景的过程中，如何与团队各方达成共识。

参考文献

Figure 1.1 Autor, David H., Frank Levy, and Richard J. Murnane. "The Skill Content of Recent Technological Change: An Empirical Exploration." *Quarterly Journal of Economics* 118 (2003): 1279–1334.

AASA. *The School Administrator* 65.2 (Feb. 2008) http://www.aasa.org/SchoolAdministratorArticle.aspx?id=5996.

"AMA Critical Skills Survey 2010." American Management Association. http://www.p21.org/storage/documents/Critical%20Skills%20Survey%20Executive%20Summary.pdf.

"Are They Really Ready to Work?" *Partnership for 21st Century Skills*, 2006. Washington: DC: P21. Web. Jan 2011.

Autor, David H., Frank Levy, and Richard J. Murnane. "The Skill Content of Recent Technological Change: An Empirical Exploration." *Quarterly Journal of Economics* 118 (2003): 1279–334.

Bransford, John. Personal interview. Jan. 2010.

Conley, David T. "Toward a More Comprehensive Conception of College Readiness." Education Policy Improvement Center. 8 Feb. 2008. Web. 12 June 2011.

http://www.collegiatedirections.org/2007_Gates_CollegeReadinessPaper.pdf.

Friedman, Thomas. *The World Is Flat: A Brief History of the Twenty-First Century.* New York: Picador/Farrar Straus and Giroux, 2005.

Friedman, Thomas, and Michael Mandelbaum. *That Used to Be Us: How America Fell Behind in the World It Invented and How We Can Come Back.* New York: Farrar, Straus and Giroux, 2011.

GLOBE. Web. July 2011. http://globe.gove/about

"Learning for the 21st Century." *Partnership for 21st Century Skills.* Washington, DC: P21, 2002.

Makerspace: Creating a Space for Young Makers and Educators. O'Reilly Media's Make division, in partnership with Otherlab, 26 Feb. 2012. Web. Jan. 2012. http://makerspace.com/.

Merrill, Jim. Personal Interview. January 2011.

New York Hall of Science. *Proceedings from the "Innovation, Education, and the Maker Movement" Workshop.* 26–27 Sept. 2010, Queens, NY. Web. Jan. 2012. http://www.nysci.org/media/file/MakerFaireReportFinal122310.pdf.

Pink, Daniel. *Drive: The Surprising Truth About What Motivates Us.* New York: Riverhead, 2009.

Pink, Daniel. *A Whole New Mind.* New York: Riverhead, 2006.

"Skills and Tasks for Jobs: A SCANS Report for America 2000." *Secretary's Commission on Achieving Necessary Skills.* Washington, DC: Department of Labor, 1999.

Surowiecki, James. *The Wisdom of Crowds,* New York: Anchor, 2005.

"21st Century Skills, Education & Competitiveness." *Partnership for 21st Century Skills,* 2008.

U.S. Department of Labor. "Number of Jobs Held, Labor Market Activity, and Earnings Growth Among Younger Baby Boomers: Recent Results From a Longitudinal Survey Summary." Bureau of Labor Statistics, 2004. Web. Feb. 1, 2011. http://www.bls.gov/nls/nlsy79r20.pdf, published 2004.

Wagner, Tony. *Creating Innovators: The Making of Young People Who Will Change the World.* New York: Scribner/Simon & Schuster, 2012.

步骤 2 建立共同体共识

> **聚焦 4C**
>
> 在步骤 2 中，4C 的着眼点为：
>
> - 批判性思维能力：为什么你需要批判性地思考如何设计、构建，并推广改革共识？
> - 沟通能力：为什么学校或学区需要新的教育发展模型，为什么你的教育愿景包含与他人进行有效沟通等内容？
> - 合作能力：你需要推动不同的教育改革的利益相关人群开展真正的合作，为实现教育愿景奠定更为广阔的基础。
> - 创新能力：你需要在推广教育愿景的过程中保持创造性和创新意识。

○ 介　绍

　　拥有愿景是一件了不起的事情——但你需要与他人一道将愿景变成现实。既然已在步骤1对教育愿景进行了深入思考，那么是时候运用你的沟通能力和合作能力，和同事一起达成行动共识了。

　　将引领学校和学区教育改革的个人愿景拓展为区域内教育相关群体的共同愿景，是步骤2要完成的事情。这是一项基础性工程。在五六十年以前，我们可以很容易地执行一项政策，期待其他人追随该政策。但是在今天的学校系统中，任何一项变革都需要比从前在更广范围和更深层次上达成共识。我们认为步骤2的讨论非常关键。对于教育领导者的愿景来说，这是一个"买进"的过程，包含很多工作。但它能使领导者与团队成员共同创造出属于你们学校或学区的21世纪教育愿景，进而营造支持性环境达成期待中的学校或学区教育变革。

○ 将 4C 作为引领

　　首先，建议你有意识、有针对性地考虑领导力问题。我们看到，在每个学区21世纪教育实践的推进过程中，强有力的领导力一直都是改革成功的重要因素。当然，毫无疑问，教师和学校管理人员也是推进改革的重要力量。但当学校或学区的领导者积极推崇这项工作的时候，教育改革能惠及更广泛的学生，改革也更具持续性。换句话说，我们认为学校或学区领导力的投入非常关键。你需要很认真地看待自己作为领导者所发挥的作用。也就是说，教育改革没有领导者的支持几乎不可能实现。

　　我们的第一个建议是展现你作为领导者对改革的责任和义务。考虑一下可用于开展21世纪教育和核心能力素养的所有方式。听一听来自学校一线教师和教工人员的声音。你可能会感到惊讶，他们经常会这么说："其实，我们知道课程管理者关心什么，但是我们对此还是不确定，做这件事情究竟对于校长和督导有多大的重要性。"因此，作为一个领导者，将你所关心的事情一以贯之地展现出来，很有必要。

展现对 21 世纪教育改革的推崇有很多种方式。你可以开一个博客、办一份报纸等，通过此公开向学校师生展现你的想法。同时也可以使这些想法在团队会议讨论中一以贯之。你可以将相关文章分享到个人网络空间中。一方面能够获取别人开展改革的核心意念，另一方面，团队成员也能够通过阅读这些文章，深入理解改革意念。假如他们有疑虑，也无需要求他们将此作为优先的工作选项。绝不能忽略团队。你应向队友展示改革的意念和决心。

其次，将改革的结果模型化。假如要求学生进行批判性思考，有比较好的沟通交流技能，能与他人开展合作，且更具创造性的话，你的领导团队首先要能够让教师、教工和学生对所谓的"批判性思维能力、沟通能力、合作能力、创新能力"有清晰的概念。

我们采访过不少正在引领学校或学区开展教育改革的领导者。任何时候我们要求领导者能够清晰界定这些技能，这对于持续推动 21 世纪教育改革有很大助益。

亚利桑那州图森市卡塔利娜山麓学区的督导玛丽·凯梅泽尔将系统性思维（system thinking）作为改革行动的首要任务。她让学生们学习系统性思维，老师们教系统性思维。不仅如此，从一开始，她就已经将系统性思维运用到领导力施展的各个方面。作为领导，她工作的基础需要依靠这一技能。她和团队成员也对系统性思维达成了共识，这一共识成为整个团队运作和推进的基础。团队成员也已逐渐将这一共识整合到学区层面的课程、评价和专业发展各个方面。通过运用系统性思维，基于团队成员所达成共识，她的领导力团队得以持续不断地推进学校和学区的教育改革。

弗吉尼亚海滩市公立学校的督导吉姆·梅林认为："沟通能力是最重要的能力，紧随其后的是合作能力。但如果不能有效地表达自己，也就无法与他人开展合作。"弗吉尼亚州阿尔比马尔学区的督导帕姆·莫兰（Pam Moran）也强调沟通能力和合作能力的重要性。在她看来，假如无法准确表达自己，无法与他人实现双向沟通，有再好的创新能力和问题解决能力也白搭。这与她本人的灵活性和适应能力似乎关系不大。对于她来说，作为一个督导，所有的一切都源自较好的沟通与合作，因为再好的事务也需要得到大家的认可才算是好。东雪城（East Syracuse）米诺中心学区的督导唐纳·迪萨尔图（Donna DeSiato）认为4C中每一项能力都很重要。在她看来，这几项能力是相互关联和互为需要的，将一种能力凌驾于另一种之上的认识并不恰切。

可以看到，这些领导们都将4C视为自己的核心领导能力。这并不仅仅是学生学习结果的重要方面，也是21世纪教育领导力的关键素养。为你所在的整个社区清晰界定这些核心素养尤为重要。参考反思框2.1。

2.1 对领导力的反思

1. 你准备好以饱满的情绪投入到引领21世纪教育变革的行动中了吗？
2. 就21世纪领导者的特征来说，4C是否为你提供了有用的架构？
3. 你准备好为所在的学校或地区构建4C的"角色模型"了吗？
4. 对于利用4C模式展开教育改革，你是否与领导团队成员进行沟通并达成共识？

○ 让他人了解4C的重要性

鉴于你的工作是围绕21世纪教育改革构建共识性愿景，你的沟通能力变得尤为重要。将有关21世纪教育改革的故事讲述得引人入胜，尤为关键。

一个有效的策略是让你的受众投入到一场对话中来。我们经常运用所谓"三个问题"的练习。当你开启社会变化、学生学习结果，及学校或学区的努力的三方对话时，这个练习对于将各类利益相关者引入到讨论中效果很好。可以按顺序问以下问题，让参与者依次回答：

1. 在过去的25到30年之间，我们这个社会所经历的两到三次比较大的变革是什么？（允许大家分享各自的反馈）

2. 为了适应这些社会变革，你的学生需要哪些技能？（允许大家分享各自的反馈）

3. 回看一下前两个问题的答案，学校或学区如何有针对性地帮助学生发展这些技能或能力？（允许大家分享各自的反馈）

我们经常会让参与者们将他们第一题和第二题的答案分享给所有的受众，之后在组内对他们的答案展开讨论。这个练习帮助他们对作为教育者、利益相关者的角色，及今天学生需要拥有的学习结果等问题进行批判性思考。经常遇到的情况是，讨论之后发现，为了达成21世纪教育改革目标，有太多事情需要做。这是我们乐于看到的讨论结果。

另一个有效的沟通策略我们称之为"讲故事"（storytelling）。对于这个国家所有地区的人来说，他们对21世纪教育改革的理解可能是不同的，但他们能够记住的是我们所说的故事。我们的第一个建议就是运用讲故事的方式来讲述有关21世纪教育改革的事宜。

以下就是如何使用这一方式的一个例子。当你阅读下面这个例子时，请思考你会用什么故事来表述教育改革的核心要素。以下展现了同伴合作的重要性。

故事举例

这个故事在步骤1中有所提及，是一个关于加州纳帕谷（Napa Valley）新技术高中模型兴起的故事。我们亲临学校探访他们教育改革的模式，想知道他们是如何开展教育改革的。

作为本地经济发展改革项目的一部分，一些商界的领导过去一段时间一直在研究如何重振纳帕谷的商业市场活力。他们发现，其中一个很大的问题是缺乏高技能的劳动力,难以吸引高技术的公司落地。雇主们不仅想找技术素质较高的员工,还希望他们的员工是一些能够独立开展工作、解决问题、具有创新能力和合作能力的综合素质较好的员工。然而,纳帕的学校培养的毕业生们尽管具备专业学历,却不乏综合能力较低的工作者。这些商界领袖深入到学校和学区中,呼吁需要改变这一状况。

1996年,在基础教育学校重新确立目标后,纳帕谷联合学区开设了这所新的学校——新技术高中。这所学校以"一对一的计算机教学,数字化合作平台,跨学科课程小组教学,模块化课程表等"为特色,强调21世纪教育改革的核心素养,如批判性思维能力等。当然这所学校大部分的教学都是以项目式学习的方式进行。

两年后,我们回访这所学校,想看看这所新的高中如何评价学生的4C核心能力,其间我们遇见一位学生,他主动做我们的向导。他带我们参观了校园,我们问他这所学校如何评价学生的知识与技能。他带我们来到了学生休息室,我们登录进入到他所在班级的课程系统中,系统显示的课程是美国历史和文学。在首页第一列写着:

- 著作伦理 30%
- 文学和历史内容 50%
- 沟通技能 10%
- 技术技能 10%(这样的成绩报告单在步骤5中会介绍)

这位学生解释道,学校对每个年级学生的学习成绩都有30%的"著作伦理"的要求。教师们制定另外70%的评价分数。我们意识到这30%实际上受到学校董事会与商业群体之间伙伴合作关系的影响。这位年轻人告诉我们,每一次他登录到课程系统中,这一页都首先显示出来,提醒着学生他们所需要学习的知识和技能是什么。

大致分享了在线成绩报告单以后,我们注意到,尽管这位年轻人其他各项均在前15%～20%，唯独"沟通技能"的成绩仅处于班级的中间（约55%的位置）。对此，我们询问了他。他随后指出："两年前，在旧的高中，假如我问同学成绩差怎么办，得到的答案是'加倍努力'。在这所学校，因为成绩是在线记录的，我回到家，我妈妈实际上已经看到了我的成绩。她已经问过了学校老师：'我的儿子的沟通能力欠缺，我们该如何帮助他提高这一能力？'老师提供了两个建议。第一，学校会安排一个戏剧教练和我面谈，以及和其他同我情况相同的同学面谈，帮助训练我们的口头表达能力。第二，老师让我负责一份学校'导游'的工作。"

"那就是说，三个月前你还是一个沟通能力欠缺的学生吗？今天你的表现很棒！"我们回应道。他也机智地回应道："你们可以到楼下把刚才的评论说给我的老师听吗？"大家彼此开怀而笑。

我们乐意分享这个故事的原因有三：

- 这是一个很好的商业—教育合作聚焦学生学习结果改进的例子。
- 这个故事展现了在不到一年的时间里，一所学校如何发展出一套有效的计划以达成21世纪教育改革的效果，使之成为一个新的高中。
- 这个故事展现出创新能力和创造力如何变成有效的干预，使整个学校发生变化。

当然，这并不是唯一的例子。在纳帕，新技术高中已经发展成为一个由遍布全国90多所学校组成的学校网络。参观这样的地方为丰富你的故事集提供有力支持。当你与所在学校的其他人分享这些故事的时候，也可以逐步让教育改革愿景更加具体地传达给学校的教师、学区和社区的其他利益相关者。这里也提供一些能够提升你讲故事能力的办法：

- 访问一些商业领袖，向他们询问哪些技能是学生需要具备的重要技能？这些讨论为你的故事讲述提供了非常好的材料。
- 基于你的学习、生活和工作经验讲一些有关 4C 能力重要性的故事。
- 与学校或学区的学生交流，问问他们怎么看待诸如 4C 这样的 21 世纪核心能力。
- 与你自己的孩子、孙子/孙女、侄子/侄女沟通，了解一下他们对于这种新的教育模式的需求。这些资料有可能成为非常好的素材。
- 与学校董事会的成员、学生家长、社群成员展开对话。从他们那里听到的很多故事都能够充实你的理解。
- 与你学校的老师展开对话。发掘那些正在将 4C 灌注到他们实际教学过程中，并取得较好效果的老师，将他们的经验融入到你的故事中。

既然你已经有一些讲述故事的想法，这里帮你理出一些整理故事的方法：

- 制作两张 5″×8″ 的目录卡。
- 在第一张卡上写下"变化的原因"。在这张卡上，列出三四个具体的故事，这些故事都能够反映当前教育模式需要进行变革的若干方面。
- 在第二张卡上写下"21 世纪教育的成效"。在这张卡上，列出三四个关于教师、学校或学区如何在实践中践行 21 世纪教学改革的故事。

与不同群体进行沟通对话，能为你的故事列表增添很多有趣的故事。当你向大众讲述你的教育改革愿景时，别忘了时不时将这些故事穿插进报告和演讲中。也可以时不时做一个小测试。在你报告或演讲结束后，问问听众，报告中哪一部分内容感觉最有用。他们会反馈你讲的其中某一个故事对他们来说有用。这个经验也将激励你持续搜集故事、讲述故事。

第三个沟通技巧是在报告或演讲中使用视频资料进行补充。很多人已经这么做了，有一些很受欢迎的视频资料列在图2.1中。

最近，我们已经完成了与皮尔逊基金会（Peason Foundation）和EdLeader21制作几个视频资源的合作，其中一个是《21世纪教育中领导者的角色》(*The Role of Leaders in 21st Century Education*)。它包括一些对教育督导颇有启发的访谈，这些督导们都正在引领他们各自的学区进行21世纪教育变革。其他的视频资源（在EdLeader21 YouTube平台中可以看到）主要聚焦于4C能力、课程和评价。

另一个我们比较喜爱的视频系列是"你知道吗？"（Did You Know?）。它最初的版本由卡尔·菲什（Karl Fisch）制作，之后豪伊·迪布拉西（Howie DiBlasi）对视频进行了更新（事实上迪布拉西每年都在更新视频）。由著名的标语"发生转变！"（"Shift happens!"），你可能会记起这一视频系列。P21也拥有一套有用的视频资料。P21关于21世纪教育准备（21st century readiness）的争论发展出了两个很棒的获奖视频，一个是动画，另一个是一系列青年感言。最近，P21还出了一部名为《超越时空》(*Above and Beyond*)的动画片，这也是开启4C讨论很好的材料（参见图2.1）。

最近我们还注意到越来越多的学校和学区发起了有关州教育情况的大讨论。这实际上也是一种很有效的沟通策略。这类讨论的关注点涉及范围广，包括与学校或学区内利益相关者进行对话，或在社区层面就教育问题开展对话等。这些会议通常围绕一部电影或者一本书进行讨论。讨论过的电影包括：《两百万分钟》(*Two*

- EdLeader21的视频材料聚焦于21世纪教育中的领导力角色：htutube.com/edleader21
- P21和FableVision的《超越时空》
- "你知道吗？"系列《当今学生的愿景》(www.youtube.com/watch?v=dGCJ46vyR9o)

图2.1　21世纪教育的视频

Million Minutes)、《等待超人》(Waiting for Superman)、《改变教育范式》(Changing Education Paradigms)。下面为大家分享五本关于21世纪教育改革的书籍（参见图2.2）。

这里列出的五本书籍并不是全部，但每一本都是21世纪教育改革系列书籍中很有影响力的文献。

- 《21世纪技能：为我们这个时代美好生活而学习》(21st Century Skills:Learning for Life in Our Times)，伯尼·特里林（Bernie Trilling）和查尔斯·菲德尔（Charles Fadel）合著。这是一本更为全面地介绍P21学习架构的书籍。

- 《全球成就差距》(The Global Achievement Gap)，托尼·瓦格纳著。这是一本帮助教育领导和商业领袖了解21世纪教育的书。我们了解到很多学校董事会和社区团体成员都已经借助这本书，促使商业和教育领域展开对话。

- 《21世纪技能：重新思考学生如何学习》(21st Century Skills: Rethinking How Students Learn)，詹姆斯·贝兰卡（James Bellanca）和罗恩·布兰特（Ron Brandt）编。这是一本新出版的书。它更像一本纲要，肯·凯为其作序。这本书包含豪尔德·加德纳（Howard Gardner）、琳达·达林-哈蒙德（Linda Darling-Hammond）、杰伊·麦克泰格（Jay McTighe）、鲍勃·皮尔曼（Bob Pearlman）、蕾贝卡·杜弗（Rebecca Dufour）和理查德·杜弗（Richard Dufour）的作品。

- 《世界级教育：卓越和创新的国际化模型》(A World-class Education:Learning from International Models of Excellence and Innovation)，薇薇恩·斯图尔特（Vivien Stewart）著。书中呈现了一些来自全球学校教育系统培养学生应对创新型世界挑战的优秀案例。

- 《大学与职业生涯规划》(College and Career Ready)，大卫·克利（David Conley）著。克利借助四个大学和职业生涯规划的维度（情境性技能和意识、学术行为、核心内容知识、关键认知策略），向读者呈现了大学如何能够且应该运用这些维度为21世纪优秀人才的培养作准备。

图2.2　五本21世纪教育改革系列书籍

当你考虑沟通技巧的时候，需要考虑可以创造出哪些有力的、最吸引人的信息，与此同时，也要考虑可能遇到什么样的反馈和异议。

首先，聚焦于那些最积极的讯息。聚焦对21世纪学生学习结果的期待，可以在利益相关者之间建立共识。你们可以就所在学校或学区应该取得怎样的教育结果达成广泛而深入的共识。2002年，当我们开始进行21世纪教育改革的时候，有一个看起来很简单却非常关键的问题，即："21

世纪的年轻人需要具备哪些技能？"当我们不断地去问这样一个问题，其答案逐渐清晰，并最终形成极具共识性的答案。那个时候，人们对这一问题的回应几乎占据了开展这项教育改革工作 90% 的时间。我们专程走访了 200 个商业领袖、家长和教育管理者、校董会成员，听到了很多相同的答案。在教育领域中，涉及大图景的问题经常都具有争议性。但在这个议题上，人们对于未来年轻人在工作、学业、公民义务和生活上所应该具备的能力，争议不大。

最近我们组织了一个涉及教育改革利益相关者的会议。会议在密苏里州西南部的斯普林菲尔德举行。与会者包括商业领袖、校董会成员、教师、管理者、家长和学生。在一个相对比较短的时间内，对于所有学生都需要具备批判性思维能力、问题解决能力、沟通能力和合作能力的认识上，参会成员并无异议。即便在一些多元文化背景的群体中，所得出的结论也无争议。

但是，此处需要提醒的是：需要很仔细地理解这些共识背后隐藏的意义究竟是什么。假如你问这些利益相关者，是否所有的学生都需要这些能力的时候，你会得到大家异口同声的肯定回答。但是，假如你再问同样这批人，教给学生这些能力、评价学生是否具备了这些能力的最好方法是什么，或者能够界定一所学校需要优先发展何种能力的最好途径是什么，这个时候会发现，刚才的共识荡然无存——实际上你很快会发现，大家的观点差异很大，甚至出现争议。我们希望讨论不止于强调这些能力的重要性。假如你是一个有效的沟通者和全身心投入的合作者，除了能够勾勒出有关未来学生学习结果的共识图景，更为重要的是建构如何实施教育改革的共识行动策略。因此我们的建议是，在构建共识的最初阶段，先将注意力放在大家能达成一致意见的学生学习结果上。聚焦对学生学习结果的直接影响，每个人应该能够在改革的愿景上达成共识，并逐步找到激发改革推进的能量，鼓舞人心。例如，与学生和家长讨论以下问题，可能会达到振奋人心的效果：

- 每个学生从学校或学区毕业都应成为批判性思考者和问题解决者吗?
- 每个学生从学校或学区毕业都应成为有效的沟通者吗?
- 每个学生从学校或学区毕业都应成为有效的合作者吗?
- 每个学生都应具有创新能力吗?
- 每个学生从学校或学区毕业都应展现出一定程度上的全球竞争力吗?
- 每个学生从学校或学区毕业都应熟练掌握第二外语吗?
- 每个学生从学校或学区毕业都应具备基本的财经素养吗?
- 每个学生从学校或学区毕业都应成为具有自主学习能力的学习者吗?

以上这些问题对于更广范围的社区受众来说是鼓舞人心的。它同时也是一个良好的开始。它在某种程度上帮大家从对当前教育的诸多问题,如标准、教育质量等策略和方法的争论中摆脱出来。尽管对如何实施策略方法的讨论也很重要,但很多时候需要回到原点,重新定位。当你在构建有关于教育改革愿景共识时,应尽量避免陷入这种对当下琐事的纠缠中。相反,你需要一个更具振奋人心效果的关于未来学校系统将会怎样的对话,借助这个对话激发出学生、家长和社区公民的责任意识,令大家能够走到一起重振教育,这才是更为重要的。

其次,我们也向与我们共同开展教育改革工作的领导们强调过,批判性思维能力应是首要考虑的技能。它的重要性不容忽视。事实上批判性思维为整个 21 世纪教育改革奠定了基调。我们期待青年人能够将所学知识进行迁移,运用于新的问题情境中,并有效解决问题。这是 21 世纪青年人需要具备的关键能力。我们目前的教育系统较少用比较严厉的方式挑战学生。通过提升当前教育中批判性思维这一标杆,你已经在尝试弥补当前教育中的短板。从某种程度上说,你的教育改革项目比当下的教育模式都要求更高。在核心课程中,"学为所用"和"批判性思维"代表着一种更高水准和更高要求的教育模式。

我们乐于将此描述为"21世纪的硬指标"（21st century rigor）。这一用语帮助你认识到专注提升学校或学区教师和学生能力水平的重要性。对于某些声称21世纪教育模式只为提升"软技能"的人来说，你可以并应该提出异议，因为批判性思维能力相对于过往至今占主流的死记硬背的教育模式来说，是更为高水准的能力要求。

以下所示AP（美国大学预修课程）生物考试中的问题将有助于大家认识所谓"21世纪的硬指标"的内涵。经过包括国家科学学术委员会（National Academy of Sciences）在内的多个机构近十年的努力，AP考试逐渐摆脱了传统模式中对知识记忆和精通的考察。大学委员会（College Board）已经对考试进行了很多修改。新的考试更为强调对批判性思维能力、问题解决能力和知识运用能力的考察。以下是从新旧两个AP考试中选取的同样一个问题的不同设计，对比两者差异，变化可见一斑。

> 蕨类植物匍匐在地表或埋于地下的茎被称为：
> 1. 原叶体
> 2. 叶状体
> 3. 叶柄
> 4. 根
> 5. 根状茎

请注意这个问题属于基本知识回顾的问题。现在，请看一个修改之后的问题，这个问题来自AP考试中的生物题。

> $H^+ + HCO_3$　　$H_2O + CO_2$
>
> 以上公式为血液中进行的可逆反应。一位在科罗拉多高海拔地区训练的奥林匹克马拉松运动员跑步时觉得头晕并开始过度换气。她的血液

> pH 值上升并导致呼吸性碱中毒。正常血液中的 pH 值是如何恢复的?
> 1. 血浆中 O_2 浓度上升会使 H^+ 浓度下降
> 2. 血浆中 CO_2 浓度上升会使 H^+ 浓度上升
> 3. 出汗减少会使 HCO_3 浓度增加
> 4. 呼吸减少会使血浆中 O_2 浓度增加

请注意,修改后的问题向学生提供了一个公式。过去,学生被要求简单地回忆这个公式。现在,他们被要求运用这个公式去解决真实生活情境中的问题。

向大家展示这两个问题的同时,事实上也展现了两种教育模式的不同之处。什么样的学校系统更强调"问题1"的教育?什么样的学校系统更强调"问题2"的教育?两种问题,哪一类问题更具有挑战性?这些考试问题也是向受众提供认识21世纪教育硬指标的一个很好的方式。这些资源能够帮助你讲好关于这个"硬指标"的故事。

与此同时,与利益相关者沟通的时候,你还需强调对于教育绩效责任的支持态度。21世纪教育与提升教育质量绩效责任是一脉相承的。令学生、教师和管理者展现出更好的学习成效和工作表现是一件很好的事。但在今天,绩效责任策略在实践中面临两方面的问题。很多绩效责任策略的运作被置于惩罚性的情境中。我们中有多少人认为学生在责骂挨打的环境中能够更好地成长?我们真的期望教师在一种怀有敌意的环境中好好工作?难道说绩效责任的目标不应该是营造一种相互支持、相互分享的绩效责任机制吗?今天占主导地位的绩效责任机制事实上并不能为持续提升学校文化提供支持。

造成这个问题的原因是当前绩效责任系统依旧有赖于50年前开发的指标,这些指标事实上并不契合今天学习者的情况。这些指标从总体上来说依旧专注于内容知识的掌握。

当这些教育家们对《不让一个孩子掉队》(NCLB)法案提出批评的

时候，我们也总是问他们，假如以 4C 为绩效责任指标的话，他们会怎么想。假如绩效责任指标专注于学生的批判性思维能力、沟通能力、合作能力和创新能力，而不单是内容知识的掌握，会发生什么？教育家们的反应几乎是肯定的：假如绩效责任机制专注于这些更为有内涵的学习结果的时候，它的意义也更能体现出来。

当我们这么去理解绩效责任机制的时候，事实上意味着它真正的价值得以更好地发挥出来。这也引导你去思考是否每一个学生都作好了开展 21 世纪未来工作、生活和承担公民义务的准备。这个绩效责任系统是与时俱进的。它关注学生未来在学校、职场和工作表现中所真正需要的能力，如批判性思维能力、合作能力、沟通能力和创新能力。

在我们看来，《共同核心标准》（CCSS）即展现了教育绩效责任在积极的发展方向上迈出的一步。CCSS 在英语和数学学科中，批判性思维能力、问题解决能力和知识运用能力都被整合到了州层面的教育评价中（以及州层面的教育绩效责任体系中）。我们很高兴看到对这一问题的重视，这也同当前 21 世纪教育改革的目标相契合。CCSS 已经完成了 21 世纪教育改革者们所需达成的一个重要目标——新的标准将会更加注重对知识深度的理解，而非浅尝辄止，这使学术知识的深层探索受到鼓励。"标准运动"的持续发展也是我们乐于见到的。

当然，不必将 CCSS 视为通向 21 世纪教育改革目标的必由路径。即便新的标准在界定批判性思维能力、问题解决能力和沟通能力上有了较大改进，也并不说明学校或学区中的大多数学生这方面能力已经得到大幅度提升。例如：在很多州，这些标准的实施并未提升学生的合作能力、创新能力、全球竞争力、财经素养、信息素养和自主学习能力等教育改革目标。这意味着，作为学校或学区的领导者，在思考如何培养适应 21 世纪的公民和工作者的时候，可以视 CCSS 为改革的落脚点，而非改革的天花板。你可以分析 CCSS，并将其与 21 世纪教育改革相对照，详见 P21 核心工具包。这对于理解 CCSS 高阶思维能力设置来说是很有用的资源。（www.P21.org）

总之，绩效责任机制是传达积极信息的有力途径。通过绩效责任机制来传达教育改革对于 21 世纪未来学习者学习结果的期待，是比较明智和有效的方式。

除了传达积极的讯息，你也要准备回应那些对 21 世纪教育改革项目持反对态度的意见。根据我们的经验，反对 21 世纪教育改革项目的意见大致有三种声音。第一种认为，21 世纪教育改革项目正在削弱学生的学术知识基础。这一观点认为，假如强调批判性思维能力、沟通能力、合作能力和创新能力的话，将可能削弱教师教授重要学科知识的能力。这一观点经常被表述为：只有当学生对学科领域内的基本知识熟练精通掌握之后，才能够进行批判性思考。对此持支持意见的人认为，掌握学科知识是第一步。只有掌握了学科知识，才有可能进行批判性思考。

这一争辩源自错误的二分认识，即将知识学习与技能学习视为两件完全不同的事情。正确的认识是，最好的教与学实际上是学科知识的精通和高阶思维能力相互作用的过程。这二者能够也应该是相互支持、彼此促进的关系。

另一类批评的声音认为，21 世纪教育太过于关注商业世界的需要。持这一观点的一部分人认为，教育不仅仅是培养年轻人适应和胜任未来的工作，让他们成为合格的公民同样重要。另一部分人认为，21 世纪教育改革很大程度上如同自动售货机，试图售出越来越多符合未来商业工作需求的合格产品。有意思的是，对于 4C 来说，事实上我们不可能仅仅为学生成为未来劳动者作准备。可以试想一下，一个具备批判性思维能力、问题解决能力、合作能力、沟通能力和创新能力的人，难道不是一个合格的公民吗？这样的年轻人未来难道无法将自己的生活安排得游刃有余吗？试想一下那些为非营利组织工作的人，或者被选为公务员的人。4C 超越了仅仅胜任 21 世纪工作的能力需要。这些能力是每一个现代文明社会的人都需要具备的能力。

最后，对于领导者来说，引领 21 世纪教育改革最为挥之不去的心头疑虑，源自那些对于开展变革行动的根本性的阻抗。这些阻抗通常表现为一系列特定的形式，如：

"我们已经做得很好了（不再需要进行变革）。"

"我们没有开展教育变革的经费。"

"我们的工作负担已经很重。"

"这些事实上都不是新的东西。"

"我们已经是 21 世纪的教育模式了。"

"目前就有的行动模式运转得很好。"

"这都是一时兴起，持久不了。"

这一系列的回应都需要引起特别的注意，因为对于变革的阻抗可能是作为领导者会遇到需处理的最大问题。从领导者的角度讲，需要有足够的耐心和幽默感，持之以恒。教育中，很多重要的利益相关者（教师、管理者和家长）都对新的教育改革抱以"对号入座"的态度。假如教师感到他们时不时也在教学中贯穿批判性思维或沟通能力的训练，他们就会"对号入座"，由此对教育改革抱以随性的态度。你需要用不同的方式向他们提出具有挑战性的问题：

- 他们是有针对性有目的性地在进行教学吗？
- 他们在持续地改进自己的教学方法吗？
- 学校和学区发展符合 4C 能力建设吗？
- 我们能够携起手来共同改进教学，让 4C 惠及每一间教室中的每一位学生吗？

这些问题能够扭转教育系统中与生俱来的惰性，使之向着更有活力的方向发展。此外，对于你想做的事抱以积极乐观的态度、充满正能量是很重要的。我们希望对于沟通策略的讨论能给予你有用的工具和方法，为付诸教育改革作足准备。在移步到合作行动之前，让我们先做一个沟通工具列表。

2.2 沟通工具清单

- 你可以列出两三个关于 21 世纪教育变革的故事吗？
- 你可以列出两三个关于 4C 重要性的故事吗？
- 在你的报告中，你是否已经选择好两个视频案例？
- 在与教育改革的利益相关者会面时，你是否已经选好可能会用到的电影或书籍资源以供参考？
- 你是否已经制作好一个口头报告的视频来简述你的教育改革愿景？

做报告的时候，以下的观点清单也许对你有帮助：

关键点	愿景的核心点	报告呈现
21 世纪的变革背景： 劳动力		
扁平世界		
服务型经济		
公民身份		
变革的步伐		
设计和创新		
技术		
信息		
其他 1：		
其他 2：		
核心信息： 21 世纪教育的成效		
21 世纪的硬指标		
21 世纪的绩效责任系统		

其他 1:		
其他 2:		

请记住我们向你提出的挑战。这不仅是为推进 21 世纪教育改革项目积攒案例，同时也在展示你的沟通能力。使用这个"模式化"的沟通方法，为学校和学区的教育改革推进开展有效沟通。接下来，就让我们看看如何运用这些沟通工具。

围绕 4C 展开合作

要玩好"A"游戏，你不仅要有好的沟通技能，还要有合作能力。当所有利益相关人都开始感同身受时，他们才有可能更加积极地投入到改变的过程中，拥抱改革。越关注合作能力，你的学校和学区环境将越具有合作的特征。

我们建议与四类关键群体展开合作，即学生、教师、商业群体和其他社会群体。与每一类人沟通，都会为 21 世纪教育改革行动营造一个令人深刻的印象和沟通基础。与此同时，你也会收获很多有价值的信息，这些信息能够改进和提升改革行动规划，同时可以将那些有助于实施 21 世纪教育改革的人纳入列表名单中。你可以利用这一时期凝聚能量，树立共同的行动目标，使每一个参与改革的群体都感觉到你在与他们共同开展 21 世纪教育改革。这一阶段的工作耗时耗力，可能令你"踏破铁鞋"，可能需要足够的坚持和耐心，但从长远来看，与改革团队构建深度合作，保持团队对教育改革的热忱，都将得益于这一阶段的努力。

与学生合作是第一步。这并不新奇。在这个问题上，投入到与学生的沟通中将令你乐趣无穷。对于未来的教育，无论我们走到哪里，与学生就此问题展开的对话都是妙趣横生的。学生们知道哪些同伴并不愿意参与到学校改革的讨论中。相比理想状态的目标、兴趣及兴奋感，学生们能很快指出当前学习环境的缺陷。他们也能够敏锐地看到学校的课程中哪些课程真正与此相关,哪些课程具有挑战性。在我们合作过的学校和学区里,学生领导力的作用已势不可当。学生应该成为改革推进过程中的重要力量之一。

为帮助你理解学生参与教育改革的情况,我们建议可以参看《我的声音——2010年6—12年级学生国家报告》(My Voice 6-12 Student National Report 2010)。这份报告中包括来自"我的声音"调查中有关学生志愿者的数据。这是一份全国范围内针对六到十二年级19000多名学生开展的调查。调查的关注点聚焦学生的自信心、学业成就期待、及对学校的看法等,调查的题目包括归属感、成就动机、好奇心与创新能力、领导力与责任感,及开展改革行动的信心等五类。

尽管从调查中反映出一些积极的发展趋势,对21世纪教育改革的领导者来说,有一些点需要引起注意:

- 不到一半的学生认为教师关注他们的问题和感受,感觉到自己是学校中有价值的成员,并以自己是该校成员为荣。
- 不到一半的学生报告他们喜欢待在学校。
- 只有三分之一多一点的学生认为教师努力让学校成为学生乐于学习的地方;差不多一半的学生认为学校是个百无聊赖的地方;七成的学生认为学习是有趣的。
- 仅仅四成的学生觉得课堂对于他们理解每天生活中发生的事情有帮助。
- 大约四分之一的学生害怕受到别人的挑战,因为他们害怕失败。
- 三分之二的学生自我报告他们对自己的领导力能力有信心,但只有不到一半的人认为他们在学校决策过程中有发声的机会,或者认为教师会愿意向学生学习。

如果这些态度在你的学校或学区中也存在的话,那么学生的角色对于开展 21 世纪教育改革来说，就是改革能否成功的关键。学生不仅是 21 世纪教育改革愿景的受益者，也在磨砺和践行教育改革。假如学生全身心投入到其中，他们将会成为教育改革开展最有力的伙伴。具体可以参看附录 10，拓展学生资源的工具箱。

当你考虑让学生参与进来帮助你进一步完善教育改革的愿景时，了解学生情况是很重要的。学生对于学习的态度是什么？他们如何看待教师、课堂和身处的学校环境？他们对于需要学习和想要学习的知识和技能有什么期待？他们会将学校视为支持他们实现自身抱负的地方吗？

通过这些问题，让学生参与到修订教育改革愿景的过程中，是合理的做法。与此同时也可以继续考虑以下这些问题：

- 你是否坦诚地与学生就 21 世纪教育改革进行讨论和沟通？
- 学生的态度和感知对你思考 21 世纪教育改革愿景有何影响？
- 在学校或学区内，学生认为他们在教育改革决策制定中扮演了积极的角色吗？
- 是不是所有学生都将自己视为开展 21 世纪教育改革的参与者？

通常，我们建议与学生的沟通能够同 21 世纪教育改革项目的开展步调一致。请学生一同来界定他们的"座次"是什么，他们可以提供哪些帮助，以及他们会看到哪些挑战。在思考如何与学生群体沟通的时候，可以不断反思以下问题：

- 教育领导者和学生共同讨论并合作开展的 21 世纪教育改革有哪些方式？
- 举办什么样的常规性论坛能够让学生参与到共同反思正在推进的教育改革项目中来？
- 阻碍学生和教育领导之间展开合作的因素有哪些？

- 对学生学习的拓展策略是否只限于一部分学生？（假如存在如学生会之类的组织，那么这类组织的声音是否能够代表所有学生的心声？）

无论是在建立变革共识阶段，还是在教育变革持续推进的过程中，与学生展开对话给予了教育领导者一个很好的机会，认识和理解学生如何参与教育变革。

除了学生，教师也对21世纪教育变革充满热情。在我们访问过的很多学区和学校，教师自发聚集起来参与到教育改革中。作为教育领导者，你需要思考如何将变革的意念拓展到变革的执行者——教师身上。这些身处变革前沿的教师积极改进自身的教学实践，同时也善于将新的技术整合到教学工作中。特别是小学教师们，他们经常会说4C要求已经被整合在他们的教学实践中。通过了解目前教师所做的工作，你也可以结识一批志同道合的人，共同开展21世纪教育改革。

一批特定学科领域的教师事实上已经积极投入到21世纪教育改革中，如美国国家教师联盟（ATE）：英语学科国家教师联盟（NCTE），社会科学国家教师联盟（NSTA），地理学科国家教师联盟（NCGE），以及艺术教育和数学教师教育者国家联盟均在其列，他们各自在自己学科领域内开发了"21世纪技能地图"（这些图可以在www.p21.org找到，也可以参见附录2）。这些图展现了4C在不同学科、不同学段（如四年级科学、八年级英语、十二年级数学等）的具体表述。与学校的学科主任们分享这些图，有助于唤醒他们对"21世纪核心能力"的认识。特定学科的教师是你开展教育改革的支持者和拥护者。他们理解4C能力，并理解将之整合到特定学科领域中的价值。

天才或特殊需要儿童的教师也是教育改革运动的拥护者。帮助这些教师将注意力集中到复杂性思考和学生高阶思维运用等技能上，他们将成为教育改革推进的资源。同样，生涯规划和技术教育课程（CTE）中的教育管理者和教师认为，他们的工作与21世纪教育改革所期待的成效相辅相成。过去几十年中，CTE 教师在个人生涯技能的教学上发展成熟。但是，这些课程通常针对的是大学生群体。尽管如此，CTE 课程所强调的东西对于每个学生来说都是重要的。最近由 P21、ACTE 和 NASDCTEC 联合出版的《挑战之上：生涯规划和技术教育与 21 世纪大学生职业发展的核心能力》(Up to the Challenge: The Role of Career and Technical Education and 21st Century Skills in College and Career Readiness) 一书就是一个了解 CTE 优势很好的资料；CTE 可被视为 21 世纪教育改革开展的一个平台资源。你可以将这些资源作为改革的背景资料，基于此让团队成员考虑这样一个场景：一所学校为所有学生提供的教育与为部分天才儿童提供的教育一样。继续想下去，在这所学校中，每个学生都接受 CTE 课程学习。这对于每一个学生来说有什么样的影响？这种做法会带来哪些变化？

除了教师，图书管理员也是学校教育者，他们也是支持和拥护教育改革愿景的一类人。全国范围内，图书管理员公开支持 21 世纪教育改革，成为为教育改革发声最积极的一类人。作为工作的职责，图书管理员为推动信息、媒介和文献技术作出努力。美国学校图书管理员协会（AASL）已推出了"21 世纪学习者标准"。这是一个具有世界水平的标准，这个标准与"21 世纪教育改革"具有一致性。在很多学区，图书管理员是 21 世纪教育改革核心能力的辅导员和教练。

此外，如果教师工会是学校系统的一部分，你还需要与他们展开合作。在很多学区和州层面，国家教育协会（NEA）的成员已经成为 21 世纪教育改革的引领者。NEA 前执行主席约翰·威尔森（John Wilson）指出，"NEA 的成员将遵从 21 世纪学习架构开展教学。对于这一改革的愿景，我们绝大多数人感到高兴。教师和学校管理者应该走到一起围绕这个架构及改革的愿景，分享各自对未来学习的构想"。

另外，你所在学校的校董应该成为你开展教育改革工作的盟友。好的学校委员会成员能够有意识的考虑学区未来的发展情况并展开追问："我们学区未来五年应该是怎样的？我们有没有考虑过未来五到十年孩子们需要什么？"据观察，绝大多数校董会都在描绘和规划学区未来发展战略上扮演了核心成员的角色。

像俄亥俄州的上阿灵顿和弗吉尼亚州的弗尔法克斯县学区，其开展21世纪教育改革的契机即是源自学校董事会成员的推动。21世纪教育改革的愿景可以作为学校董事会茶余饭后的话题，或者有计划的讨论。

卡塔利娜山麓学区已经开展这样有计划的讨论将近十年了。他们的第三版战略规划中已开始关注21世纪未来的学生学习结果。威斯康星州密尔沃基外的汉密尔顿学区的经验与其相似。学区督导和学校董事会成员着手制定战略规划始于15年前。但直到最近，在第四版战略规划中，他们才开始关注到21世纪的学生学习。每个类似学区的领导者们都有制定战略规划的传统，这是不断推进学校改进的有效途径。基于这一传统，他们各自将学校的21世纪教育改革向前推进。

对于你和学校董事会成员来说，围绕这些问题讨论对开展实际工作可能会有帮助，譬如：哪些学习结果是帮助未来学生取得学业成就真正关键的能力？我们的学校或学区对于这些学习结果给予足够关注了吗？我们的学校或学区是否有针对性和目的性地考虑如何培养学生取得这些学习结果？也可以尝试通过前面做过的"三个问题"来练习引领学校董事会成员的讨论。很多学校董事会事实上不仅仅积极投入到这样的对话中，还期待成为更大社区范围内类似对话的发起者。

家长群体也是一个复杂的社群。作为改革领导者，你需要融入到这个群体中。一些家长凭借直觉认识到劳动力市场的需求瞬息万变。换句话说，他们是教育改革的积极参与者。他们也会将一些不同的视角带入到对话和讨论中。另一些家长可能更加倾向于支持他们过往所熟知的系统，他们这种路径依赖的心理或可能将旧式的行为模式带入到对话过程中。无论怎样，让家长投入到对话中是非常重要的。

在学校或学区中，假如你能深入到这些群体中展开互动将会迸发出一些精彩的对话。目前，教师、图书管理员、教师工会、学校董事会、家长和学生都是我们关注的群体。在你的清单中，还有其他的内部利益相关者需要纳入其中吗？确定利益相关者后，你可以召集这些人开始对教育改革的愿景进行讨论。

接下来很重要的事情是跳出学校或学区范围考虑外部的利益相关者。在我们走访的所有学区，商业群体是学校或学区教育领导者的盟友。商业群体中的领导者们深刻理解世界变化的速度，理解他们的员工需要的不只是精通所学的知识。他们擅长发掘当前和未来一个时期，本地社区范围内，什么是最为重要的技能。此外，商业领导者们也愿意涉足更广泛的领域，与之开展可能的合作。

在图森市，超过20家本地商业机构招收数学和科学教师开展为期一个暑假的工作，内容聚焦于公司的相关项目。这最早是UA教育学院的一个课程，现在变成一个常规性并不断拓展的初职STEM教师培养机会。教师们带薪在公司工作六到八周，其间，这些工作的体验令他们更为深刻地认识到他们的学生未来毕业之后进入公司工作将面临的挑战。一位在美国雷神公司总部参加这个暑期项目的教师参与八周活动过程的观察改变了她对如何教学生学习数学的固有观念。她对这个问题的重要性深有体会：解决真实世界中的数学问题对于学生来说是一个巨大挑战。

这样的实习项目并不是新鲜事物。但基于实习的学校运动模式在过去几年陆续出现值得注意。在全美范围内，克里斯托·雷（Cristo Rey）的24校联盟就是其中之一。他们的联盟学校包括芝加哥、波特兰港和图森等地的学校。由天主教兄弟学校捐资的图森圣米格尔高级中学，学生每周上四天课，每周有一天的时间在本地公司实习。公司支付学生报酬，这些钱可以帮助他们负担学费。这些实习项目夯实了学生学术知识的学习，同时培养了他们的批判性思维能力，为其今后进入职场作准备。

除此之外，大图景学习学校的模式也十分耀眼。在罗德岛州的麦特学校，甚至包括该州所有的大图景学习学校在内，每个学生都需要在商业公司或者社区组织中自行设计并开展一次校外项目学习。学生每周有两天的时间，在校外师父或学校导师的指导下，在"兴趣学习小组/实习小组"中学习和工作。校内和校外学习相互整合、相得益彰。两类学习都授予相应的学业或结业证书。即便你所在的学校没有确立这样的学习方式，同样可以鼓励商业群体为学生实习提供机会。对于开展21世纪教育改革来说，提供实习机会是商业群体参与教育改革的一个重要途径。

与社区商业群体的核心领导建立伙伴关系是学校与商业结盟的有效策略。如我们之前提及的，纽约东雪城的核心联邦信用社（CORE）和该地区的米诺学区建立合作关系，在高中运营一个由学生管理的信用社。在该学区内，一家制药公司与学区合作开设一门针对初中生和高中生的科学课程，课程主题围绕急救药品如何开发，以及药品开发如何得到美国食品和药物管理局（FDA）的检验和认证等内容展开。还有一批公司在向创新型学校和学区提供财力支持。有不少学校和学区已设立基金，由财团提供支持。这些基金关注课堂教学中有创新意识的教师，以"小型项目资助"的方式为他们开展教育实践教学创新提供支持，促进21世纪教育改革。

事实上仅涉足商业领域是不够的。要开展教育改革，领导者还需要与更广泛的社群展开合作。社区和州政府人力资源和经济发展相关组织也是教育领导者的盟友。本地的人力资源发展委员会深知提升学生的批判性思维能力、沟通能力、合作能力和创新能力是提升21世纪人力资源质量的根本。作为教育改革的领导者，能够与这样一些机构建立关系，将会令学区的教育改进工作与经济发展脉络紧密结合。在克利夫兰、辛辛那提和印第安纳州的西北部，区域性的经济发展项目已经兴起。很多项目都以4C为主题，组织社群成员围绕21世纪经济发展展开探索。

青年发展和非正式教育的领导者是你需要考虑与之建立伙伴关系的另一批人。遍布全国的青年发展项目已经认识到4C的重要性（可参见：http://www.readyby.org/）。这个群体运用一些创新性的策略为年轻人迎接未来将会遇到的挑战作准备。其中一个例子是波士顿的年度成长项目（Year Up program）。在波士顿的公司为参与年度成长准备项目的个人提供奖学金，并承诺在完成这个项目之后即可应聘到这些公司工作。对于以传统K-12教育为主的学区来说，将其课程与这样一些项目结合起来，是一个很好的尝试。4C愿景为这样的合作提供一个绝好的平台。

非正式教育机构也是重要的合作伙伴。校外项目、青年项目、暑期学校项目、博物馆和公共图书馆都可以归入非正式教育的行列。相比正式的学校教育课程，这些项目有不少已迅速而有意识地将21世纪核心技能整合到他们的项目开发策略中。参与这些校外项目的学生，如参与童子军（Boy Scouts）、女童子军（Girl Scouts）、足球小联盟（Little League Soccer）、基督教青年会（YMCA）、基督教女青年会（YWCA）、四健会（4-H）等等，他们的批判性思维能力、沟通能力、合作能力和创新能力等都能得到全面锻炼。

纽约州的北塞勒姆中心学校（North Salem Central School）在开展21世纪教育改革过程中集中关注具有创造性的问题解决。这些校外的青年发展项目对教育改革抱有热情，并很好地将这些项目整合到教育改革过程中。

最近很多公共图书馆和博物馆已开始考虑自身对培养21世纪未来青年的核心技能方面所扮演的角色。博物馆和图书馆服务研究所（IMLS）的一个举措"21世纪技能、博物馆和图书馆"，可为围绕K–12、公共图书馆和博物馆如何更紧密地合作以促进社区4C发展的对话提供强大的推动力。

就这个议题来说，与成人教育项目接洽可能也是你正在考虑的问题。在一些社区，作为基础教育阶段的领导者，对本地教育项目都有一定的管理权限。但在其他很多社区，这种权限是分开的。无论哪种情况，许多成人教育专家也已意识到21世纪核心素养的架构同样有助于成人教育。一个明显的例子是成人学生的综合性评估系统（CASAS）。这个系统与州和地区项目合作，帮助年轻人和成年学习者提升他们的基本能力，并为其授予全国范围内认可的高中文凭（全国校外课程文凭），以此帮助众多成人学习者提升基本技能，在21世纪的职场中获得成功。

最后，我们也鼓励你与高等教育共同体对接。一个很明显的连接就是与各个学校的教育学院建立对接关系，将它们整合到学区范围内未来教师发展的队伍中。毕竟，你将会雇佣从大学毕业的学生做教师。理想的情况是，这些从学校走进职场的新手教师能够开展4C的教学和学习评价。此外，有远见的大学教育学院也会围绕21世纪教育的重要层面为教师提供专业发展机会。P21 与美国教师教育学院联盟（AACTE）合作出版了《21 世纪教育者需要具备的知识和技能》(*21st Century Knowledge and Skill in Educator Preparation*)。这也可以作为与相关合作伙伴对接时有用的资源。隶属大学教育学院的国家教师教育认证委员会（NCATE）也为迎接 21 世纪教育改革着手准备，这为大学教育学院的发展提出了新的愿景。在加州，基础教育和高等教育的领导者们在一起合作，共同开发了加州大学入学早期评估项目（California Early Assessment Program）。这个项目为高中生的大学入学准备工作提供支持（http://www.calstate.edu/eap/index/shtml）。

除了教育学院，大学的主席和负责人也是你的潜在对话者，可以与他们探讨以下问题：

- 高等教育目前真正想要招什么样的学生？
- 在接下来的五年到十年实践中，如何看待高校录取策略将会发生的变化？
- 如何看待培养学生 21 世纪核心技能的方法和途径？
- 未来高等教育在教学和人才评估方面将会发生哪些变化？
- 大学能与中小学校和学区建立怎样的合作关系？

现在让我们考虑一下如何将商业共同体、校外项目、暑期项目、青年发展项目、成人教育项目、公共图书馆、博物馆和高等教育的代表整合在一起，就 21 世纪教育改革等议题开展讨论和对话。你可以将有关教育改革的愿景与各界代表分享，也可以透过以下问题让各界人士从不同角度展开讨论：

- K-12 基础教育如何能够与劳动力市场和本地经济发展对人力资源的需求对接起来？
- 各位如何帮助我们更好地认识未来学生将会面对的经济和劳动

力市场的发展体量和形势？

• 如何共同合作，建构有关 K-12 基础教育者和广大社区能够共享的词汇概念，用来更好地携手推进学生的学习，为他们适应未来经济社会需要作好准备？

• 我们如何更好地整合正式和非正式教育，优势互补，促进学生发展？

• 各界人士如何携手，有针对性和目的性地推进 21 世纪教育改革的战略，以帮助年轻人更好地发展？

如果你已照此策略推进与社区的整合工作，这将使你的学校与整个社区构建一种健康的伙伴关系。现在，你已完成的事情包括：

• 与所在学校或学区的教育共同体成员沟通你的教育改革愿景

• 与所在社区的商业领域、其他正式教育和非正式教育组织及青年发展组织等成员沟通你的教育改革愿景

你应该会给盟友留下很好的印象，也为所在社区的各界人士接纳你的教育改革愿景奠定基础。

一旦经过了这个非正式的合作阶段，你就可以考虑如何运用其他类型的合作技能开展工作。你可以为所在学校或学区设计一个更为正式的新的教育改革推进模型。这不是也不该是一个简单的过程。这个过程既是结合教育领导者优势的私人定制，同时也反映了整个社区的发展需要。一些领导者更适应小范围群体中的工作，而另一些领导者将在更为广阔的背景中展现出其有效的领导力。我们可以和诸位分享一些实践中产生效果的例子。

在卡塔利娜山麓学区，督导玛丽·凯梅泽尔组织了一个 40 人的顾问代表委员会。委员会成员共同在一起就构建本学区 21 世纪教育成就的愿景进行了为期一年的合作。这个顾问代表委员会包括学区内部人士（教

师、学校管理者和家长），也包括校外成员（商界成员和其他社区组织的成员代表）。这个委员会先对相关资料进行评估，形成一套区域教育领导者未来五年的工作行动计划。

俄亥俄州上阿灵顿学区的督导杰夫·韦弗也组织了一个类似的顾问团。这个顾问团有35名成员，包括教师、管理者、委员会成员、社区成员和家长。尽管社区成员和学校委员会成员参与其中，但大量的委员代表来自学区内的核心人员，包括学区内所有领导团队的成员。

在弗吉尼亚海滩市公立学校，督导梅林的教育改革行动也十分重视构建社区委员会和区域内教育改革的共识。这个过程最终形成了一个超过1000位社群公民参与的会议。该会议在弗吉尼亚州海滩会议中心（Virginia Beach Convertion Center）举行。会议让学校领导团队成员真正感到他们被赋予了责任，且要以促进学生学业发展为方向引领教育改革。

以上是一些例子，其中显示了一些过程性的策略，为开展教育改革提供参考。运用什么策略取决于你开展教育改革期待达成的目标。

- 你需要学校内部提供多少帮助？需要校外利益相关者提供多少帮助？
- 你的努力尝试在多大程度上让所在社区认可你的改革愿景？
- 你的社区在多大程度上"各自为政"？它们"走到一起"的必要性有多大？
- 社区团体多大程度上会将决策授予教育实践者？这些社区团体在多大程度上作好了与学校内部的教育共同体构建教育改革共识的准备？

这些问题的答案决定了你所筹建的顾问团人员类型的深广度。无论你选择何种类型，目标都旨在达成整个委员会成员的共识。与此同时，还需认识到学校董事会必须考虑顾问委员会的工作进程，以便最终采纳这些改革方案。

我们在附录 7—10 中详述了针对社区团体、商业领袖、学校董事会和学生进行沟通的工具包;你可以在开展活动时利用这些资源。

2.3 对合作的反思

你已经从思考自己的改革愿景,转变为专注于如何与所有重要的利益相关者共同创造具有共识性的改革愿景。思考并完成以下概括性的练习,帮助你评估反思所有可能的方式,进而支持教育改革的开展。

- 在校内或学区内部,最愿意投入并支持 21 世纪教育改革的三到四个群体是哪些?

	内部支持的群体	与之对接的策略	最佳辩护
1			
2			
3			
4			

- 在校内或学区外更广泛的社群层面,最愿意投入并支持 21 世纪教育改革的三到四个群体是哪些?

	外部支持的群体	与之对接的策略	最佳辩护
1			
2			
3			
4			

- 无论内部还是外部，对 21 世纪教育改革持抵触态度最明显的三到四个群体是哪些？

	反对派	如何对接	最佳辩护
1			
2			
3			
4			

以上三个表帮你建立最强盟友路线图。从中可一眼看出哪些是与你构建分享性支持关系的盟友，哪些可能是伴随工作开展的顽固的反对者。你的工作是构建支持团队，同时缓和预期到的抵抗力量，或尝试减少这些阻抗。最为重要的，我们希望在步骤 2 表达这样一个意思，即现在你已界定好并构建了一个由校内外成员组成的专职负责此事的顾问委员会，形成了开展教育改革联盟成员的基础。

结　语

以下是为新的教育改革愿景奠定基础所取得的进展：

- 你已经构建了个人愿景。
- 你已经构建了沟通工具和信息资源，准备好与其他人有效沟通你的愿景，并在过程中"模式化"自己的沟通技巧。
- 你已经采纳了合作的策略，与学校内外不同利益相关者展开广泛的对接，围绕愿景创造了一个教育改革共识建构的过程，其间"模式化"自身的合作技能。

我们期待步骤 1 和步骤 2 对实施教育改革有帮助。它们对于推进教育改革，达成广泛深入的共识，尤为重要，也具有挑战性。你需要迎难而上。之后的讨论会更有启发性。在步骤 3 到步骤 7，教育改革将真正影响到你的学生。步骤 1 和步骤 2 是基础性工作，支持学校或学区开展教育、学习和评价改革，使之真正落实到学生身上。这也是教育改革的回馈，不仅回馈学生，也回馈教育领导者。

参考文献

DeSiato, Donna. Personal interview. June 22, 2010.
Merrill, Jim. Personal interview. June 15, 2010.
Moran, Pam. Personal interview. June 10, 2010.
"My Voice National Student Report 2010." Quaglia Institute for Student Aspiration http://qisa.org/publications/docs/NyVoiceNationalStudentReport(6-12)2010.pdf.
NCATE. http://www.ncate.org.
"Standards for the 21st Century Learner." American Association of School Librarian http://www.ala.org/aasl/guidelinesandstandards/learningstandards/standards.
"Up to the Challenge: The Role of Career and Technical Education and 21st Centu Skills in College and Career Readiness." P21, ACTE, and NASDCTEC. http://www .p21.org/storage/documents/CTE_Oct2010.pdf.
Wilson, John. Personal interview. June 6, 2010.
"21st Century Knowledge and Skills in Educator Preparation." Partnership for 21st Century Skills and AACTE. http://www.p21.org/storage/documents/aacte_p21_whitepaper2010.pdf.

步骤3　系统内部相互配合

聚焦4C

在同时考虑4C及各部分相互配合的问题时，需要思考以下这些观点：

- 批判性思维能力：当你考虑课程、评价和教学系统同4C要求相一致的时候需要运用分析性思维和系统性思维。
- 合作能力：系统内部相互配合需要教育系统内所有的教育者们积极开展合作。
- 沟通能力：系统内部相互配合的目标，如让4C成为面向每一位学生的教与学过程中的一部分，应该在每个阶段都清晰传达，一以贯之。
- 创新能力：系统内部相互配合的工作需要领导者们更为灵活并具有创造性。

◯ 相互配合：扩大工作规模

我们希望，在步骤1和步骤2中，你已经建立好21世纪学生学习的个人愿景，并认识到与所在学校和学区利益相关者建立改革愿景和共识的重要性。现在开始最难的一项工作——让教育改革迈出真正一步，即让教育系统内成员相互配合，使所有学生从这项改革愿景中获益。当改革愿景以系统的、相互协调的方式在学校或学区中实施的时候，也是改革见成效的时候，即4C能力整合到每个学生日常教学的过程中。

接下来在步骤3，我们将提供必要的指导，帮助你将4C以更为协调有效的方式整合到课程、评价和教学中。

先让我们澄清一下什么叫作相互配合（alignment）。假如你曾经得过腰椎间盘突出，你可能更为理解从前简单的动作，如系鞋带和起床，都变得十分困难。假如接受脊柱推拿师的治疗以期提升自身肢体的活动水平，这个问题并没有消除，而且可能更为严重。当我们与教育者们开展教育改革的时候，我们尝试向他们解释教育系统不能相互配合的时候会怎样。我们抬头看向右，之后将我们的肩膀转向左，然后试着向前走。这时候会发现，当不同的部分都各自向着不同方向的时候，一切是不可能和谐的。协调的活动非常困难。我们认为，如果教育改革的愿景专注于提升学生的4C，但专业发展却主要通过传统的讲授方式进行，学校评价系统也主要是低认知水平多项选择题组成的测验，那么整个教育系统是无法相互配合以真正实现改革的。如此，教育改革也很难有效推进，惠及更多的学生。

另一方面，若4C能够成功整合到课程、评价、教学和专业发展过程中，改革愿景将在比较大的范围内得到落实。系统中各部分相互配合有助于促进和巩固21世纪教育改革目标的全面实施。

接下来我们将站在你的脊柱推拿师的角度，分别对以下步骤进行考虑：

> **相互配合的系统是什么样的？**
>
> 步骤 3 的目的是建构相互配合的系统：
>
> - 学区层面建构起清晰、包含 4C 能力在内的学生学习能力目标。
> - 将 4C 整合到所有的课程中。
> - 根据 4C 评价学生的学业表现。
> - 校长、教师和其他领导者要不断发展专业能力，为学校开展基于 4C 的教学和评价改革提供支持。
> - 教育领导者们将与学生家长、社区成员和其他教育持份者通过多种渠道进行沟通交流合作，共同开展基于 4C 的教育改革工作。
> - 教育领导们在教育改革过程中持续改进 4C 的落实情况。

不论你选定哪一项核心能力开展教育改革——4C 或其他的知识和能力，将改革的愿景融入日常教学过程中都需要教育系统各部分相互配合，包括评价、课程、教学、专业发展等各方面。缺乏落实 4C 的系统性路径，教育改革很难超越如斯坦福大学雷·佩乔尼（Ray Pecheone）教授所说的教育中的"首饰盒"现象，即教育中充斥着令人"叫好"的个案班级和个案学校。用雷的话说：我们乐于将成功个案作为教育改革成功的证据，像展示首饰一样。问题是，在这些改革成功的个案中，真正涉及的学生人数比例甚少。作为教育领导者或教育改革的拥护者，我们常常会为这些教育改革的个案感到兴奋，却时常忽视了这样的事实，即将改革的意念落实到更大范围内使之惠及所有学生将会面临困难。换句话说，假如我们真正重视 21 世纪教学改革的目标，就不会仅仅满足于这些孤立的成功个案，不论这些个案听起来有多么令人振奋。为促进每个学生的发展，实现 21 世纪教育改革，最好的方式是运用系统性思维开展教育改革。

如你所认识到的，围绕改革愿景，将学校和学区内的教育资源相互配合以推进 21 世纪的学生学习是一项十分艰巨的任务。这项工作用罗伯特·马扎诺（Robert Marzano）所谓的"第二阶变革"（second order change）来形容实为恰切。他提及的"第一阶变革"（first order change）可被理解为"容易实现的目标"（low hanging fruit），或者基于现存系统和资源的变革。假如你正在阅读这本书，会发现你已经在学校或学区中进行第一阶变革，且对如何将变革深入下去有进一步认识。"第二阶变革"需要对整个组织基础架构进行重新思考，这种思考超越了现有知识、技能和资源的运行逻辑。作为一个准备开展21世纪教育改革的领导者，为了让整个教育系统与4C相互呼应，学区或学校将面临一系列有待解决的关键问题，包括：

- 如何将4C教给不同年级学生？如何评价不同年级学生在不同学科学习过程中4C的能力发展情况？
- 当前，需要哪些资源来支持这样的教学和学生学习评价？
- 为开展这样的教学和评价，还需要哪些额外的资源？
- 我们如何让改革不仅停留在少部分个案学校，尽可能惠及更多学生和学校？

将步骤3视为"第二阶变革"，有助于设立整个团队的改革愿景，将改革目标集中于考虑改革如何全面惠及所有学生。

值得强调的是，我们期待改革可以惠及所有学生。归根结底，这才是改革的首要目的。步骤3超越了项目试点和对少数个别教师的关注，讨论到整个系统各个部分之间的相互配合，这样的系统性配合确保21世纪教育改革能够惠及每个学生。

○ 什么是4C的相互配合？

我们已经对"相互配合"的概念进行描述，重要的是撇开4C，对于系统内部各个部分相互配合的讨论是老生常谈。在教育系统中考虑不同部分之间的相互配合不是一个新的话题。在如何使课程和评价与国家（州）

课程标准相契合的讨论中也经常涉及这个议题。使国家课程标准、课程内容和评价相契合是教育系统运行的一个重要目标，尤其是从系统性思维的方法论角度去思考教育系统的时候。[对于系统性思维，想获得更多信息，推荐彼德·圣杰（Peter Senge）的作品，其作品也经常为那些正在运用系统性思维引领教育改革的教育领导者们所引用。]众多有关教育系统内部相互配合的改革缺乏对21世纪学生学习结果的关注。当然，教育系统内思考国家课程标准、课程内容、教学和评价的相互配合对学生掌握所学知识内容非常重要。但这并不是本书所说的4C相互配合。步骤3的目标是确保教育系统各部分相互配合以实现21世纪教育旨在促进学生学习的改革愿景。

如我们界定的图3.1，步骤3让我们考虑教育系统中的每个部分，这个图也全面反映出4C是如何整合的。

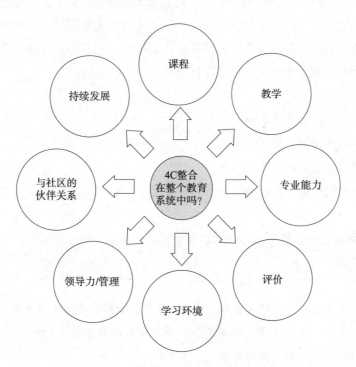

图3.1　21世纪能力架构相互配合：系统性的4C整合

案例 3.1 相互配合是什么样的?
来自弗吉尼亚海滩市公立学校的改革掠影

以下案例记述了一个学区如何做到各个部分相互配合以践行教育改革。案例来自弗吉尼亚海滩市公立学校（VBCPS）。该案例在本书步骤2中有所提及，其中展现出多样而复杂的系统相互配合的过程。

在海滩市公立学校，督导吉姆·梅林和他的领导团队围绕21世纪学生学习的核心能力目标，积极投入到整个教育系统内部的调整过程中，使之相互配合实现教育改革。整个学区约有69000名学生，包括超过15320名全日制、业余及脱产的学习者，整个学区范围内有81所学校。督导梅林和他的改革团队成员引领了"迈向2015"（Compass to 2015），这是一项学区范围内21世纪教育改革的战略规划。这个过程为每一位对如何将4C与系统各个部分相互配合的人提供了一个有用的模型。VBCPS团队在系统各部分相互配合的过程中也根据实际情况不断调整。总体来说，他们的工作可简述为四个方面的活动：

- 共同体的相互配合
- 战略规划的相互配合
- 实施团队的相互配合
- 学校的相互配合

除此之外，整个工作进程还呈现出使之成功的一些关键点。这些关键点包括：

- 优先推进整个学区开放、透明、合作和持续改进的文化氛围。
- 支持校长们根据自身需要及各个学校的特殊情况开展改革，例如，时常谨记每个学校改革的路径均存在差异。

- 从每所学校的强项开始改革，而不是将关注点集中于每所学校的缺漏上。
- 召开改革内阁领导会议持续问询和再问询，了解是否每个改革实施的步骤都与"迈向2015"的目标相契合。
- 持续不断地沟通——不将组织中的成员视为独立的个体，而将其视为共同支持和推进教育改革实现改革目标的集体。

我们已经简要阐述了VBCPS团队开展的活动，对此有如下一些思考：

共同体的相互配合

学区改革的第一步是对21世纪学生应有的学习结果进行一个清晰的界定。该界定也与整个学区范围内21世纪学生学业成就期待相互配合（此处可以参考步骤1中教育改革愿景的图形）。当前广受整个社区推崇的学生学习结果的愿景包括：

学区的基本关注点在学生核心能力的教学和评价上，目的是为学生掌握核心能力，为成为21世纪的学习者、工作者和公民作准备。所有VBCPS学生通过学习，都将成为：

- 熟练掌握学科知识的人
- 有效的沟通者和合作者
- 具有全球化意识、独立且有责任感的学习者和公民
- 具有创造性思维、创新能力和问题解决能力的人

反思：

督导梅林始终坚信在整个社区范围内建立对未来学生学习结果广泛而深入的共识的重要性（参看步骤2共识建立）。如步骤2中提及的设定愿景的过程在该学区内持续了一年多，其间举办了很多次社区范

围内的会议,连同其他活动一起,参与者超过1000人。早期的工作及与学区教育的利益相关人特别是家长们的持续沟通,使学区内对21世纪学生学习结果的认识获得公众和各界鼎力支持——社区范围内的教育者、利益相关人们对改革的愿景表示理解,也愿意为此买单。督导梅林指出,共识建立是十分重要的。但建立好共识之后必须立即开展实际行动。如其所述:"社区各界十分敏感,他们很快能够分清'说'和'做'之间的区别。"与整个社区成员之间构建的信任关系将直接体现在开展有意义的改革行动过程中——他们能够理解改变的发生,也支持或打算支持这些改变。(EdLeader21的博客)

战略规划的相互配合

"迈向2015"界定了五项战略目标,这些目标与学区教育改革对学生学习结果的愿景是相契合的。详细内容可参见网站:http://www.vbschools.com/compass/index.asp。每个战略目标的规划都针对学生能够达成的某一项学习目标来制定。这些学习目标在"迈向2015"中均有界定。

战略目标规划:

1. 让每个学生投入:所有教师都需要通过教学实践创新,借助信息技术支持,调动学生自主学习的积极性,让每个学生在参与有意义、有挑战性的真实问题解决的学习任务过程中成为探究型学习者。

2. 平衡型的评价机制:VBCPS将推行平衡型的评价系统,以期更准确地反映学生学习结果和学业成就水平。

3. 学业成就的改进:每个学校都要不断改进所有学生的学业成就,同时有意识地查漏补缺,如给予非裔美国男生特别的关注等。

4. 创造机会:VBCPS为家长、社区和商业领袖们创造机会,令他们在教育改革中扮演相应的角色,让他们作为合作伙伴积极投入其中,为学生的学业改善提供支持。

5. 能力建设:VBCPS有责任为教育领导者、教师和其他工作人员的专业能力提升给予支持，有责任优化资源配置，使学校各部门达成战略目标，改善学生学习结果。

反思：

在改革实施的第一年，专业学习共同体被视为支持战略目标5"能力建设"的关键活动。但这在一开始并未获得成功。学区为校长们提供了有关专业学习共同体的基本信息，并期待能将专业学习共同体付诸实践，但事实并非如此。专业学习共同体无法在实践中运行，一部分原因即在各个部分相互配合上出现问题。接下来的一年中，学区领导者们从"应该建立专业学习共同体"的考虑转为向学校提供资源，系统性发展各学校的合作学习文化。学区给予校长及其团队一定的标准，帮助他们解决一些关键的常规程序问题，包括：我们想要学生学习什么？我们如何评价学生的学习？对于学习成绩较差的学生来说，我们能够为他们做些什么？对于学业成绩较好的学生来说，我们能够为他们做些什么？家长和社区资源如何支持学生学习？与此同时，学区范围内还提供了理查德·杜弗和蕾贝卡·杜弗的《做中学》（*Learning by Doing*）一书。该书中对PLC的界定已为学界所认可。学区领导者每月举办校长合作会议，增进沟通，确保各项行动与"迈向2015"的目标相关联。也是在这样的会议讨论中，校长们首次发展了"学习走访"（Learning Walks）的方式（http://www.vbschools.com/compass/learningWalks.asp），界定了"摸索探寻"（look fors）的意义，很好地展现了21世纪教育改革中最重要的能力——批判性思维能力的运用。通过集中的人员配备和支持，这项合作性活动呈现出成熟的PLC特征，各部分相互配合也成为每个人开展工作的核心要义（更多有关专业学习共同体的信息，请参看步骤4；更多有关"学习走访"的信息，请参看步骤6）。

实施团队的相互配合

为实施"迈向2015"，战略规划实施的执行委员会成立，专门负责改革实施过程中系统各部分间相互协调等问题。督导梅林称,为向学区所在地驻守的海军致敬,故将整个团队命名为"海豹突击队"。五个战略规划中每一个都由委员会内阁专家和一位校长共同负责,保证整个工作能够与基层领导者们密切配合。梅林积极参与到每月各组会议讨论中,确保各项工作相互配合,有序开展。

反思:

由教育领导、评估的副督导和一位高中校长共同领导的战略目标 2 行动小组开展了一项重要的任务:开发评价工具,即对 21 世纪学生每一项核心能力的发展进行评估。这个小组提出了一个界定各能力发展水平的连续评估体系(一个高阶水平的标准体系,用来引导教师的课程和教学评估活动)。这个体系可以帮助教师评估学生批判性思维能力从基础水平逐渐提升的情况。但是,如整个组的组员在推进过程中指出的,这项工作对于教师来说是一个大的转变,它需要教师将评估标准运用于教学计划中。当这个行动小组将该计划与 40 位教师沟通准备在实践中开展试点的时候,教师们都感觉到很惊讶。诸多意见认为这个工作应该是教学计划的前端策略。也有决定认为,评估的基准和参照系将用于帮助教师们开发评估学生学习能力的评价标准;这些工作目前也向整个区域内教师推展开来。在校内,教学计划和评估工作不断相互磨合,反映出整个实施小组中各部分相互配合的结果。各小组成员在一起工作,相互配合,确保整个工作进程与"迈向 2015"对学生学业成就的期待相契合。

学校的相互配合

学区中每所学校都需将持续改进计划(PCI)与促进学生学业成就的战略规划目标整合起来。尽管这种思路对于协调学校各个部门推进"迈向 2015"改革计划非常重要,但有关绩效责任和评估的标准也是引领学校走向"先锋校"的重要议题。这些学校最早参与"迈向 2015"创新项目。经过时间检验,这一系列计划成为改革在各校得以扩散的有力支持。

"先锋项目"界定了三类有效促进教育改革战略规划成功实施的关键点，分别是：教学技术的整合、平衡型评估策略和对学生学习需要的关注。基于每所学校的自评情况和实施教育改革的情况，在学区范围内，以上每个关键点都有八所学校（总共24所学校）作为"先锋校"被选出来。自评的问题包括以下八个指标：

- 持续改进的学校文化
- 对学生学习需要的关注
- 将学生学习结果和"迈向2015"教育改革的目标整合起来
- 推进合作学习共同体建设
- 教学领导力
- 建立家长和共同体之间的联结
- 教学技术整合
- 运用多方资源（人力、财力和物质）支持"迈向2015"教育改革

这些学校与特定的支援团队开展合作，为教师专业发展提供了具有创新性、基于实际工作场域、基于研究证据的专业发展机会。次年，先期成为"先锋校"的学校在2011—2012学年与新晋"先锋校"结伴。项目实施一周年后，每个"先锋校"的领导都担任新晋伙伴学校的导师或教练。这使得各校校长们有机会在相互学习中获益，共同推进整个学区范围内21世纪教育改革的目标。

反思：

学区层面内阁领导成员很早就认识到每所学校在五个"迈向2015"战略目标上各有所长。意识到这些，先锋项目在开始选择24所项目学校的时候，就对各所学校实施教育改革战略规划目标的准备情况进行评估。首批战略学校成为践行改革的"试验田"；这些学校的领导者们目前

> 都担任下一批先锋项目学校的教练或导师。这个先锋项目的愿景是期待依赖同伴引导,将改革逐渐推广到整个学区 81 所学校中。
>
> 在先锋项目的每个阶段,每所学校的校长都需要回应以下问题,即:你的工作切入点在什么地方?你想从何处开启改革的工作?学区支持小组尝试理解每所学校独特的教育情境,寻求对于不同学校来说从何处切入能够获得比较好的改革成效。在其中一所学校中,开展平衡型评价机制是改革的切入点。而对于这所学校来说,合作学习是该校实施多年的教学策略。尽管如此,学校领导注意到,该校并没对合作学习能力进行恰切的评估。因而,改革切入点即需要探索和建构对该校师生"合作学习"能力的评估模式。另一个案例学校是一所小学。这所学校已围绕思维习惯(Habits of Mind)问题建立了一套强有力的实践体系,关注平衡型评价机制的实施。先锋项目的学区支持小组首先考虑将"思维习惯"与"平衡型评价机制"建立联系。教师逐渐看到了这两件事情的联系——事实上对于教师来说,他们已经做了很多工作,这只是对他们已有工作在思维逻辑上的拓展。在两个案例中,不同项目之间的整合接洽自然,令教师觉得改革并不是全新的东西。教师投入积极性很高,展现出较好的行动整合能力。

VBCPS 案例的重要意义体现在两个方面:(1)作为领导者,需要有比较广的视野,能够建立所有点之间的联结,真正在整个教育系统中推进教育改革;(2)需再次明确对于改革来说,没有唯一正确的路数。这个过程需要一种实验精神,不断循环往复,抱以开放的心态,从错误中学习。这些或是教育领导们在步骤 3 中需要学习的重要的思维模式。

○ 如何开启教育改革:运用 MILE 指南

借助相应的工具,你会逐渐发现步骤 3 是一项有意思、有价值的工作。

很多学区已开始使用 MILE 指南，并取得了很好的效果。在这个部分，你将会看到 MILE 指南如何在动态的改革行动中发挥作用，生成更为系统的、整合性高的 4C 教育改革。MILE 指南，由 P21 开发，是指导教育改革过程中系统各部分相互配合的一项非常好的资源。具体详见附录 14。

在堪萨斯州，一些学区的教育者们已运用 MILE 指南来构建改革的思维方式，制订战略计划。在堪萨斯州，作为堪萨斯国立教育联盟的主席，布莱克·韦斯特（Blake West）已运用 MILE 指南引领学区教育改革团队执行改革的战略规划。这一工具帮助教育者们界定出教育改革各项工作的先后次序及需要优先开展的工作，分享典型案例，并在系统内部设置进阶性改革工作推进评价标准的实施。韦斯特认为，为帮助学生学习，使之运用 21 世纪核心技能解决真实世界中的具体问题，教师和教育领导者需为其提供学校内各类学习经验。对此，MILE 指南可提供有意义的、具有可操作性的指导。

除了附录 14 所提供的内容，这个工具还有其他两种形式：

• PDF 版本可通过免费渠道（http://p21.org/documents/mile_guide_tool_091101.pdf）获取，或从 P21 网站的付费渠道中获取。MILE 指南提供了一个详细的方案，帮助各校在整合 21 世纪核心技能过程中进行自我评价。

• MILE 指南中自我评价部分的流程，各校和各学区可通过网络在线形式开展自评。该自评是免费的（http://p21.org/mileguide）。这个自评包括 17 个快速回答的调查问题，是一个可迅速开启自评的方法，一个自评的浓缩版本。

自我评价的每个版本都是为了帮助教育领导者对所在学区开展 21 世纪核心能力整合的教育改革基础进行评价，通过评价获得所需的信息，为未来开展系统性强、协调性好的教育改革奠定基础。这个评价也帮助你和团队在协调各部门相配合过程中，建立特定的标准和行动目标。无论你用纸制问卷，还是交互性问卷，MILE 指南自评工具都可使你很快认识到所在学校和学区系统哪些部分出现了"掉线"的情况，并及时指导下一步工作的开展。

除了作为改革工作的评价工具，MILE 指南是申请校外研究课题十分有用的指导策略。这个工具的理论架构提供了一个很好的考虑问题的结构，帮助识别不同研究课题资助的目标及其他相关的、可利用的资源。

MILE 指南的优势是什么

MILE 指南自评工具为整个学校和学区系统各部门与 21 世纪教育改革愿景整合提供了较好的指导。推进整个领导团队和全体教师的教学与 21 世纪教育改革愿景整合，是艰巨的任务。若学校和学区认可教育改革的话，这项工作开展起来就愈发容易。MILE 指南为讨论整个系统中当前各部分情况提供对话空间。这种讨论既不落入形式主义，也非绩效责任和惩罚，是真正有针对性的对话。

如何使用 MILE 指南

我们已经看到，MILE 指南的适用范围广，可用在很多不同的情境中，服务于不同的对象。在实践中，如何使用 MILE 指南没有唯一正确的方式。以下我们总结了一些经验：

1. 召开战略会议，进行头脑风暴之前，让所有成员完成在线的 MILE 指南测试（http://p21.org/mileguide）。这个测试大约需要十分钟，由 17 道题组成。完成之后，调查结果可以打印出来。请每一位参与者带上打印的问卷结果来参加战略规划的会议讨论。先将他们分成小组，对各自调查结果展开讨论。你会经常发现，同一个学校或学区同一级别的教育者们认识各不相同：有一些教育者们认为他们正处于"过渡阶段"，另外一些人并不同意这种看法，认为实际情况依旧处于改革的初始阶段。不同的回应意味着在相关问题上需要展开更多对话，进一步探索。对于在线 MILE 指南中各项问题的讨论达成大致共识之后，纸质版测试工具可深入到系统不同面向进行提问，包括评价、持续改进或伙伴合作等方面，有针对性地收集数据。

2. 运用纸质版测试工具作为 21 世纪教育改革两阶段的其中一个部分。在第一部分末尾，将 MILE 指南作为作业，让每个参与者围绕测试工具的每个类别（21 世纪教育改革的初始阶段、过渡阶段等）进行精确描述，要求他们第二天就此展开讨论。当参与者们进入第二个阶段，可以组织他们分成 8 个小组，希望他们分享各自对彼此的观察。让每个小组选出一个发言人向大组报告，大组对这些意见进行汇总并将有意思的部分，如出现的话题争议、相同点或不同点，提炼出来，向大家展示。你会发现，参与者们提出了五花八门的看法——有的认为整个教育系统的改革还处于初始阶段，有的则坚定不移地认为目前学校或学区已实现了 21 世纪教育改革需要达成的目标。接下来的讨论将聚焦于对实践中的问题达成相互理解。为何不同教育者们持完全不同的看法，这对于管理者来说，是件很有启发性的事。当然，假如你已完成这个阶段，可抓紧对下一阶段的工作展开讨论。

3. 无论是用在线工具还是用纸质工具，需要考虑的是如何利用这个测量工具的每一项来指导工作规划，制定行动架构，并在推进过程中不断审视和调整。MILE 指南的训练可被视为教育改革过程中不断澄清、不断整合的过程。这是在改革初始阶段需要广泛开展的调研活动。接下来，调研可聚焦到特定的、优先需要开展的改革步骤上。

4. 可使用 MILE 指南后面的执行建议（http://p21.org/documents/MILE_Guide_091101.pdf）来帮助教育者们对具体行动进行头脑风暴，审视学区层面已开展的教育改革工作。可以考虑，例如，当涉及工具栏中罗列的项目时（包括：学生的知识与技能、教育支持系统、引领与教学、政策制定、合作伙伴、持续改进战略规划等），你的团队将如何处理？

5. 使用自评结果生成未来教育改进的共同愿景（参见步骤 1 和 2 对于共同愿景的讨论）。与我们合作密切的一些学区已经有自己学区的标识（logo）和图像（visual）。用这些标识和图像可以形象化地描述该学区 21

世纪教育的愿景是什么，实现这一愿景的途径是什么。创造标识和图像来描述学区 21 世纪教育愿景和实现策略是另一种拓宽 MILE 指南运用范围的方式。

MILE 指南的自评工具覆盖哪些内容

MILE 指南的模型看起来相对庞杂，这里对其主要部分进行简要描述，希望对各位有帮助。MILE 指南包含 21 世纪教育改革核心能力的主要方面：

- **学习知识和技能**。MILE 指南的第一列展现了 21 世纪学生学习结果涉及的范围，包括为适应 21 世纪的工作和生活，学习者需要掌握和精通的技能、知识、专长等。
- **教育支持系统**。这一列是为确保学生能够掌握和精通 21 世纪未来生活所需的知识与技能。21 世纪的学习标准、评价、专业发展、课程、教学和学习环境创设等，都需要相互配合，组成一个支持性系统，为今天的学生成为 21 世纪合格的工作者和公民奠定基础。
- **引领和教学**。MILE 指南自评工具聚焦在教育领导者的角色上。21 世纪的教育领导者要确保学生能够掌握基本知识和技能，为适应未来工作和生活作足准备。假如你刚刚开始想在学区内开展 21 世纪教育改革工作，指南的纵列所标识的内容可作为思考的起点。
- **政策制定者**。这个部分阐述了政策制定者积极推进各界人士就 21 世纪学习展开对话的关键期。
- **合作伙伴**。在实践层面，学区领导者需要对教育改革初始和过渡阶段，与家长、高校、社区、企业及其他社会实体建立伙伴合作关系的层次做清晰的描述。MILE 指南自评工具在"合作伙伴"部分，为学区教育领导者提供了评价指标，引导区域范围内利益相关人迅速建立合作关系，共同推进 21 世纪教育改革。
- **持续改进／战略规划**。围绕 21 世纪核心能力进行教育改革，绩效责任是一项关键任务。MILE 指南自评工具对 21 世纪学习的最终目标进行描述，并以测量为抓手，为教育改革战略规划持续推进指明方向。

总之，MILE 指南为教育领导者勾勒了一幅"大图景"，让他们认识到，开展系统性的 21 世纪教育改革，推进 4C 目标，当下所处的位置。一旦你为学校或学区系统设立了改革的基准线，便可以周期性地运用 MILE 指南自评工具为教育改革各项任务的推进进行度量和监控。

○ 结　语

我们期待这一步骤能够在思考教育改革系统内部相互配合的过程中，运用并锤炼你的批判性思维和系统性思维能力。我们相信，MILE 指南是一个有力的工具，能为学区内开展 21 世纪教育的系统性改革创造比较好的改革契机。推进 21 世纪教育改革是一项持续推进、规模浩大的运动。过程中需要将 4C 一以贯之于教育系统的每个核心环节，包括：学生学习结果、系统领导力、利益相关人、改革政策、学习环境创设、合作伙伴和持续改进等。

再回到本章开头的"脊柱推拿师"隐喻：假如整个脊柱出现了错位，期待矫正其中的某个部分而达到修复目的，不太现实。让你的学校或学区系统中各部分相互配合也是同样的道理。联想到在弗吉尼亚海滩市公立学校和卡塔利娜山麓学区的实践，及其他地方实践过程中经历的不同层面的困难。这些都是当下教育实践中最为生动而有趣的工作。

接下来，我们将在步骤 4、步骤 5 和步骤 6 中具体阐述系统各部分相互整合以实施改革的情况。考虑到本书的可读性，我们将不同话题分不同章节，如专业发展、课程、评价和教师支持等，进行阐述。重要的是，要有意识地将各部分如何相互配合以实现改革的核心目标联系起来考虑。我们将分章节有针对性地就改革中有关"教"和"学"的不同方面进行深入讨论，我们将持续运用批判性思维和系统性思维，不断审视每个方面所发挥的作用以及不同方面之间的相互联系。可参考反思框 3.1。

3.1 反思

我们极力推荐你使用纸质版的 MILE 指南，配合网络版的问卷，为学区系统各部分相互配合的情况绘制一幅"大图景"。与此同时，以下的行列框可以帮你梳理一下思绪，为尽快开启步骤 4 的工作奠定基础。

请基于目前改革推进的情况填写右边一列，边填写边留意这些项目在教育系统中是否已经相互协调配合。假如每个步骤都展现出不同发展阶段，你的教育系统很可能缺乏各部分相互协调。你能否意识到哪些步骤在你的学区系统中处于错位状态，需要重点关注？有没有哪个步骤是需要立即关注，或需要更加注重工作推进中的系统性和协调性的？

步　骤	实施阶段 对每一个阶段都作如下表述： "E"表示初始阶段（萌芽阶段） "T"表示过渡阶段（中间阶段） "21"表示"进入 21 世纪"阶段（高级阶段）
步骤 1：确立愿景	
步骤 2：建立共同体共识	
步骤 3：系统内部相互配合	
步骤 4：构建专业能力	
步骤 5：聚焦课程与评价	
步骤 6：支持教师	
步骤 7：改进与创新	

◇ 参考文献

DuFour, Richard, Rebecca DuFour, Robert Eaker, and Thomas Many. *Learning by Doing: A Handbook for Professional Learning Communities at Work.* Bloomington, IN Solution Tree Press, 2006.

Marzano, Robert J., Timothy Waters, and Brian A. McNulty. *School Leadership That Works.* Aurora, CO: McREL, 2005.

Merrill, Jim. *EdLeader21 Blog on Community Consensus,* Mar. 2011. Web. Aug. 2011

West, Blake. Personal interview. Jan. 15, 2010.

步骤 4　构建专业能力

聚焦 4C

在步骤 4 中，4C 着眼于：

- 批判性思维能力：专业发展应帮助教育者加强他/她自身批判性思考的能力。
- 沟通能力：专业发展应允许教育者专注自身沟通交流的能力。
- 合作能力：专业学习共同体是支持教育者们围绕 4C 进行教学的有力方式。
- 创新能力：专业发展应创设一种鼓励和支持创造新型 4C 教学的文化。

◊ 简 介

道理很简单，除非教育者们身体力行，否则我们无法期望学生掌握 4C。由此引申开来，假如我们不培训教育者们，也不支持他们的专业发展需求，我们同样不能期望教育者们改变他们的实践。通常，教育学院并不关注学生的 4C。因此，你将要雇用的或已在岗的老师不像是已受过培训来帮你实现 21 世纪教育愿景的。实际上，学区和学校能否创造有效地专业学习实践共同体尤为重要。

在 4C 的教学和评估中，具备培训和支持教师专业发展的能力是成功的关键因素。确保专业发展策略的有效性颇具挑战，这是因为：

- 好的专业发展很难操作
- 如今专业发展的名声不好——当然大部分是自食其果
- 专业发展过于重视核心学科的教学而忽视了 4C 能力培养

因此，需要付出艰巨而持久的努力才能将传统的专业发展项目转化为一套与改革愿景相匹配的专业发展策略。在教育改革工作中，我们时常会说："我们一边驾驶飞机，一边设计它。"我们从越来越多的学区和学校领导口中听到这句话。教育界没有哪项内容能比专业发展更适于用它来描述了。

说到专业发展，我们不只需要改变它的文化氛围，也需重新思考它关注的内容。据此，4C 在专业发展上有两方面重要内容：4C 应作为设计专业发展项目的原则；4C 也应作为专业发展首要关注的内容。

◊ 4C 作为专业发展设计的原则

同时驾驶和设计专业发展这架飞机存在一个问题：没有人愿意搭乘这架失修的飞机。如今大多数教育者都有很好的理由对专业发展的结构持怀疑态度。我们都有参加"零4C"研讨会的经验——不需要进行批判性思考，不要求合作，不鼓励创新。"一言堂"式的讲座如此普遍，令人震惊。我们看到参加探究式学习的教育者们仅仅是坐着观看一页页的演讲幻灯片播放。这令人感到沮丧，也很讽刺。如果专业发展不过如此，我们怎么能督促教育者们进行终身专业学习？

这种状态并非毫无改变的希望。回想步骤1中，我们让你对绩效责任的概念保持开放的心态。是的，绩效责任可能很苛刻。但我们问过老师们，如果绩效责任关注的是批判性思维、沟通、合作和创新能力，他们感觉会怎样。教师们表示对此有不同看法。

在专业发展领域，我们要求教师对专业发展是否有助于4C发展保持开放态度。如果专业发展：

- 激发你去批判地思考
- 帮助你更有效地沟通
- 实现同事间真正的合作
- 启发你更有创造性的开展实践

那么，你对专业发展有什么感觉？

如果专业发展具有以上特征，我们认为大部分教师会接受它。

假设采用了这些设计原则，你的学校或学区的专业发展会发生什么变化？"一言堂"式的讲座还会是常态吗？我们认为不会。

相反，我们将专业发展设想为：要求老师们重新设计一套说明，在同一组工作的教师能建设性地改进彼此的工作，在课堂上尝试新的策略后回到组内与他人分享成功和失败的经验。这样做营造了一个鼓励批判性思维，鼓励沟通、合作和创新能力的氛围吗？我们认为是。

幸运的是，过去十年，两大教育专业发展组织一直在帮助教育者们朝这个方向迈进。向前学习（Learning Forward，其前身是国家人力资源发展委员会）在帮助业内重新思考专业学习方面做得很好。他们的标准强调学习共同体的重要性，积极推动教师持续学习和共同承担责任的专业文化。这些标准同样强调，领导力在提升教育工作者的知识和技能，构建专业发展支持体系中发挥的重要作用。向前学习中的专业学习标准界定更加接近 21 世纪教育改革愿景的期待。

监督和课程开发协会（Association of Supervision and Curriculum Development, ASCD）长期以来也在推广加强专业学习和 21 世纪教育的需求。他们出版了包括罗伯特·马扎诺、格兰特·威金斯（Grant Wiggins）和海蒂·海斯·雅各布（Heidi Hayes Jacob）等人的著作在内的大量与 21 世纪教育有关的出版物。此外，该协会内的一些会员州也一直在推进 21 世纪教育。纽约州、得克萨斯州、弗吉尼亚州和威斯康星州是 21 世纪教育最活跃的代表，ASCD 纽约分会在其出版物内专门探讨了 21 世纪教育改革。

即便向前学习和 ASCD 的尝试是有用的，我们仍然要向你的专业发展人员介绍一个使用 4C 的简单方法：把所有专业发展人员聚集起来，让大家共同设计专业发展的转化计划。该计划以批判性思维、沟通、合作和创新能力为设计原则。

对专业发展提出如下目标：

• 如何在教师及管理者的专业学习过程中开展批判性思考，并将批判性思考付诸教育实践？

• 如何将沟通的策略和工具整合到专业学习过程中，以创造更丰富的沟通机会？

• 何种专业发展模式有助于教师发挥创新能力，创新教学实践？

这些问题可作为你们设计专业发展策略的有用素材。

在设计专业发展过程中，我们想让你重视的一个 C 是合作（collaboration）。聚焦合作能转变当前的专业发展实践。如今绝大多数专业发展都让教师孤立地工作。相反，专业学习的机会应该使你的团队形成一个整体，进行集体学习和工作。专业学习应帮助教育者们在日常工作中共同合作。

专业学习共同体（PLC）给我们留下了深刻的印象，它确实突出了合作和共同实践的需求。PLC 有效打破了教师之间彼此孤立的状态，建立更具合作性的公开化实践社区。该社区对创建共担责任的文化十分有用，每一位教育者对整个系统内的学生都负有责任。

说到 PLC，必提理查德·杜弗和蕾贝卡·杜弗两位翘楚。他们的模型有三大要点值得注意：

- 学校的根本目的是确保学生高水平地学习。学校存在的意义不仅教学生知识，还确保每一位学生参与到学习活动中。
- 为了帮助每位学生高水平地学习，教育者们务必彼此合作、共同努力，而非单打独斗。
- 教师们须以结果为导向，持续收集学生学习的证据，有针对性的使用这些证据给予学生个性化反馈与改进，最终改善整体教学实践。

我们完全支持杜佛的构想，教师之间共同合作而非彼此孤立。团队成员共同担负让所有学生进步的责任。合作的时间也纳入教学日常安排中。旧的模式是给老师们一些资料并安排讲座，之后让他们自己在设备上操作。新模式中，教师们共同学习和工作，共同合作解决学生们的不同需求。教育领导者们在建立这种模型中起到重要作用。在《学习的领导》（*Leaders of Learning*, 2011）中，理查德·杜弗和罗伯特·马扎诺强调了合作团队和分享型领导力对确保 PLC 有效推进的重要性。在我们看来，杜弗的 PLC 模型是学区 21 世纪专业发展策略的重要内容。这也是我们在 EdLeader21 中采用许多类似原则的原因。我们推进 PLC 的方法是：

- 致力于创造一个共同创新、合作和面对面学习交流的真正的实践共同体。

- 相信真实的学习是最好的学习,"真实"意味着植根于工作,与工作情境密切相关,且时效性高的学习。
- 重视持续学习的文化为 PLC 的进步共同努力。
- 专注于 PLC 内部的持续改进,通过使用时时追踪证据使之不断完善。

弗吉尼亚州阿尔比马尔高中的负责人帕姆·莫兰同样很欢迎合作的专业发展。她的学区已不再进行讲授式专业发展培训,转而让其教职工进行集体的、密切的、与工作相关及植根于工作情景的发展模式。在她的学区内,教师参与合作性专业学习,成为集体智慧的一部分,而非单打独斗地工作。

阿尔比马尔的学校领导最初关注的是面对面的专业学习共同体。如今,学校内网络环境使在线学习共同体成为现实。每当莫兰和其他教师想到一个点子,就会在在线社区里分享并让它发酵。这对于教师来说已较为普遍。最新的一个例子是,莫兰在推特上看到有人发帖想在地球日那天无纸化教学。她把帖子复制粘贴在 PLC 网页上,其他人采纳了这个想法并一块儿去实施。不久后,这个学区举办了无纸化教学周并获得了巨大成功。这一切都得益于最初仅需莫兰花 2 分钟来复制粘贴的做法。她与密歇根州的教育领导们在推特上联系,在"9·11 恐怖袭击事件"十周年纪念期间发起一个虚拟合作项目。两个州几个学区的师生们共同记录、分享回忆"9·11"期间发生的故事,寻求相互理解。

莫兰也依托理查德·杜弗和蕾贝卡·杜弗的 PLC 研究来构建所谓的"领导网络"非等级制度下的专业发展模式。在实际操作中,这意味着校长、教师、技术协调人形成垂直或水平样态的团队共同完成专业学习。校长们只是参与者,他们既不是被关注的核心也不是会议的领导者。比如,她描述了校长与其他老师共同确定学生需要掌握的核心知识点,或是更好的标准评分方法等。莫兰尽力去消除等级影响,使大家意识到在这趟旅程中,需要共同加强理解并携手前行。

另外一个聚焦专业合作能力发展的有趣例子是新技术网络（NTN）（在步骤1中已提过）。采用项目学习模式，学校为专业发展提供能力架构支持。为教师营造高度合作的专业学习机会成为学校成功推进专业发展的秘诀。

NTN专业发展策略最突出的部分在于要求每位新老师都加入PLC。每一位新老师或者加入自己本校的PLC，或者加入由网上其他教师组成的PLC。老师们能用NTN在线平台进行虚拟的专业学习。这个在线平台还有现场会议作为补充，通过分享最佳实践来强化合作文化。教师们能够共享800多个教学设计，寻找学习资源，参与会议研讨，和小组成员对同行进行针对性的反馈等。NTN确信，合作和沟通的原则是专业发展项目成功的核心，而专业发展项目是学校成功的核心。

阿尔比马尔和新技术的例子因其重视教师之间共同学习的方式而极具说服力。我们相信，他们定下了一个划时代的基调，共同合作构建专业能力，这是未来的大趋势。他们也是合作能力乃至4C转型发展的典型例子。

○ 4C作为专业发展内容的核心

在我们看来，改变专业发展的文化和策略还不够。专业发展的关注点也要修正。这里有个小例子：我们到一个开展PLC活动的学区参观，其中有老师提出她很重视学生的批判性思维能力和合作能力，但令她沮丧的是学校没有专门拨出时间培训教师。我们对此很惊讶，这个学区的PLC活动看起来十分顺利。她进一步解释，虽然PLC活动非常活跃，但PLC工作仅围绕核心学科的专业发展开展。这是一个绝佳的反思PLC策略的时机。我们鼓励这位教师和同事把PLC活动的重心从学科教学逐步转移到培养4C能力上。

对21世纪成果的展望必须首先重视PLC的内容。一些PLC的拥护者对学习共同体所关注的内容持中立态度。这没什么错。但于你来说，作为 21 世纪学区或学校的领袖，弄清每个专业发展策略的主要目标至关重要。从事专业发展工作的人员必须高度重视 4C 及其他 21 世纪教育的成果。

杜弗及其同事在工作中也证明了这个观点。他们强调仅仅开展 PLC 还不够，拨出 PLC 开展的时间并不能保证专业发展的效果。PLC 必须真正关注学校或学区面临的挑战。参加 PLC 的人员务必清楚理解 4C 和 21 世纪教育改革的涵义。对于协商后的成果，如何衡量 PLC 的进展，须达成共识。学生的学业成就如何衡量及如何共同努力帮助学生实现学业成就目标，也要达成共识（DuFour, 2012）。

总之，PLC 的地位体现在：21 世纪教育改革成果即是教师专业发展的一部分。这样教师能将这些能力在日常实践中体现出来。有一些资源能帮你将 4C 融入 PLC 活动中。我们开发了 4C 的指导资源作为 21 世纪教育领导工作的一部分，详见附录 3—6。这些文件包含每一项教育改革成果的定义及大量关注学生学业成果的各类资源。这些都是 PLC 开展专业发展活动的极好资源。

另一类工具型资源是专为教师设计的 4C 指导，协助他们将 4C 融入专业发展中。这套指导名为《让我们的学生为 21 世纪作好准备：4C 教育者指南》(Preparing Our Students for the 21st Century:An Educator's Guide to the 4C) 已由国家教育出版社出版（若想获得一份副本，请发邮件到 21stcenturyskills@nea.org）。它能帮教师们围绕 4C 有效地设计专业发展活动，包括解释 4C 的重要性及教师通过哪些方式整合 4C 到教学实践中等。此外，这套指南还包括很多不同学科的相关案例。

在专业发展工作中，如果需要更多具体例子来说明核心技能是什么，请参考我们在步骤 2 中提到的"21 世纪技能地图"。它是由全国教师协会数学、科学、社会学、英语、地理、艺术和世界语言等各学科教师开发的，显示出这些学科教师们的创新能力。你可以从 www.p21.org 的"工具和资源"(Tools and Resources) 标签下找到这张地图，也可以在附录 2 中查阅。

我们坚信，4C中最重要的是批判性思维能力，所以我们想分享一下网络上的一个小例子。在俄亥俄州的上阿灵顿，韦弗督导和他的团队在21世纪教育专业发展的头两年专注批判性思维的培养。设想一下，在学区内专业学习共同体中每一位教师都关注批判性思维的培养。想象一下，每一所学校、每一个学科组、每一个年级的教师互相分享各自的批判性思维教学策略，其结果是该学区僵化的学习得到大范围改善。这非常鼓舞人心。这还只是上阿灵顿的基础性工作。

为了将两年来专注批判性思维的成果发扬光大，上阿灵顿举办专业发展活动关注学生批判性思维的培养。此外，他们用几个月时间在学区内招募38名教师，这些教师在课堂上开展批判性思维的教学，积累了很多不错的教学案例。这些案例也显示出该学区批判性思维培养工作具有的深厚的专业基础。关于如何从事更高效的批判性思维教学，教师们相互交流，各取所长。大家联系程度之紧密，可想而知。

据上阿灵顿的21世纪技能指导们称，为期一天的活动释放出大量对持续开展批判性思维的需求。这些指导们不仅为各自校内PLC内部的批判性思维发展提供帮助，也为同事教师融合批判性思维于课堂教学实践提供建议。

除此之外，上阿灵顿每个暑假都会把几组教师聚集起来，集中进行批判性思维方面的专业发展培训。其中一组教师花了整个暑假开发复杂性思维量表，包括确定复杂性思维等六方面内容及其在四个进阶水平上的具体表现。这个量表与学区聚焦批判性思维能力推动教师专业发展相得益彰。

另一个聚焦批判性思维的突出例子是真实智力任务中心（Center for Authentic Intellectual）所做的工作（www.centerforaiw.com）。他们为爱荷华州的真实智力任务（AIW）项目提供咨询服务。他们工作的主要依据是弗瑞德·纽曼（Fred Newmann）、布鲁斯·金（Bruce King）及威斯康星大学麦迪逊分校同事们的研究。五年前，爱荷华州的教育领导们意识到，作为21世纪核心技能的一部分，需要特别关注本州教师有效开展高阶思维教学的能力。对组建以批判性思维和真实智力任务为核心议题的专业学习共同体感兴趣的学校都可申请参与。经过五年发展，该项目已遍及 100 多个学校。

如布鲁斯·金强调的，这一方式的重点在于同一学校的教师可遵循共同的行动架构进行实践探索。为了确保老师对批判性思维达成共识（AIW 其他维度还包括对概念的深入理解及这些概念与实际情况的联系等），量表中定义的一致性至关重要。令人兴奋的是，爱荷华全州有几十所学校启动了专为改进高阶思维能力教学而设计的批判性思维专业学习共同体。这让教师和学生更好应对共同核心课程，以较好的批判性思维能力、问题解决能力为迎接 AP 考试作好准备。对于重视帮助学校教师提升批判性思维能力的爱荷华州来说，这是不小的回报。

这些例子都强调把 4C 置于专业发展核心内容的重要性。虽然我们列举的都是批判性思维的例子，但你也可以设想类似的方法，聚焦于帮助老师改进沟通能力、合作能力和创新能力教学等。

以上是以 4C 为原则设计专业发展内容的介绍。最后我们想介绍一些专业发展资源以支持教师开展实践变革。

○ 专业发展的资源

把过去传统的"一言堂"转变为更有活力、更有互动性、更注重合作的专业发展方式，这令人兴奋。但是，当预算缩水，如何能实现这些目标呢？你的学校和学区具备完成这些崇高目标的资源吗？当前的经济环境不太能提供你想要的一切资源。然而，已有的一些策略仍然有用。

1. 详细清点已有的资源并思考如何更有效地分配它们。

专业发展需要考虑是否可以从投资中得到好的回报。你可以考虑是否改变现在的专业发展路径，或者终止现在的专业发展路径。

你可决定仅仅是改变当前的做法还是进行全面改革。弗吉尼亚海滩学区的领导们决定当下的专业发展部门需要进行全面改革。他们调整了现有部门并利用已有资源支持符合 21 世纪教育倡议的专业发展需求。这向前迈出很大一步。他们没有为新的专业发展多花一分钱，而是重新调配已有的专业发展资源来支持他们的21世纪学习成果。

2. 清点有能力专注于专业发展的专业人员的角色和责任。

从专业发展角度评估现有人力资源的角色和责任担当，摸清现有人力资源的状况。在卡塔利娜山麓学区，领导们把原有图书管理员转变为课程整合专员以支持21世纪教育改革的教师。我们了解到其他学区更改了原有职位名称匹配21世纪教育改革所需。在俄亥俄州上阿灵顿，技术指导变更为21世纪技能指导。

我们没有宣扬以上某一做法优于其他做法。每个社区的情况独一无二，解决方法各不相同。然而，我们在全国各学区看到大家都在清点缠查重新配置人力资源。以下是常被重组的一些职位：

- 技术指导
- 21世纪技能指导
- 图书管理员
- 课程整合专员
- 专业发展专员

如果你的学校或学区聘用了很多这类专员，可考虑让他们以相互配合的方式工作。这些支持性专员应紧密合作，为整个学区21世纪教育改革的实施提供支持。很多学校和学区合并这些专员的职责，部分原因是节省成本，同时也提升21世纪教育改革的专业发展支持力度。我们强烈建议进行这样的清点和资源整合。

3. 确定可依靠的外部合作者（如教育服务机构或当地政府）的能力水平。

一些学校和学区的工作依托当地教育服务机构。这些教育服务机构存在的意义和有效性体现在，它们能提供多种多样的21世纪教育改革活动支持专业发展。奥农达加-科特兰·麦迪逊教育合作服务委员会（Onondaga-Cortland-Madison boards of cooperative educational services，OCM BOCES）是纽约一家机构，为参与改革的学区提供专业的 21 世纪专业发展活动，为 21 世纪教育改革筹办年度会议、研讨会，运营虚拟社区等。

4. 依靠包括州和国家在内的外部专业发展团体，如 EdLeader21 支撑 21 世纪教育改革。

很多 21 世纪学区都依靠外部咨询机构的专业发展资源。教师有大量的机会，但领导们的机会却不多。出于这个原因，我们在去年成立了 EdLeader21。它是一个致力于为学校和学区构建 4C 教育愿景的领导者专业学习共同体。你可在网站 www.edleade21.com 或本书简介中了解更多关于 EdLeader21 的信息。

5. 考虑用同伴互助代替雇佣新员工。

最后，推荐个最经济的策略：同伴互助。与其聘用新员工来进行专业发展培训，不如挑选最有潜力的教师进行同伴互助和精准培训。

莱斯·弗罗斯特（Les Foltos）是同伴互助领域的先锋人物。他曾是上世纪 90 年代西雅图公立学校的技术主管。在任职期间，弗罗斯特感到困惑的是如何让老师们通过专业发展习得新技术。随着思考深入，弗罗斯特发现，在大学和国际教育团体中的教师们普遍愿意寻找身边可信赖的同事帮助自己解决教学中的技术问题。这些同事多是"身边的人"而非专业导师或是高级专员。

据弗罗斯特描述，这些同伴们具有较强的合作能力，更懂技术整合的最佳操作，尽管他们并非技术方面的专家。他们是教师们的协助者，合作者，是我们常说的共同学习者。弗罗斯特模型的核心是确保同伴互助者具有很强的沟通合作能力。弗罗斯特强调，在指导中，真正起作用的是沟通合作能力。

需要指出的是，参与同伴互助的都是全职教师。理想的是，学校非常支持教师间的合作，并在每周留出充足的时间让指导者与教师一起合作。除此以外还将年级会议等作为专业发展日纳入校历。专业发展不设额外奖励。当问及弗罗斯特这样安排的原因时，他认为，教师共同合作彼此帮助，不单获得新技能，也更加自信，更有成就感。

除一些特殊问题需要特定的专业人员解决外，同伴互助能够帮助教师解决日常遇见的大多数问题。但不论何种方式，教育领导者都需要仔细盘点学校和学区内的专业发展资源，更好的配置资源将支撑21世纪教育改革的顺利实施。这一点至关重要。

○ 结　语

这一章，我们强调四项内容：

- 聚焦专业发展，将其作为21世纪教育改革愿景的主要内容
- 把4C作为开发专业发展项目的设计原则
- 关注专业发展中教师对4C的教学实施及评价
- 不断配置资源支持专业发展

重要的是，专业发展影响了教师们，进而影响学生4C能力的发展。

使用下页的表格帮你制定专业发展策略。我们希望4C成为21世纪专业发展的核心。

4C 及专业发展策略

4C 及专业发展策略	反　思	下一步
批判性思维能力	你设计的专业发展如何及在何种程度上帮助教师们进行批判性思考及对教学实践进行反思？	
沟通能力	你设计的专业发展如何体现 21 世纪沟通策略？	
合作能力	你设计的专业发展如何建立在集体活动和共同决策基础上？	
创新能力	你设计的专业发展如何促进教学和学习策略的创造性实施？	

4C 及专业发展工作表

4C	专业发展聚焦	下一步
批判性思维能力	你的专业发展项目里已包含哪些批判性思维的材料和策略？（详见附录3）	
沟通能力	你的专业发展项目里已包含哪些沟通能力的材料和策略？（详见附录4）	
合作能力	你的专业发展项目里已包含哪些合作能力的材料和策略？（详见附录5）	
创新能力	你的专业发展项目里已包含哪些创新能力的材料和策略？（详见附录6）	
自主学习能力	你的专业发展项目里已包含哪些自主学习能力的材料和策略？	
全球竞争力	你的专业发展项目里已包含哪些全球竞争力的材料和策略？	
财经素养	你的专业发展项目里已包含哪些财经素养的材料和策略？	
其他能力	你的专业发展项目里已包含_____材料和策略？	

4.1 对专业发展的反思

- 你会如何评价当前学校或学区专业发展的质量？它主要是按传统的专业发展方式进行吗？教师们孤立地进行专业学习吗？
- 你已为专业发展创设合作的文化吗？你已创建 PLC 了吗？你已营造为所有学生的发展共担责任的合作文化了吗？
- 你是否已清点、合并、精简学校的专业发展资源？你采用同伴互助吗？
- 4C 专业发展策略（如 PLC，专业发展部门，同伴互助等）在何种程度上达成期待中的 21 世纪学习结果？

参考文献

DuFour, Richard. Personal interview. Mar. 10, 2012.

DuFour, Richard, Rebecca DuFour, Robert Eaker, and Thomas Many. *Learning by Doing: A Handbook for Professional Learning Communities at Work.* Bloomington, IN: Solution Tree Press, 2006.

DuFour, Richard and Robert J. Marzano, *Leaders of Learning: How District, School, and Classroom Leaders Improve Student Achievement* (pps. 23–24, 56–58). Bloomington, IN: Solution Tree Press, 2011.

M. B. King, J. L. Schroeder & D. Chawszczewski. "Authentic Assessment and Student Performance in Inclusive Secondary Schools," in F. W. Parkay, E. J. Anctil, & G. J. Hass (Eds.) *Curriculum planning: A contemporary approach,* 8th edition. Boston: Allyn & Bacon, 2006.

"Learning Forward Standards for Professional Learning." *Learning Forward.* Jan. 5, 2012. http://www.learningforward.org/standards/standards.cfm.

Moran, Pam. Personal interview. June 10, 2011.

F. M. Newmann, M. B. King, & D. L. Carmichael. *Authentic Instruction and Assessment: Common Standards for Rigor and Relevance in Teaching Academic Subjects.* Des Moines, IA: Iowa Department of Education, 2007.

New York State ASCD. "Impact on Instructional Improvement." 36.1 (Mar. 2011). http://www.newyorkstateascd.org.

步骤 5　聚焦课程与评价

> **聚焦 4C**
>
> 在同时考虑 4C、课程与评价的内容时，要思考以下观点：
>
> - 批判性思维能力：在课程与评价最重要的学生能力中，批判性思维是"同等条件下最首要的"。如果既不教授也不测量学生的批判性思维能力，那这就是 21 世纪教育的弊端。同时步骤 5 也需要依赖于批判性思维来进行。
> - 合作能力：应当通过合作来开发课程与评价，并且将学生合作视为具体的成果表现。课程与评价应帮助学生共同努力取得高质量的成果，并帮助学生对自己在合作的表现进行自我评价。
> - 沟通能力：在课程与评价中非常需要沟通能力，而且，4C 也应通过课程明确清晰地传达给教育者和学生，并通过评价和评价数据明确地报告给相关人员。
> - 创新能力：课程与评价系统应当为学生提供多样化的表现和掌握创新能力的机会，这些创新能力很难通过传统的方法进行教授和测量。另外，设计有关 4C 的课程与评价系统的教育领导，也需要持续使用他们的创造和创新技能，因为提前打包好的"现成的"的方式是不存在的——需要新的想法和很大的灵活性。

在你开始读这本书的时候，我们已经请你从愿景、社群、系统以及专业发展的角度来思考 4C 了。"步骤 5　聚焦课程与评价"是最有意思的内容之一，因为教育领导者们都是从这里开始的。你会发现，比如我们共事过的一些领导者，他们让大家投入到自己事业中最好的办法，就是做好 4C 的课程与评价。这是一个小起点，从这里开始，你就能很快做好本书中提到的协调工作，尤其是步骤 3 的工作。只要你认识到这一点，那么这个方法就没有任何问题。

步骤 5 在不同部分涵盖了 4C 的课程与评价。这些主题都是相互关联的。比如，嵌入课程的评价是属于课程还是属于评价呢？两者都有。要注意，即使出于实际的考虑把课程和评价分开了，4C 课程与评价也是在高度一致化的系统中相互联系的。

○ 什么是 4C 课程？

课程可以描述为学校系统中书面的、教授的以及学习的内容、知识、技能和能力。简单地说，4C 课程囊括了核心的科目，并特别关注批判性思维、沟通、合作和创新能力等技能。这些课程：

- 非常严谨，绝不是死记硬背。
- 注重学生的理解，经常运用"基于理解的教学设计"（UbD）原则。
- 均衡地嵌入了核心学科内容、基于结果的任务，以及促进学习的评价。
- 永远不会觉得已经达到了传统意义上的"完成"，因为它是教育工作者和学生在不断改进和迭代的循环中进行教与学的平台。
- 通过设计过程提升专业水平；学校体系中每一级的教育工作者都致力于完善课程和改进日常教育实践。

在描述 4C 课程是什么的过程中，要重点关注学校与学区中的现有的各级课程：理想的文本课程（比如纲领性的课程与单元指南），教授的课程（比如单元/课/教学），以及所学的课程（比如学生表现）——见图5.1。

　　将4C有效地整合到课程中，那就要关注图5.1中所有的这三级课程。学区和学校的领导者经常把他们的精力放在理想的文本课程（图5.1的1）上。但是在这个时代，教师可以获得包括商业出版的、学区出版的、个人创作的、网上的、学生创作的各种课程资源，如果采用刻板的"自上而下"的方式，4C不会被整合到教授的课程中，更不要说所学的课程中（图5.1中的2和3）。正如许多课程专家多年来指出的，即使核心领导者写出一个有保证的、可行的课程来整合4C，那么如何确保每个教育工作者以预期的方式使用这个课程呢？直白地说，这不可能，也不应该这样，因为这个心态就是不对的。

　　更好的方式是，在设计4C课程的时候，要抱着持续改进和共同创造的心态。校长、教师和专家可以也应该直接参与到共同创造实际的、真实的基于结果的课程经验中，以便所有学生都享有更加深入和一致的学习机会。卡塔利娜山麓学区的玛丽·凯梅泽尔团队很好地示范了这个方式。在他们的工作中，课程是由团队成员通过高度协作、持续改进设计出来的，4C课程的设计工作实际上就是他们的专业发展内容。

4C应当整合到每个级别当中：

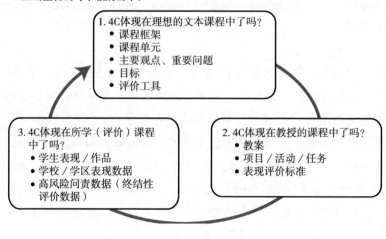

图5.1　各级课程

> **关于《共同核心州立标准》（CCSS）的特别说明**
>
> 虽然步骤5是关于课程与评价的，而不是关于标准的，但重点是CCSS适用于大多数州。CCSS文件获得共识的程度，是标准运动的重要进展（尤其对于熟悉过去"内容战"的人们来说）。现在有一套很严谨的学术标准，这套标准可以被视为21世纪教育者开展工作的"底线"。这个非常好。CCSS中的语言艺术在批判性思维和沟通方面做得很好。CCSS中的数学也指出，推理和沟通等技能十分重要，虽然我们希望这份文件能够为如何将这些技能整合到数学内容中提供更为清晰的指引。如果你对这个主题感兴趣，我们推荐一个十分优质的资源：《21世纪技能伙伴联盟》简称P21（Partnership for 21st Century Skills），《P21通用核心工具包》（the P21 Common Core Toolkit），参见www.p21.org。

基于理解的教学设计与4C课程

我们推荐一个常用的方法，即格兰特·威金斯和杰伊·麦克泰格的基于理解的教学设计（Understanding by Design，UbD），它很适合4C，主要有两个原因：

- UbD关注教与学的目标——它专注于学生的理解。UbD的目标——学生理解，是为了帮助学生创造性地、灵活地、流畅地将在具体情境下学到的知识和技能应用在其他情境中。[你可以参看威金斯和麦克泰格的《基于理解的教学设计》（*Understanding by Design*）的35—55页，以及布兰斯福德、布朗（Brown）和科金（Cocking）的《人如何学习》（*How People Learn*），来了解"理解"的定义。]这是一个对帮助学生学习复杂思考技能（比如批判性思维、沟通、合作与创新能力）的教育领导者来说特别好的架构。

• UbD 需要进行反向课程设计。使用反向设计对于开发 4C 课程的教育领导者来说是轻而易举的。明确预期学生学习的具体结果，然后再反向设计课程，这被证明是非常行之有效的，这个办法不仅能够涵盖内容，而且能够提升学生的理解力。UbD 这种全面的、记录完善的、实施广泛的方法，特别容易掌握，而且与现有的 4C 课程相一致。

UbD 强调基本问题，持久的理解，结果导向的关键任务，以及课程设计的标准，这些都可以帮助你创造更有效、更统一的 4C 课程和评价体系。

在我们的经验中，UbD 面临的挑战，是把握它的复杂性以及将其付诸实践。鉴于 UbD 对于"如何做"指导的广度和深度，现在很难找到其他更有效的方法来进行 4C 课程的反向设计。在下一部分，我们会突出介绍学区和学校领导者广泛使用的步骤。这些教育领导者已经将 UbD 应用在 21 世纪教育的实施措施中。

○ 4C 的课程行动步骤

我们已经提到，UbD 方法看起来可能要做很多工作，即使是已经使用过 UbD 这样的反向课程设计方法的领导者，也在问我们要一些有效的创造和改进 4C 课程的行动步骤，所以，我们接下来会给出一些步骤。下面描述的活动是从 UbD 方法中得出的，这些活动说明使用反向设计是很重要的。

下面这些行动的领域，最重要的前提是学校体系机制已经建立了明确基于 21 世纪学习成果的愿景，并且所有教育者对学生的学习目标达成了共识。一旦达成了这样的共识，下面的步骤就能帮助你将 4C 整合到课程当中，我们见过的每个学区都使用了各种工具和方法。因此，下面这个清单并不是处方性的，我们希望你根据你所在的学区和学校的实际需求来使用这些办法。

行动步骤：使用 4C 课程进行专业发展

做得好的话，反向设计 4C 课程的过程可以成为整个学区的专业发展平台，教育者应该经常反思与改进课程。

在卡塔利娜山麓学区，许多教师在参与夏季课程的设计工作的同时，也参与到与其工作相关的专业发展活动中，这些活动也是学区策略性计划的重要部分。助理督导玛丽·周·科纳里（Mary Jo Conery）告诉我们："我们已经让教师直接参与到课程与评价活动中，这些活动有些是基于学区的团队，有些是基于地方的团队协作完成。每个夏天，我们有多达 100 位教师参与到课程或评价以及专业发展活动中。例如，其中一个活动是重新设计初高中学校科学课的科学探究评价，为什么要这样做？因为他们想用教学中获得的信息或数据来搞清楚什么有效，什么无效。具体来说，在科学探究的评价中，他们修改这些探究评价以保证他们确实有效地评估了学生的学习。我们让他们参与到这些工作中，因为他们理解学区的愿景，也相信这对学生来说是很有效的学习方式。他们花费了很大的精力来创造能够直接影响他们教学的事情。"

北塞勒姆中心学区也采取了类似的方式。在其 21 世纪第一个十年的教育规划中，督导肯尼斯·弗里斯顿（Kenneth Freeston）和责任督导迈克·希佰德（Mike Hibbard）组织了教育工作者一起开发体现批判性思维和创新能力的课程。第二年，这个团队再次审阅了学生成绩数据，确定了需要加强的领域。他们共同改进课程，并且每年都重复这个过程。希佰德说："我们第二年的焦点是：回顾一下课程，看看哪些地方需要注意。如挑战是什么，哪个地方做得好，哪个地方做得不好，哪个地方做得很差。"教师每个学年都利用放假时间和例行的专业发展时间进行合作。教育工作者们发现这些写作很有价值，因为这些工作既真实又及时，所以课程改进已经成为这个学区专业发展的主要架构。

教育工作者们一起改进课程，他们不仅对自己所教授的科目的理解加深了，而且还提高了他们跨学科教学和学习的意识。这个方式也说明了所有教育工作者共同拥有、共同开发 21 世纪教育行动计划的重要性。

行动步骤：创造共同的 4C 表现型任务

学区的领导者可以通过创造和实施共同的 4C 表现型任务（见案例 5.1）来保证整个系统的学生工作。之后这些任务就可以由教师团队共同合作写成文本形式，在整个系统中的具体课程与年级中实施。通常在实施过程中，每个学生都要完成 1 到 4 个至少涉及一个领域的必要的任务（围绕 4C）。之后，学生的表现结果就可以共享给相应的教师、家长和行政人员。学生表现的数据，以及教师的反馈，会用于改进接下来几年 4C 表现型任务的设计和使用。

案例 5.1　详例：北塞勒姆共同表现型任务

在纽约北塞勒姆学区，UbD 架构被用来指导课程设计。北塞勒姆对教学与学习的愿景是，让每个学生成为成功的问题解决者，课堂的教育者要能够合作完成以下课程设计活动：

- 对应（拆分）标准。
- 明确基本问题。
    - 每个学科
    - 每门课程
    - 每个单元
- 创建同一课程水平层面上的"问题解决任务"，以培养问题解决技能（同一课程中的每个部分都要整合"问题解决任务"）。

上面的项目已经成为每个教师要使用的课程中的核心要素，教师在发展自己解决基本问题的单元目标和问题解决任务上，有很大的自主性。北塞勒姆学区在使用问题解决任务上的做法值得关注，问题解决的任务是 4C 课程整合到教师常规实践中的主要动力。

问题解决任务被教师所接受，是因为像课程的所有要素一样，教师也会深入参与到课程设计过程中。教师梯队大多通过工作坊来共同设计问题解决任务,在设计工作坊时,教师互相分享他们最喜欢的表现性任务,然后小组评估每个任务在多大程度上与学区的设计特征相一致,再选择其中一个进行进一步的改进。接下来,小组根据学区的标准(比如,每个问题解决的任务必须包括问题的定义、收集信息、分析信息、汇报成果和元认知一起)合作,重新修改任务。最终完成的问题解决任务成为在特定年级或学科领域中学生的共同学习经验。在我们看来,这个过程最重要的地方在于,问题解决任务在实施之前,已经得到了每个人的认可,这样就能在很大程度上被接受和使用。

北塞勒姆的一个 21 世纪问题解决任务是给中学科学课的,叫作"捕获生物"。这个任务涉及的单元问题是:某种生物的外部结构是如何帮助它发现、找到与消化栖息地的食物的?这个任务是这样的:

你来想象并创造一种新发现的生物,以及它在地球上的栖息地,并发明一种捕获它的方法,以便进行人道的科学研究。然后制作一个 3 分钟的视频介绍你的生物,你发明的捕获它的方法,以及你打算怎么研究这个生物。(这种生物可能已经在陆地、水域或水陆两地的栖息地被发现了。)

最后,我们可以让学生反思他们的工作,并找出需要进一步改进的地方。(这个问题解决任务见附录 12)

行动步骤:聚焦项目式学习

我们通篇已经讨论过项目式学习(Project Based Learning,PBL)有什么优势,这个值得特别提一下。PBL 是有效围绕 4C 设计与组织课程的方式,尤其是当教学和学习是主要焦点的时候。

巴克教育研究所(Buck Institute for Education, BIE)是一个探索 PBL 的好资源(包括实施这种学习所需要的专业发展)。巴克教育研究所 PBL 大纲(2012)中将有意义且有效的 PBL 定义为:

- 旨在教重要的内容
- 需要批判性思维、问题解决、合作及各种形式的沟通
- 需要将探究作为学习与创造的过程
- 围绕开放的引导性问题来组织
- 创造习得必要内容和技能的需求
- 允许一定程度的学生的声音和选择
- 包括修改和反思的过程
- 有公众的参与

我们强烈向课程专家推荐两个巴克教育研究所（www.bie.org）出版的优秀资源：

- 《PBL 初学者工具包：初中或高中开展首个项目的重要建议、工具与技巧》作者：约翰·拉默（John Larmer），巴克教育研究所，第一版（2009）。
- 《入门级 PBL：针对 K-5 标准开展项目式学习的渐进指南、工具和提示（项目式学习工具包系列，第 3 卷）》作者：萨拉·哈勒曼（Sara Hallermann），约翰·拉默，约翰·R·默根多勒（John R. Mergendoller），巴克教育研究所，第一版（2011）。

行动步骤：收集与分享学生表现的实例

分享与反思学生表现实例，这对教师构建对学生掌握 4C "实际是什么样子的"的理解非常重要。我们在步骤 6 中会详细介绍这个主题，但主要的观点是让教育者共同带着这些问题来审视学生的表现：

- 学生的表现能够说明他们至少掌握了 4C 中的一个了吗？为什么？
- 当教师对某个学生的表现是否体现 4C 达成一致意见时，都有

哪些教学实践看起来对这个成果起到了作用？
- 需要哪些额外的教学策略，才能改善学生的表现？为什么？
- 在学生表现的 4C 实例中，有哪些相似之处？
- 这些学生表现的实例中，有哪些比较大的差别？

行动步骤：创造聚焦 4C 的课程地图、指南和单元

我们建议创设 4C 课程地图和指南，来说明高阶能力应当在哪些科目和年级中出现。一旦有了这个地图，横向和纵向的团队通常就能够识别出差距在哪里。正如我们之前提到的，许多学区的领导者都使用共同创造和参与式的过程，因为他们提供了真实的专业发展机会，而且也创造了高质量的 4C 课程。我们认为这一点非常重要。课程地图不是让所有教育者必须照搬的、生硬的教学日程，课程地图是一个有价值的产品，当这个产品能够加强专业学习共同体，提供灵活的指导时，它最有价值，而不应该作为处方性的指导。我们的目标是深入理解共同的 21 世纪教与学的专业责任，而制作 4C 课程地图则是有价值的、重要的行动步骤。参见案例 5.2。

案例 5.2　详例：阿尔比马尔课程地图

在弗吉尼亚的阿尔比马尔学区，督导帕姆·莫兰（Pam Moran）和她的团队使用以概念为中心的学习和反向设计来指导课程地图的制作。莫兰将以概念为中心的方法与使用特殊的相机滤镜进行了比较；在课程中使用概念镜头为教育者提供了一种查看课程的方式，就像在摄影中使用滤镜一样。这不会改变图片的部分，但会影响它的外观。

所有的单元、议题和主题都围绕概念来组织，然后与基本问题和学生理解联系起来。比如，语言艺术单元《成年》侧重于概念的变化、连续性和文化。这个概念可能会让大家深入地理解语言和文学的变化和连续性反映了个体和社会的演变这一观点。图 5.2 是阿尔比马尔的教育工作者用来规划课程的地图制作工具，它表明持久的理解、必要的理解和基本的问题是如何与一节具体的课联系在一起的。

阿尔比马尔的教师利用了很多资源进行概念为中心的思考和反向设计策略设计单元教学。这些资源包括学区的高质量学习架构、分科课程架构、弗吉尼亚学习课程架构标准，以及其他学科的课程架构，以此来明确跨学科的学习机会有哪些。

持久的理解
- 语言是动态的——多种因素影响语言的进化。
- 语言和文学中的变化和持续性反映了个体和社会的演变。

↓

必要的理解
- 作者的文化背景影响他的观点，因而影响他的作品。
- 作者的参考架构影响他给出的信息。
- 读者或者听众的经历影响理解和体验。
- 对历史和文化背景的理解提高和强调作品的意义。

↓

必要的问题
- 作者的文化背景是如何反映在他的作品中的？
- 作者的偏见是如何得到反映的？
- 为什么作者的文化背景很重要？
- 读者的经历如何影响他对作品的理解？

图 5.2　阿尔比马尔学区课程地图制作实例

这里是一个语言艺术的教师对如何设计以概念为中心的课程描述：

"如果我要设计一个以坡尔（Poe）的短篇故事开头的课，我需要考虑这一年要教的其他单元，以及学生学习这些短篇故事时采取的视角。如果我选择主题性的方式，我会让学生以害怕未知为主题来阅读和讨论短篇故事。之后我会让学生围绕他们个人对未知的恐惧来学习。我会将这些故事和同主题的一个长篇作品或其他短篇作品联系起来，这样的话，学生就

> 能够将害怕未知的事物看作是一个普遍都有的经历。
>
> "或者我会选择作者作品的概念视角。虽然学生还是会讨论这些核心主题，但是我们会花更多时间来分析坡尔的句子结构、词汇、图像化的语言等，来确定他是如何把故事讲出来的。我们可能会比较坡尔和其他我们学过的作者的作品。学生可以模仿坡尔的风格和句法来写作，这会有不同的审美视角。"
>
> 无论选择哪个概念视角，其他视角仍然具有相关性，如果合适的话，也是值得拿来探索的。选择某个概念视角不意味着忽略其他视角，而是意味着让人使用这个视角来学习一个主题。

行动步骤：使用 4C 数据和分析来改进课程

4C 课程的有效性取决于你记录学生在多大程度上学到其该学东西的能力，这就是为什么课程与评价的开发经常同时进行的原因。所以当我们还没有具体介绍 4C 评价的时候（后面会介绍），我们应当注意到，创造一种平衡的、全面的 4C 评价的方式，在课程设计过程中非常重要。

像我们说过的一样，我们坚定地认为，僵化的结构（以及对标准化测试分数的过分强调）会阻碍 21 世纪技能计划。但是，高质量的数据和数据汇报结构非常重要，这对于专业从业者反思和分析这些数据，并使用数据来指导教学和学习也非常重要。换句话说，我们应当给教师有意义的机会让他们根据学生的表现来分享和反思他们的工作，教师应使用这些数据来不断改进 4C 课程。21 世纪教育领导者普遍使用的一个办法，就是每年举办一些活动，从而能让教育工作者根据学生表现的数据来审阅和改进课程。

对课程的最后思考

总的来说，4C 课程通过教"什么"来提升你的教育计划。课程的改进，在从机械记忆内容为中心到既强调内容又强调技能的平衡课程取向的转变中，是非常重要的。这项工作对教育者团队实现 21 世纪的愿景大有裨益。我们把需要区分的重要内容总结在了图 5.3 中。

	20 世纪课程	21 世纪课程
内容模式	掌握内容，强调零碎的事实	深入理解知识和技能，聚焦在必要的问题上
采纳/作者模式	行政人员而不是教师来选择课程；商业出版社编写课程文本，很少根据学校或学区的实际进行修改	课程的选择、设计与开发使用各种不同的材料来源，高度适应学校和学区的需要
标准模式	与所覆盖学术内容范围内的标准相一致	与强调必要理解（聚焦在知识和技能的深度上）的标准相一致
修改模式	基于教科书采用周期的修订；很少使用学生表现的数据	由协作的教师团队根据学生表现数据进行持续修改
学生表现模式	学生表现说明他们对事实的掌握	学生表现强调复杂的表现，说明他们深入理解了内容，具备像 4C 一样的能力

图 5.3　20 世纪课程与 21 世纪课程的比较

4C 和评价

当你开始设计 4C 课程，围绕评价的一系列问题需要进行持续关注。关于如何评价学生的 4C 的问题，也会是开展 21 世纪教育改革过程中常见的问题。你会听到如下的一些评论：

- 这些技能没办法进行评价。
- 对于如何界定学生的批判性思维能力，没有达成一致意见。

• 即便可以对学生这些核心能力进行评价，当前的评价领域中，依旧有很多无法解决的问题。

听起来很耳熟吗？如果是这样的话，那么下面对于评价的讨论就非常具有启发性。衡量 21 世纪的技能有许多令人兴奋和充满活力的方式和途径。这些评价方式实施起来并不十分困难，而且在很多方面已经朝着正确的方向进行。

对引领 21 世纪教育改革的学区教育领导者来说，这是一个好消息。这意味着你有充足的理由，信心满满地投入到 21 世纪教育改革中，展开对于学生核心能力的评价工作，有很多评价的模型建构可以使用。尽管这些模型在过去产生过负面的作用和影响，但就大的趋势来说，这些模型仍旧指向的是比较好的发展方向。在这个部分，我们将与你分享有关如何开展学生学习评价的工作，建立核心能力评价工作的良好口碑，也会为你的教育改革行动步骤和行动模式指点迷津。

◇ 关于评价的好消息

除了 21 世纪教育改革，教育领域内还有其他不同面向引领着其变革与发展。但如深入探察这些面向，如《共同核心州立标准》、AP 考试、PISA（国际学生评估项目）测试等，就可以清晰地看到对学生高阶认知能力的评价，如 4C，逐渐受到重视。

在我们探讨当前的发展趋势之前，先花一些时间回顾一下过往十年学生学习评价的发展情况，帮助我们认清当前所处的形势。在《不让一个孩子掉队》法案影响下，绩效责任运动兴起，发展并达到了一定规模，其中对于评价的关注旨在为绩效责任服务。为此，在绩效责任运动的第一次浪潮中，所运用的评价测量的工具即是过去广泛使用的多项选择题。这样，旨在为绩效责任开展的评价与过去近三四十年广泛运用的各种类型的评价标准就绑定在一起。这些评价标准对识别学业成绩较差的学生效果比较好，也因此受到了欢迎。

但没过多久，教育工作者就对此类测量工具所导致的不良后果提出了尖锐的批评，如导致了课程范围的缩窄以及应试性的教学。为此，教育者、家长和学生都开始自我发问：一个显而易见的问题是我们是否让人们对正确的事情负责呢？政策制定者很快开始着手更为严谨的州标准，特别需要指出的是，这些标准皆是基于国际通用的标准制定的，是指向为学生未来发展（包括进入高等教育和职场）作准备的课程标准。这项工作也促使了《共同核心州立标准》的出台，现如今，已经为40多个州所采纳。不论大家对于《共同核心州立标准》作何评价，值得注意的是，相比过去，当前很多州立的英文（ELA）和数学学科课程标准都将批判性思维和沟通能力纳入到标准体系中来。在我们看来，这个发展趋势总体来说是比较好的。学校和学区对于批判性思维能力和沟通能力的关注和重视，也得到了整个州层面课程标准体系的大力支持。没有采纳《共同核心州立标准》的州，其学区和学校也希望将评价工作更多集中在批判性思维能力、问题解决能力和沟通能力上。尽管很多州新的考试于2014或2015年才实行，但新的标准与《共同核心州立标准》在4C的建构上具有一致性，作为学区和学校领导者来说，二者之间转换和过渡的困难度不大。

AP（美国大学本科预科课程）考试也是类似的发展路径，如我们在步骤2中所讨论的。大学委员会经过多年的发展，逐渐弱化了考察学生记忆能力的内容，与此同时，提升对学生批判性思维能力、问题解决能力和运用性学习能力的考察。

PISA测试（国际学生评估项目）也是引领教育工作者以及其学校和学区教育改革的战略性方向。经合组织（OECD）花了多年时间将学生学习评价与面向21世纪劳动力市场需求的欧洲教育体系相整合。相比美国的测试，PISA测试一直对批判性思维、运用性学习和社交技能更为重视。这也在很大程度上解释了相比其他国家学生来说，美国学生在PISA

测试的排名越来越低的原因。美国学生在 PISA 测试中的最新成绩就为开展 21 世纪教育改革提供了证据支持。2012 年，PISA 加入了财经素养和动态问题解决（系统性思维）的考核。之后加入协作解决问题的测试。这些发展和变化将在两个方面给予你启示：

- 考试越来越强调这些核心技能的重要性。
- 这表明美国将面临越来越大的压力来教授和评估这些技能——就像我们的国际同行所做的那样——因为这是高效的教育系统应该做的事情。

更加振奋人心的消息是，OECD 正在开发校本的 PISA 测试，我们稍后将会在本章中详细介绍。校本 PISA 测试将有助于帮助参与的学校制定和完善评价标准，提供重要的来自学校层面的分析视角，并与从 PISA 测试中收集的政策分析和见解联系起来。

○ 评价的行动步骤

行动步骤：进行基准评估

一些教育领导者和学校董事会经常问："与其他同龄学生相比，我们的学生在 21 世纪学业表现中成绩怎么样？"出于这个目的考虑，需要用到基准评估。利用这一工具我们可以参照全国或者全球的学生学业状况，了解我们所在学校学生的学业成绩概况。

"高校及职业准备评估"（College and Work Readiness Assessment, CWRA）（www.cae.org/content/pro_collegework.htm）就是评估美国高中生学业成绩的一个标准化测验工具。它评估的是九年级和十二年级学生的批判性思维能力和沟通能力（参见案例 5.3）。这个评估不是考查学生回忆事实性知识，而是关注学生如何分析、从未学过的新知识，然后通过沟通和交流，从而解决问题。这样，学校管理者获得所在学校学生全国九年级学生学业状况基准的标准化数据；而且，十二年级学生的标准化数据还可以与大学一年级学生"学业准备测试"的数据进行对比。

假如你想获得所在学校学生基于全球同龄学生的学业状况基准的标准化数据，你所在学区和学校可以使用基于 PISA 的学校测试（这个测验于 2012 年末开始实施，参见案例 5.4）。

案例 5.3　CWRA 案例

在 CWRA 中，会出现类似这样的一些经典问题：

你所在城市的市长面临着全市犯罪率连续五年持续上升的状况。有两个解决方案：建造新的监狱，或者增加 250 名警察。

以下是与这个问题相关的三个材料：

- 比较这两种策略的学术研究
- 市政委员会成员出版的相关材料
- 州立法会听取这个问题之后的部分转录材料

看完上述三份材料之后，回答以下三个问题：

1. 建造新监狱的最佳方案是什么？
2. 扩充警力的最佳方案是什么？
3. 市长将在下午 3 点向市政委员会成员提出她处理该问题的预算。她应该采纳哪种方案？为什么？

据报告，参加这一测试的学生表现出非常高的参与度。而且，学生也喜欢这样的考试题目，因为这不需要他们不断复述和重复教科书上的知识，而这种测试要求学生阅读新的材料并运用材料提供的内容来解决问题，其目的是希望学生能够分析和组织信息，然后再沟通和交流信息，进而解决实际问题。这也是 21 世纪学习者所必须具备的重要技能。

步骤5　聚焦课程与评价

案例 5.4　基于 PISA 的学校测试

在美国，既能用于各个州的地区自行管理，又能与 PISA 标准对标的学生学习评价的需求越来越大。为此，OECD 目前开发了一套能够与 PISA 相对照的，适用于学校、校际网络和学区层面的学生学习评价测试。

"基于 PISA 的学校测试（PISA-Based Test for schools）"，其标准与 PISA 国际学生测试的标准具有可比性，测试结果能够和各个国家与经济体的测试结果进行基准比较。

这样，学校、学校系统和学区层面将能够对评价进行管理，并获得的学生学业表现的结果，也可以与国际学生测试相对照。"基于 PISA 的学校测试"的评价架构和国际学生测试的架构是一致的，这个架构包括测量学生应对复杂问题情境所需的知识与技能、情感态度等。PISA 的架构关注对学生素养的考查，即 15 岁青少年获取、管理、整合和评价信息的能力、想象力、提出假设和探索的能力以及将思考和想法与他人有效沟通的能力等。PISA 关注学生在面对新的阅读、数学和科学的问题情境时，是否能够基于已经学过的知识，并运用现在所学知识和能力解决问题。为了使学校和学区的学生学业评估与国际学业评估标准相对标，建议最好开展与 PISA 测试标准一致的"基于 PISA 的学校测试"。随着越来越多来自不同国家的学校开始对评价进行管理，参与评价的学校和地区可以形成一个国际交流网络，在那里可以分享实践，讨论问题，并提供不同的工具。

行动步骤：为教育者提供 4C 的评价标准

评估 21 世纪成果的最重要的工具也许最简单的：标准（rubrics）。当人们说"你无法测量 21 世纪的技能"时，我们总是觉得很有趣。如果你创造一个能够 4C 的评价标准，你就能够测量它们。我们想，当人们说"你无法测量 21 世纪的技能"时，是指我们很难对所有的技能进行大规模的终结性评价和测试（当然，这一观点也是值得研究的），但这绝不意味着这些技能无法测量。

例如，想一想在 K-12 阶段所有的口头报告是如何测评的。通常来说，测评口头报告的评价标准包括姿态、声音、信息表达的清晰度等。对于全美所有的教师来说，依据这些标准对学生的表达能力进行评价不是一件很难的事情，当前已经有不少学区开始使用相应的评价标准对学生的 4C 进行评价。基于这些优秀的评价标准，一些地区、学校和相关组织与我们 EdLeader21 一起，开发了一套重要的 4C 评价标准体系。通过在"route21"中搜索"rubrics"，就能够获得一套针对高认知技能评价的全面的评价标准（详见网站：http://route21.p21.org/）。

行动步骤：为学习者提供 4C 的评价标准

标准不仅仅是用于教师的工具，也可以且应该为学生自己所用。在我们探访的很多学校中，学生已经使用评价的"标准"来指导自己的学习。在一堂科学课上，学生使用标准来开展"探究"活动。

一名学生已经准确地界定了自己在"提问策略"上的不足之处——她正修改自己的研究陈述，希望能够在更深层次上对相关议题进行信息交流。对她来说，运用标准对自己的学习进行自我评价和改进是日常学习过程中经常进行的学习活动。在另一个案例中，五年级的学生在社会研究课程的学期末也运用"标准"评价自己的学习情况。这门课程由教师直接教学以及由学生小组合作学习组成。"标准"可以帮助学生评价自己在每一节课中的能力掌握情况。该"标准"在四个层面上指导学生们衡量自己的学习情况，包括：

- 运用事实支持结论
- 清晰地传达信息
- 有效安排时间
- 对小组学习有所贡献

而在其他班级，学生们正在学习莎士比亚，他们朗读莎翁作品中的句子，写下他们自己的独白。每个学生将自己的独白创作拍下来，相互审阅这些镜头，根据"口头报告"的评价标准相互评分，之后又不断地修改，直到表演达到他们各自所期待的状态。在像这样的班级中，经常可以看到学生们用这样的方法指导自己的学习。在这样的课堂教学中，令我们印象最深的是师生之间丰富的对话；而一个单独针对特定作品进行评分而展开师生之间的对话是不常见的。在这样的对话中，经常可以看到学生向老师讨教，希望老师对如何改进自己的作品给予建议。这是因为学生对评价和改进自己创作和表演抱有强烈的期待，而这些"标准"正好为这种为了寻求卓越的学习提供了支持性工具（这样的评价应该是"为了学习的评价"，而不是"对学习进行评价"）。请看 EdLeader21 YouTube 平台有关 4C 评价标准的视频。

> **案例 5.5　详例：费尔法克斯县公立学校，作为全球学习者项目**
>
> 在弗吉尼亚州费尔法克斯县公立学校，督导杰克·戴尔（Jack Dale）和他的团队开展的一项学区范围内全球学习者计划已步入第四个年头，这个计划也采用了一些教育工作者的通用标准作为指导。在该学区，每位五年级学生都需要完成一个信息技术类的学生课题，这些项目主题与世界文化和世界共生发展议题息息相关。每一位五年级的社会科教师都会运用一致的评价标准和在线评估系统记录学生的学习情况。
>
> 课题小组由多元化的成员组成，包括学区和学校管理者、教师和专家，课题小组成员合作共同提出一系列核心问题及对一些学生课题进行选择，帮助学生达成展示全球化意识的学习目标。这些核心问题被提出来后，再通过课题设计来解决这些问题。有大量的课题可供学生选择，学生可以根据自己的兴趣、多元智能及学习风格，选择合适的课题进行学习。
>
> 之后所有教师和教育者们再用评价标准对项目进行评价，教师使用

标准评价学生的项目参与情况，评价结果上报至学业分析中心的办公室。由于项目数据提交是电子化运作的，因此每年不同学校可以随机选取学生的样本数据提交至学业分析中心的办公室，这些数据可以作为持续培训和改进的基础，同时，数据的提交也确保了评分的可靠性，达标学生的数据也将报告给学校的董事会。

费尔法克斯县的 ECART 工具，是一个电子化系统，允许教师和教育者们在线对这些课题的进行情况进行评分，记录学生在课题中的表现情况。所有的教育者都使用相同的在线系统对学生的学业表现进行评分（基于 1—4 级评分标准）。中心办公室主任能够很容易获取学区评估数据以用在报告中，而且，更为重要的是，这些数据为改进项目设计和教学策略提供了最好的支持。ECART 当前还用于存储一些全球学习者计划中参与学生的代表性作品，为日后教师的专业发展项目所用。届时，教师们可以聚在一起就他们的教学方式和评分方法进行反思，以改进整个全球学习者计划的教学评价状况。

行动步骤：在等级评价和成绩报告单中突出 4C 的内容

当教师收集了有关 4C 的评估数据后，接下来就需要考虑如何将这些信息反映在学生学业报告单上。任何一个不认真对待成绩单的人都清楚，这并不是一件容易做到的事情。成绩单应该是什么样的，教师和家长们都有自己的看法，对于他们来说，看起来最舒服的成绩单就是他们最熟悉的那种（如他们曾经做学术的时候用过的成绩报告单）。但是，如果你希望学校和教育系统能够关注 4C 的培养，那么如何与学生和家长解释学习成绩就显得尤为重要。

卡塔利娜山麓学区的改革领导小组修订了学区 K–12 的成绩报告单形式，以期与 21 世纪教育改革计划的需求相一致。在案例 5.6 中展示了该学区一所中学的成绩报告单。可以看出，学区内 21 世纪的学生学业成绩是如何包含在每个学科领域中的；所有学科都有相同的评价模式（下一页有一些代表性的案例）。

案例 5.6　卡塔利娜山麓学区成绩报告单——初级中学

初中成绩报告单

卡塔利娜山麓学区

学生：约翰尼·史密斯（Johnny Smith）

学年：2011—2012

年级：7

埃斯佩雷罗峡谷中学

报告关键词：

4. 超过标准（高级）：学生主动性强，超出既定标准；始终能够出色地完成学习任务，并在理解、应用以及将高级技能和复杂思维转化为地区课程标准方面表现出优异的水平。学生在学习过程中具有独立性和自主学习能力，经常能够超额完成学习任务。

3. 达到标准（熟练）：学生能够按要求完成学习任务；经常能够完成高质量的学习任务，学生成功地掌握了学区课程标准要求的内容（包括技能和概念）。学生能够经常运用思维技能和学习策略，并且能够满足作业的要求。

2. 接近标准（基本）：学生能够基本掌握学区课程标准要求的内容（包括技能和概念），通常能够恰当使用所学的技能和概念，完成的学习任务令人满意。学生在思维技能和学习策略的运用上的有明显进步。学生所完成的学习任务部分达到要求。

1. 未达标准（低于基本水平）：学生的表现低于学区标准。在得到帮助的情况下，学生能够部分理解基本的技能或概念。学生表现出在思维技能和学习策略的运用上的改进较为有限。学生所完成的学习任务很少达到要求，其所创造的作品和完成的学习任务质量并不能令人满意。

21 世纪能力（个人与社会责任）包含以下的一个或多个方面：自主

学习、团队合作、领导力、批判性思维或创造性思维、文化胜任力、系统思考、沟通能力、课堂参与、完成任务及努力程度以及行为。

家长（监护人）请注意： 请留意，部分课程内容在学期刚开学就介绍了，学生将在学年末能够达到熟练掌握或超出标准的水平，学生的分数会反映出他们每学期学习进步的情况。（译者注：中学的学期用 Quarter 表示，一学年 4 个 Quarter）

学　　期	总评分			
	Q1	Q2	Q3	Q4
写作/文学				
阅读流畅性				
字词分析和词汇量				
指导和监控阅读理解的策略				
主旨提炼和支持性的细节				
文本关系				
文本结构、要素和方法				
研究				
写作过程				
写作风格				
写作应用和格式				
语言惯例				
互动交流：视觉和写作应用				
互动交流：听说应用				
21世纪核心能力/个人与社会责任/技术				
自主学习能力				
系统思考				
任务完成度/努力程度				

教师评语：

	总评分			
学　期	Q1	Q2	Q3	Q4
科学				
科学探究				
科学和社会的互动				
系统性思考				
生命体的特征				
生命体的相互依存及其环境				
结构和物质特征				
物质的相互作用				
能量守恒和转换				
地球的结构和进程				
空间中的物质结构和进程				
21 世纪核心能力 / 个人与社会责任 / 技术				
团队合作				
技术：数字公民				

教师评语：

	总评分			
学　期	Q1	Q2	Q3	Q4
数学				
数字系统				
数值关系				
加法和减法				
乘法和除法				
高阶运算				
模式				
代数的概念				
几何性质和图形				

学　期	总评分			
	Q1	Q2	Q3	Q4
解析几何和转换式				
尺寸测量				
测量系统				
概率和离散数学				
数据组织和解释				
问题解决				
几何证明				
21 世纪核心能力 / 个人与社会责任 / 技术 技术：创新能力和创新能力				
到课率				
行为和表现				

教师评语：

学　期	总评分			
	Q1	Q2	Q3	Q4
艺术 　　艺术概念、过程和技术				
个人投入和通过原创或解释性作品进行沟通				
文化和历史中的普遍概念 / 主题和联系				
评价自己和他人作品的特点成就点				
21 世纪核心能力 / 个人与社会责任 / 技术 　　团队合作				
自主学习能力				

教师评语：

行动步骤：实施档案袋评价策略

对于如何评价 4C 感兴趣的教师们来说，基于档案袋的评价对有兴趣测量 4C 的教育者非常有用。多年来我们都知道，艺术家和建筑师会制作并携带他们的艺术或设计作品的档案袋。那么，为何不让每一位学生将自己核心课程学习中的得意作品收集起来归入自己的档案袋，作为展现他们学习过程中深入理解知识以及批判性思维能力、沟通能力、合作能力和创新能力提升的证据呢？这样，档案袋或许会展现出学生的财经素养（如学生做的预算），或全球竞争力（如档案袋中包含一份用他国语言写作的文章，或者就一个国际事务，运用他国的视角，进行观点阐述）。与 21 世纪教育相配合，档案袋为学生向未来的高等学校和雇主分享和展现自己的学习提供了丰富的证据和案例支持。

北加利福尼亚州的远景学校（Envision Schools）（www.envisionschools.org）已经开发了针对 4C 进行评价的档案袋评价体系。详见案例 5.7。

加州的远景学校组织的评价方式之所以引人注目，有多个原因。在这些学校中，有约 65% 的学生都有资格享受免费或者减免的午餐。这些学校的学生一般是家里第一个从高中毕业然后上大学的；90% 的学生毕业后会进入大学学习。所有的学生在高中学习阶段都有自己的导师，帮助收集和管理他们最优秀的作品。在高中阶段的高年级学习过程中，这些学校的学生还要向公众展示他们的作品，这个过程类似"论文答辩"。通常参与高年级"答辩"的人包括教师、导师、学生同伴、受邀观众，如家长或社区各界成员。公开的口头答辩是展示的核心内容，学生的公共沟通能力，以及档案袋作品的展示，都要接受考核。特别值得注意的是，这项"答辩"通过的成绩也将是学生高中毕业必须完成的考核内容之一。这意味着，在毫无任何州立政策的要求下，该远景学校组织已经将批判性思维能力、沟通能力、创新能力和合作能力整合到了高中学业水平考试和评价过程中（要知道，没有比高中毕业学业水平考试更高风险的考试了）。大多数学生经过导师的指导都能顺利完成展示，通过这项考核；没有通过考核的学生会也有更多的机会改进他们的作品集，并重新进行展示，直到他们达成该项目考核的毕业要求。

案例 5.7 加州远景学校档案袋评估 /DLSAI

大学学业成就档案袋答辩是一个将知、行和思融汇在一起的顶点项目。这是一个学生学习积累了四年（有同学从二年级开始开展这一项目，进行了两年）的探究、提问以及最终的展示。我们期待所有学生都可以做到：

认知：

• 能够精通各门学术课程，达到加州大学的 A-G 要求。

行动：

• 能够富有创造性地探究、分析、研究和展现学习成果。

• 能够运用 21 世纪领导力技能：有力的沟通、批判性思考、有效的合作，以及高效完成任务。

• 能够至少参与一次工作场所学习体验，在其中他们进行实际工作并完成一个项目。这不仅有助于他们使用领导力技能的能力，同时也有利于他们在工作场所进行探究、分析、研究和创造性表达自己的能力。

反思：

• 能够承认和认可成长、成就和成功，以及进一步成长和发展的领域。

• 基于教师和同伴的反馈，审视学习任务，将其修正到精炼成熟。

档案袋是根据任务类型而非学科领域分类的：

一个完整的毕业生档案袋包含五个有深度的学习作品以及一封求职信。

研究论文
文本分析
探究 }　学生选择 3 或 4 项作品进行答辩展示
创造性表达
工作场所学习体验

步骤5　聚焦课程与评价

> 学生在完成每个任务中展现他们熟练掌握所学知识与技能的情况，使其作品质量得到认可。这也意味着在学习过程中，其作品完成需要经过多次的修改。
>
> 一旦学生们在学习任务上达成要求，并附上一封附言（内容介绍），他们就可以将被认可的作品上传到数字档案馆中。加州远景学校的教职人员能够看到学生的学习任务，也可以彼此分享学生的作品，并对作品的完成过程进行评量。
>
> 最后，学生在档案袋（作品集）答辩中要准备一个主旨报告，根据内容介绍来组织和突显他们的作品。

加州远景学校组织团队正在向任何对此有兴趣的学校或学区提供档案袋系统。他们将这个项目称为"深度学习学生评价项目"（Deeper Learning Student Assessment Initiative, DLSAI），这个项目汇聚了档案袋系统的最有效的几个方面，对此有兴趣的教育者和教师，使用起来会更为方便。DLSAI为教师使用档案袋评价给予支持，并开发了与学习表现相结合的严格的评价标准，对学习任务的实施进行评分。这一项目也帮助学校领导者在学校和学区层面引领他们的改革工作。这与《共同核心州立标准》和另外两个评估团体智慧评估联盟（SBAC）、大学和职业准备评估伙伴（PARCC））都是契合的。DLSAI还将搭建新的网络技术支持平台——案例展现（Show Evidence, www.showevidence.com），这一平台也将在很大程度上减少教师在评价过程中所花费的时间。

行动步骤：聚焦项目式学习的评价策略

很多教育者和教师认为项目式学习（PBL）能够为学生投入到学习中展开深度学习提供支持，事实上，PBL也是大学和职场中评价学习者或工作者能力的较好的方式。新技术网络的PBL有助于创新评价实践，它将PBL和基于能力的技术性评价工具结合起来，对4C进行评估，对于教师来说，这样的评估操作相对容易，并且可减少耗时。在每个项目结束时，学生会登录新技术网络的在线系统——Echo，基于学校层面的评价标准对每个项目成员进行评价。由于评价是匿名的（在教师的监控下进行，同时教师会指导学生进行建设性反馈），每个成员都会收到一份详细的报告，说明他们在项目进行过程中如何展示其合作能力的情况。在新技术网络学校，这样的评价可以是每周一次或几次。Echo反馈屏的案例详见图5.4。

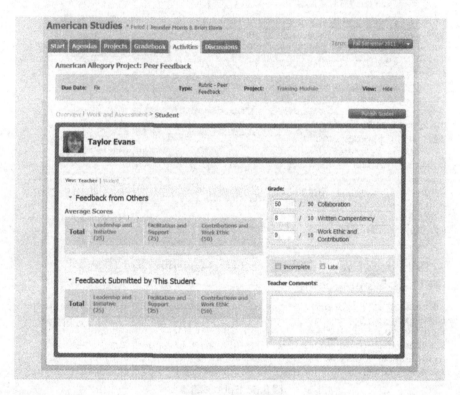

图5.4　Echo反馈屏

　　Echo也可电子成绩册（electronic gradebook）。所有教师都可以运用此对不同类别进行等级划分，包括：职业道德、学科知识、合作、批判性思维、书面交流和公共演讲。对作业进行评分的时候，多元化的评价标准形成一个小计，可以计算出每个项目的分值。这就让学生和家长对学生能力的优势以及其他各个方面的学习改进情况一目了然。这种创新某种程度上也成为环境变革的一部分，让教师更为便利地采用新的评价方式，这一实践反过来又推动了整个教学和学习实践的变革。对于 Echo 成绩册的简介，可见图 5.5。

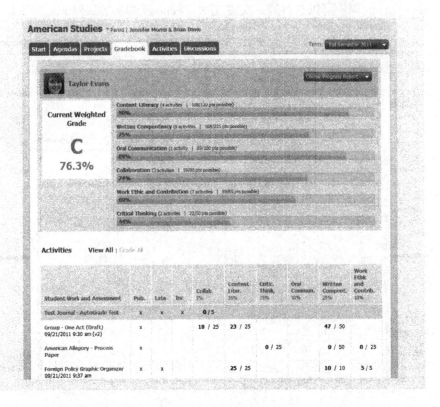

图 5.5　Echo 成绩册

行动步骤：顶点项目的开展

在大多情况下，顶点项目（Capstone Project）通常是初中或高中结束时要完成的终极项目（例如在学生毕业那年第二学期开始的主要项目）。很多顶点项目都伴随着相应的评价准则，这些准则也可以用来评价学生和教师的工作进展。开展一个这样特有的项目需要学生精熟学习内容，综合运用批判性思维、沟通和自主学习能力。导师和学生可以运用评价准则来评价这些能力（如合作能力、创新能力、全球竞争力和财经素养）。

自2006年，俄亥俄州上阿灵顿城市学校一直就在开展类似的高端顶点项目。具体情况参看案例5.8。

案例5.8　上阿灵顿顶点项目

上阿灵顿学区的顶点项目是高中生毕业必须完成的一项终极项目。运用基于理解的设计原则（UbD），每个学生对各自要研究的共同体课题形成一个基本问题，基于此再形成论文的研究问题，并最终完成三个不同的作业：研究论文，有关于该项目的成果，以及展示汇报。制作的共同体课题的相关成果有多种形式，如在一位同学的作品中，就包含了对她所在学校学习生活的记录。在另外一个案例中，展示了一个艺术剪贴画的作品，记录了同学们在艺术沉浸治疗中的学习情况。

由于顶点项目是21世纪教育改革项目的关键组成部分，相应的评价标准也会在学生项目开展的中期和最后评价提供参考。这个评价标准关注4C，同时包括自主学习能力和全球化公民能力（参见附录12的完整的评价标准）。为通过考试获得成绩，学生需要达成所有的评估要求。

在评价标准的设计中，重要的是学生的自身投入，如学生参与讨论"学业质量如何界定"等问题。学生坚持两件事情：一是评价标准要易于理解；二是老师会用它们来评估学生的项目。在开展对评价标准的合作设计之前，许多学生觉得评分有点过于主观；现在学生能很快理解评价标准，并意识到使用标准来指导他们进行评价的价值。根据很多教师的报告，评价标准指向21世纪的学生学习成果，有助于教师与学生一起开展更为深入的、探索性和生成性的研讨。而且，随着时间推移，对学生学习项目的评价也会变得更具一贯性。

上阿灵顿的教育领导者注意到，评价顶点项目对很多倾向于对事物进行"非黑即白"判断的教师来说是很困难的一件事，评价标准的叙写和表述是很具体的。教师还将在一年中与学生会面，评估他们的学习进度，并在初稿撰写阶段指导他们的课题或项目。这需要花费很多时间，同时也需要教师转变自身角色，成为学生的指导者和导师，这对于那些相对热衷于直接教学的教师来说是有一定难度的。但随着项目的持续推进，整个学区教与学的文化正在逐步改善。学生的报告由全体教师进行评估，这使得所有的教师和教职人员都能看到毕业学生完成的学习任务，这也鼓励了教师更开放地讨论学生作业中明显的优点和缺点。例如，有一个学年几位科学教师对很多学生的研究质量表示担忧，这些教师为所有学生提供了额外的资源和指导，以此来提高他们的研究技能，这些学生不只是他们自己的学生。

新的"起始点"在哪里？

以上所总结的行动步骤就是围绕 4C 评价开展工作的很好的起点，当然这些还是不够的。在全国范围内，我们需要一个平稳有力的评价体系，能够关注内容知识和 4C 能力，不仅要在形成性评价中，也要在总结性评价中关注学习成果的元素。这种长远发展的目标为美国许多领先思想家和教育者所认同，但至今，我们的实践离实现这个目标依旧有距离。然而，时代在不断进步中，未来五年，会有越来越多的测评工具产生，也将为开展具有平衡性的评价策略提供支持。

我们先前提及的共同核心测评基金（Common Core assessment consortia）支持下的 AP 考试、PISA 测试和美国教育部所做的工作，都认为新的评价工具对于测量复杂思维能力的发展效果更好。从 2012 年开始，新的 AP 考试增强了批判性思维的评价。PISA 测试也出版了针对学校和学区内进行评价的标准。这也意味着，不久后各州应该能够使用他们的"大学和职业准备"标准来引领其教育测评。

另外两个面向未来的学区和学校的项目也很有趣：

• 21世纪核心技能的评价与教学（http://atc21s.org）：该项目由微软、思科公司（Cisco）和英特尔公司投资资助，是一个创新性的研究项目，旨在开发新的测评模式及教学方式，帮助学生适应21世纪学习者的需求。

• 美国教育考试中心主持的K12测评和学业表现管理中心（http://k12center.org/index.html）：这个团队举办的一系列活动，撰写的论文和报告将最权威的、有关教育测量与评价的前沿思考和研究展示给国家、各州和地方教育决策者们。

这里提到的每个项目都有助于说明评价21世纪学生学习结果的积极势头。评价领域也在进行深刻的变革，我们对此抱以审慎乐观的态度，我们希望在未来的五年中发生变化。好的方面是越来越多的项目正在启动，其实也表现出未来对4C与21世纪学生其他学习结果进行评价的可能。

结　语

作为总结，我们制作了一个简单的表格工具，帮助你和你的团队成员反思当前在你所在学区，课程与评价策略的实施情况。在左列中，列出了学生学习结果，这是在步骤1中确定21世纪教育愿景的时候确定的。然后，针对每个学习结果，回答下列问题：

1. 学区和学校目前广泛地采纳了步骤1中对于学生学习结果的界定吗？
2. 当前的课程是否关注这些学习结果？
3. 对于学生学习结果的评价，学生及其家长是否收到了有意义的反馈信息？
4. 当前教师已经在使用测量工具评价学生的学业表现了吗？

5. 你和你的学校委员会得到有关教育系统如何／是否测量出这些学习结果的反馈了吗？

下面的表格会帮你厘清你们的课程和评价体系是否与 21 世纪教育愿景相契合，或者是否二者之间还存在一些差距。对于你所在的学区，这个表格展示体现了有关你所在学校课程与评价的哪些信息？当你对此进行反思的时候，你想到了什么？

学生学习结果	是否有界定？这些界定是否与所开展的课程相契合	学生是否得到反馈	家长是否得到反馈	教师是否从教学实践中得到反馈	是否对学校和学区改革的情况进行了跟踪反馈
核心学科内容					
批判性思维能力					
沟通能力					
合作能力					
创新能力					
其他 1					
其他 2					

在步骤 5 中，我们审慎思考了学校和学区的课程及评价体系是否／如何与 21 世纪教育的整体愿景相互配合的问题。我们期待各位能够在教育改革开展过程中不断思考这些问题和行动步骤众所周知，这是一项富于挑战性、耗时耗力的工作。幸运的是，有一些非常重要的合作伙伴会很愿意帮助你们解决这些问题。下一步我们将重点讲一讲教师，以及如何最有效

地支持教师开展核心能力的教学和评价。

参考文献

Figure 5.1 Inspired in part by Curtis McKnight's model developed during the Second International Mathematics Study (SIMS) (1979), along with the work of Robert Marzano on curriculum and opportunity to learn, most specifically *What Works in Schools: Translating Research into Action.* Alexandria, VA: ASCD, 2003.

Bransford, John D., Ann L. Brown, and Rodney R. Cocking, eds. *How People Learn: Brain, Mind, Experience, and School.* Washington, DC: National Academy Press, 1999.

College and Work Readiness Assessment. Web. Jan. 2012. http://www.cae.org/content/pro_collegework.htm

Conery, Mary Jo. Personal interview. August 5, 2011.

PBL. *BIE Essentials of PBL.* Web. Jan. 2012. http://www.bie.org/about/what_is_pbl

Wiggins, Grant P., and Jay McTighe. *Understanding by Design.* Upper Saddle River, NJ: Pearson/Merrill Prentice Hall, 2006.

步骤6　支持教师

聚焦 4C

当考虑到 4C 和支持教师两者之间的融汇问题时,思考以下概念:

- 创新能力:依靠自己的创新能力,让老师们自由灵活地创新而不用担心后果。鼓励教师勇于尝试,把失败当成学习和创新的机会。
- 合作能力:安排好时间,让老师们在专业学习共同体中保持定期合作。
- 沟通能力:明确界定有关 4C 的学生作业和教学策略,并与所有教育者、学生和其他有关人员定期交流这些内容。
- 批判性思维能力:认真考虑你们学校和学区面临的独有挑战,并批判性地思考哪些教学策略能够产生最好的效果。

○ 激励教师

在本书中讨论了关于如何将愿景转化为课程和评价体系，希望你由此对 21 世纪教育之旅已经有了清晰的认识。我们所强调的 4C 专业发展、课程和评价的基本组成元素所有这些都在引导我们进行对话，讨论如何在这个真正理论联系实际的 4C 教学中对教师进行支持。如果说，在过去的教育改革工作中有什么经验值得学习，那就是，我们知道了一旦关上教室的门，想要影响里面的日常教学是何其困难（Tyack & Cuban）。根据我们与领导者们合作的经验，他们对此持有同样的观点。学校或学区的教学文化需要长期而且一致的优先进行设置，才能容纳开放课堂——所谓的"开门课"。教师们积极合作，为所有学生创造可见的 21 世纪学习成果。所有我们与之交谈过的领导者都认为，只有 4C 课程和评价体系真正到位，那么教师的认同感和富有激情的态度，才会对学生产生重大影响。

在步骤 6 中，关于在 4C 教学中支持教师的问题，我们强调了领导力的重要性。这不仅是在为教师队伍打造有效的专业发展策略，也是在教学系统中创设专业教育者之间的学习文化，并激励他们首先做好教师的本职工作。步骤 6 重点在于如何创设 4C 教育环境，让每一位教师都能在日常实践中落实 4C 策略。

作为领导者，最重要的职责之一就是你可以发挥有效的作用，激励教师将工作做到最好。探究式教学策略是时间密集型和劳动密集型的，需要高度积极的教师团队持续不断的努力。教师也需要实际的东西——例如有充足的"课外"时间来创造展示活动和探究式课堂，与同伴合作的时间，与 4C 教学教练和跨学科团队合作的时间，以及反思和提炼教学实践的时间。而且，如我们在步骤 3、4 和 5 中详述的那样，课程、评价和专业发展方法必须与 4C 保持一致。但最终，这样的实际问题，归根结底都是教师的激励问题，比如教师看到这一工作的价值了吗？教师投入了吗？得到激发和支持了吗？作为领导者，如果希望你的愿景在学校或学区里每一位学生身上实现的话，应当深切关注这些问题。

在全美教育探讨中，近期发生的最令人沮丧的一件事，就是对美国教师的批评不断上升。从流行纪录片《等待超人》(Waiting for Superman)，到提升教师绩效（"给教师打分"），到失败的绩效工资实验（"火花"），再到《新闻周刊》封面"为什么我们必须开除坏老师"，还有美国教育部的政策建议，有时看起来好像是整个国家都在专门攻击"教学"和"教师"的现状。不足为奇，我们知道大部分教师都感觉陷入了困境。

这种情况是很不幸的，也是需要大家充分思考的。教师如果时时处于防御状态是不可能有创新的。他们不会冒险，不会有效合作，而且也不会仅仅由于中央办公室要求而开始关注 4C 教学。

这并不是说教师不去为改进教育体系分担责任，相反，教师的责任非常重要。但是 21 世纪教育改革要依靠你们的能力来参与和支持所有教师围绕 4C 进行的教育实践。如果教师在这项工作中没有进入状态和得到支持，即使最具创新性的课程和评价体系也会弱化成机械式的课堂教学。如果课堂层面的教学规划被教师视为服从性活动——例如，演练活动只是为了对应指南和教学基本要素（EEI）清单——它就会破坏你领导力议程上的所有目标。

在 4C 教学中支持教师意味着确保教师在培养学生深刻的（而不是机械的）理解能力中得到支持。这就意味着确保所有教学应该契合学生"学会学习"的能力，这样，假以时日，他们可以成为更加独立自主的学习者。良好的教育者为这种愿景所激发，因为这通常是他们在工作中感到满足的原因。大部分教师都在非常努力实现每一位学生"顿悟"的时刻。"我们想让我们的学生能够自主学习，"一个中学的领导告诉我们，"写在标语贴纸上的'我在中学实现了我的目标'与'我在中学的光荣榜上'是有区别的。"

激励教师从心理上接受这项工作是个巨大的挑战——而且非常困难。教师必须得知道学区或者学校的领导者是不是"明白了"。这就意味着要确保有效的教育实践能够得到认可、支持和分享。这也意味着承认以及系统性地扫除抑制有效教学的障碍，例如缺乏对新教师的启发、僵化的日程安排和/或死板的操作指南。正如泰克（Tyack）和库班（Cuban）在他们的经典著作《修补乌托邦》(Tinkering toward Utopia)一书中指出的，公立学校教师经历了许多教育改革的演变，在这方面他们非常有经验，他们在接受新的或不同实践方法时非常谨慎，这都可以理解。现在更是这样，在极端情况下，教师会积极抵制和破坏革新措施——而且还相当有成效。这对任何一个曾经领导过学校或学区的人来说并不新鲜。这也是为什么在这项工作中激励教师显得尤为重要。

作为学校或学区的领导者，应该在激发教师需求自动自发改进学生生活中发挥独有的作用。我们认为丹尼尔·平克在 2010 年出版的《驱动力》一书对于教育领导者解决动机方面的问题来说是最具智慧和最有帮助的资源之一。显然平克并没有特别关注教育方面，他用数年来的科学研究说明什么能够真正激励人们去超越或改变或改进。胡萝卜加大棒的方法仅在某些情境下适用，例如当他们的目标是完成例行工作的时候。但当胡萝卜加大棒的方法用于更复杂的任务时，比如教学，就不太有效了。研究表明，当人们获得公平的报酬（但不是过高），并且在工作中拥有高效的自主权、掌控力和目标时，他们会更有动力，随着时间的推移，他们会表现得更好。想想这对绩效工资等问题意味着什么。我们鼓励你阅读并与你的领导团队分享平克的书，然后思考以下问题：

- 作为领导者，我们是否真正专注于激励和支持教师的 4C 实践？
- 在 4C 教学中，我们作为领导者是否为教师提供了适当的自主权、掌控力和目标？换句话说：
  - 我们是否支持以 4C 为重点的专业学习共同体（PLC）中的教师？
  - 我们是否发现了损害 4C 教学的系统性障碍？例如，我们是否在教学日为教师安排了足够的时间来计划、合作和改进？作为领导者，我们是否给予了教师足够的灵活性让学生参与项目式学习以及多学科内容的学习中？教师是否有足够的机会使用技术和其他协作工具？
  - 我们的学区和学校领导是否对 4C 教学给予教师及时和建设性的反馈？

这些问题会帮助你和你的团队进行批判性思考、合作、交流，并创造性地解决如何激励和支持 4C 教育实践中的教师的问题。

关注学生工作

在仔细考虑过教师参与和激励这个意义深远的问题之后，建议你与教师一起探讨一个策略性的、看似简单的问题：4C 的学生活动是什么样的？

至少在我们这个圈子里典型的回应方式，是用一长串的数字清单，如基于问题或基于项目的学习策略。（我们也会讲到这些。）但是如果直接跳到教学策略就会失去很多与教师合作的丰富机会。

以我们与教育者打交道的经验，看看一项学生活动真实的案例然后提问这样一个问题："这项活动体现了 4C 内容的任何一个吗？"这是开始讨论教学的一个令人信服的方式。它迫使我们去具体思考我们在为学生的表现会试图提供什么样的支持，也让我们诚实地面对棘手的问题：

- 我们有没有在 4C 中寻找绝对优秀的迹象？或者我们有没有寻找学生在他们历时的活动中已经成长的迹象？
- 当我们看到 4C 中的一些优秀的例子，我们如何判断它是教师教学实践的反映或者只是学生特有的"自然"能力的反映？这种区别重要吗？

教育领导者在休利特基金会"深度学习计划"（Hewlett Foundation's Deeper Learning Initiative）中花了大量的时间来探索这类问题；建议你熟悉一下这个项目，了解更多关于 4C 在学生活动中呈现的样子（http://www.hewlett.org/programs/education-program/deeper-learning）。为了让这个方法更具体一点，我们想分享一个罗恩·伯杰（Ron Berger）经常引用的例子：罗恩·伯杰是"远征学习"（Expeditionary Learning）的项目总监以及《卓越精神：与学生建立工匠精神文化》（*An Ethic of Excellence: Building a Culture* of Craftmanship with Students）的作者（也是"深度学习计划"的重要领导者）。他在学生工艺的重要性以及创造一种支持"工匠精神"理念的学校文化方面所做的工作深受欢迎，而且与任何关于教学和4C的讨论直接相关。他经常分享一个叫作"奥斯汀的蝴蝶"（Austin's Butterfly）的案例，以此说明学生活动的质量对我们理解高质量教学的重要性。在这一案例中，奥斯汀的一年级课堂任务是完成蝴蝶这一单元的任务（见图6.1）。作为最终任务，学生被要求完成画蝴蝶的任务，提供一张照片（作业照片）作为指导。奥斯汀的草图（1稿—5稿）每一个阶段的任务都被他的同伴审阅过。奥斯汀的同伴经过小组的五次会谈，将他的草稿与照片比对，然后告诉他应该如何改进。注意这些草稿是如何变得越来越细致——触须、翅膀上的顶尖、蝴蝶的比例以及它独特的标记——最终形成了一幅非常美丽的作品。

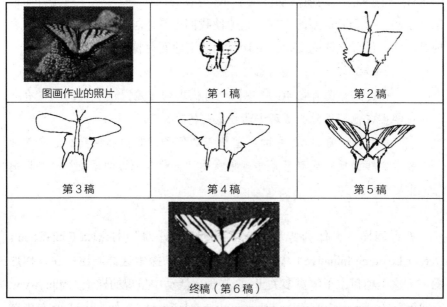

来源：这个作品来自爱达荷州博伊西安塞尔远景学校——"远征学习"项目校。奥斯汀完成这个项目时是一年级学生。罗恩·伯杰在这个工作完成的过程中设置了批判性讨论，由其他的一年级学生参与进来进行批判性讨论（友好、具体和有益的讨论）。经授权使用。

图6.1 奥斯汀的蝴蝶

当伯杰介绍这个终稿时，他强调了奥斯汀与同伴合作的过程和交流，帮助奥斯汀创作出如此惊艳的最终画作。伯杰指出，如果你只是单纯地看奥斯汀的终稿（第6稿），就会忽略教学场景中具有重要意义的东西。这可能会导致你作出天赋儿童作品这样的设想。然而，如果你查看奥斯汀在这个任务中的整个作品集，就很清楚他只是非常普通的一年级学生。终稿中一流的品质是高效学习环境的结果——运用了一系列有意发展和周密实施的教学策略，并由经验丰富的教师引导。

此类案例如何帮助教师就教学法中的4C进行对话呢？我们建议组织一个或者多个围绕4C学生活动分享与讨论的专业发展会议。要求教师至少提供一个能够说明掌握4C某一方面的学生活动案例，然后围绕每个案例开展小范围或者大范围的集体讨论，考虑如下几个问题：

- 学生的活动能否说明其至少掌握了4C其中的一个方面？为什么？
- 如果在一项学生活动中普遍认可了4C的存在，那么是什么教学活动的出现支持了这一结果？
- 什么样附加的教学策略有可能提升特定的学生活动？为什么？
- 4C中学生活动的案例有没有共性？如果有，会是什么？
- 分享的这些学生案例有没有显著差异？

通过分享和讨论实际的学生活动让教师参与到教学讨论中，这是在实践中解决4C问题有力途径。各种各样学生的案例会不可避免地被分享，这本身对老师来说就是一个有益的提醒，即21世纪的教育没有"一刀切"的方法。而且，也许最有帮助的是，教师之间这样的经验分享有助于形成协作性的专业学习，从而产生伯杰所说的"卓越精神"，也支持了教学实践和学生成绩的真正提升。

○ 将 4C 教学法划分优先次序

一旦与教师对"4C 学生活动是什么"达成（最好是"更清晰的"）共识，那就更容易讨论什么教学策略最能够产生如此的效果。

在看到的几个模式中，我们认为理解性教学（一种基于 UbD 原则的实施方法）为这种教学实践提供了全面的架构。如果实施进展顺利，它会包含一系列的技术，包括直接教学和跨学科以及探究式教学设计和实践。格兰特·威金斯和杰伊·麦克泰格在《基于理解的教学设计》中描述了一系列的促进学生理解的教学策略（或者，用我们的话说，我们称之为 4C 学生学习结果）；其中有几个对理解性教学最有帮助的观点包括以下几点（233—242）：

- 教材不是教学大纲，而是资源。
- 特定的教学策略要根据教学当下的目的来确定；换句话说，理解性教学并不是不要讲课或者直接教学。例如：他们建议有以下几种方法：
    - 当学生需要通过观察、聆听和回答来掌握基本信息时使用讲授法或者直接教学；
    - 当学生需要建构、检验和拓展概念时使用建构性（基于探究的）方法；
    - 当学生需要提炼技能以及加深理解时使用教练法（反馈和指导性操练）。

理解性教学是一个极为深入和广泛的话题，其中的细节远远超出了本章的重点。但是我们希望能分享该主题的另外一些资源的看法。在琳达·达林-哈蒙德（Linda Darling-Hammond）的《高效学习：我们所知道的理解性教学》(Powerful Learning: What We Know About Teaching for Understanding) 一书中，她从研究的角度说明了什么样促进学生深入理解的教学是有效的，她提出的一些有助于 4C 教学方法的建议，包括以下几点：

- 使用精心设计的合作活动，其中角色明确，学生对彼此负责。
- 使用探究性课程设计和教学实践。达林-哈蒙德划分了三种主要范畴：
  - 项目式学习：学生完成负责任务并用产品或者表现形式展示最终结果；重点是培养学生的表现能力以此帮助学生将知识和技能运用到新的环境中。
  - 问题式学习：学生遇到"好的"问题，即实际而又复杂的问题；重点是有效提问、问题识别及分析。这种方式也被称作"挑战式学习"。
  - 设计型学习：学生（一般是在科学课中）使用技术知识和系统思考，设计和创建一个对象或者手工制品；重点是创造、原型设计以及改进，就像在机器人竞赛和建筑项目中一样。

每一种方法都非常值得你、领导团队以及教师去研究。图 6.2 中还有另外一些模式，都是我们所了解的学区领导者在 4C 教学法中使用过的。

当我们到库克小学（一所在弗吉尼亚海滩市的公立学校中名为"第一名"的小学）进行走访学习的时候，看到了这些教学策略被运用到了实践中的活动。校长芭芭拉·塞色姆斯（Barbara Sessoms）设计了该校的课程，支持教师通过使用科斯塔思维习惯（Costa's Habits of Mind）和雷斯尼克的责任制谈话（Resnick's Accountable Talk）为中心的教学策略理解教学理念。我们看到在参观的每个课堂中都在使用这些方法。最令人印象深刻的一件事是，很难区分课堂是以特殊需要的学生为主的，还是以主流学生为主的。以下是我们在那天看到的一些典型案例，在该案例中，我们展示了一节三年级英语语言艺术课：

模 式	描 述	与 4C 教学的关系
思维习惯 （www.instituteforhabitsofmind.com）	科斯塔（Costa）艺术理念关注学生的特质，如元认知、毅力、沟通能力以及灵活性及创造性思维，以及其他。	思维习惯的架构、概念、实施资源都直接有助于4C的教与学。有更多针对领导者和学习者的资源。
责任制谈话 （http://ifl.lrdc.pitt.edu/ifl）	由匹兹堡大学的劳伦·雷斯尼克（Lauren Resnick）开发，责任制谈话是由教师运用一系列策略，帮助学生梳理对问题的反馈，阐释信息并突破僵化知识。	强调积极聆听、合作对话和反思，帮助教师深化学生的批判性思维、沟通能力以及合作能力。
AVID （www.avid.org/index.html）	AVID，即"个人意志决定进步表现"项目。这是高等院校准备制度的基本内容，目的是改进学生在学校的学习和表现。这套课程针对能够胜任更严谨工作的普通学生。	AVID 模式是一种包含整套课程的综合性模式，关注写作、探究、合作和阅读在 4C 教学法中的优化组合。
成为作家（Being a Writer） （www.devstu.org/being-a-writer）	"成为作家"项目为 K-6 儿童提供一年的写作课程，将 20 年写作、动机和学习方面的研究与社会和道德发展成结合。	这个项目对 4C 中 K-6 儿童的教学策略感兴趣的领导者很有帮助。
真实智力活动 （Authentic Intellectual Work） （http://centerforaiw.com）	"真实智力活动"（AIW）支持教师将教学时间花在深层理解上，而不是对教材进行肤浅的报道。该项目提出一个关于学生智力性活动的共同概念，提升专业共同体，并使学生能胜任复杂的智力性挑战工作、进行公民参与以及在当前社会处理个人事务。	AIW 资源包括评量表、检查表以及帮助教师进行计划和真实的、基于绩效的教学评估标准。致力于为学生作业评分的 AIW 资源特别严谨细致。

图 6.2　学校和 / 或学区实施附加模式

　　学生两两分组走到教室一角的地毯上，教师坐在椅子上，面对学生。教师给学生展示一本书，并给他们描述了这本书的封面。她并没有给他们阅读这本书（后面会读）。然后她提问学生有关这一天主题的关键性问题，如"文学体裁"："根据目前你所听到和看到的，你认为这本书是虚构的还是非虚构的？"然后她指导学生使用论据支持他们的观点并带着理解进行倾听："记住，面对面，膝盖对膝盖！"（带着理解的目的进行倾听是"科斯塔思维习惯"的关键。）跟着提示，每个学生面向他们的伙伴，膝盖对着膝盖，他们可以直接进行眼神交流。一个学生会先陈述他或她关于书的体裁的观点，其他学生认真听但是不打断别人的发言，可通过点头及保持眼神交流。（保持眼神交流及认真倾听是责任制谈话策略的关键要素。）第一个学生讲完，他或她的同伴用以下方式回应："我听了你所讲的内容"（该学生会重复他或她听到的），然后该学生会对第一个学生的分析表达同意或者不同意，接下来第一个学生会接着回应，同意或不同意他或她同伴的观点。教师给学生约十分钟进行责任制方式的交谈，然后让每对学生分享他们在这次讨论中学到的东西。继而读这本书（这本书不是虚构的），并让小组讨论为什么不是小说，有什么其他附加元素支持这个结论。学生完全投入进去，举手提问一些很有见解的问题。到这节课结束，他们不仅展示了虚构的和非虚构的不同，而且已经开始讨论作者的真实性和可信度的问题了！

这种方法在我们参观的学校里不论课上还是课下都在反复使用。在每个我们走进去的教室，都能看到同样的教师学生参与关键性思想，使用责任制谈话教学策略。塞色姆斯校长对我们如此赞叹有点惊讶。我们问她如何做到让教师持续不断地相信并参与进来，她只是耸耸肩，然后说："这只是库克小学教师普通的教学方法，并没有进行什么革新。只是一种好的教学方法，我们的教师都看到这对孩子们非常有效。就这些，真的。"说得真好。

○ 加强 4C 学习环境建设

你可能已经认识到什么样改变是你最需要用来支持教师在 21 世纪的教学实践的了。如果要确定在哪里采取行动以及如何为你的行动排列优先顺序，以下的建议值得考虑：

行动步骤：在学院的学习走访

假设你的教师已经对 4C 在学生工作和教学中的见解达成共识，而且你已经将教学环境中的障碍消除了，实现了在学校或学区生活中的 4C 教学，教师仍然需要知道如何反思他们的教学实践，提炼精华，开发掌握 4C 教学法的清晰路径。作为教育领导者，你必须帮助他们建立这样的路径，为教师提供及时有效的反馈是这个过程中的关键一步。

走访课堂是支持教师和 4C 教学常用的方法，这些走访不是用于合规练习或绩效评估，而是用于报告整个学校或学区的专业学习。在支持教师的时候，同伴和管理者可以非常有效地提供关于 4C 教学的相关反馈。理查德·埃尔摩（Richard Elmore）在这一领域备受推崇的工作详见于他的书《教育中的教学"查房"：提高教学和学习的网络方法》(*Instructional Rounds in Education:A Network Approach to Improving Teaching and Learning*)。作者开始的基本前提是，如果想改善学生学习，必须改进教学。他们特别推荐使用"教学巡访"（一种仿效医学院使用的医疗查房的技术），教育领导团队参观课堂，对他们所看到的进行反思不做任何判断；以便更好地理解老师和学生之间的互动实际发生了什么。这种方法中，重点必须放在教学，而不是教师身上。这是一种"观察性学习"，以改善教师在 4C 等活动中获得支持的方式。

"教学巡访"或走访学习作为学校或学区能力建设的一部分，许多著名教育研究人员也进行了阐述，包括如下：

伊丽莎白·希缇（Elizabeth A. City），理查德·埃尔摩（Richard F. Elmore），莎拉·法曼（Sarah E. Fiarman）和李·泰特尔（Lee Teitel）的

《教育中的教学巡访：提高教学和学习的网络方法》（2009），关注什么是优质教学以及教学研讨作为对它的支持所发挥的作用。

劳伦·雷斯尼克，来自匹兹堡大学学习学院，已经对走访学习研究了很多年。她以走访学习为中心的方法成为了自我评价和学校提升的工具。（http://ifl.lrdc.pitt.edu/ifl）

卡罗琳·唐尼（Carolyn J. Downey），圣地亚哥州立大学教育学院教育领导力专业的荣誉教授，也是课堂巡查研究领域的领袖。他的书《三分钟课堂巡查》（The Three-Minute Classroom Walk-Through）是对教师支持的课堂访问中常常被引用的资源（www.corwin.com/books/Book225980）。

罗伯特·马扎诺开发了一个基于研究的课堂走访准则作为他教学架构的艺术和科学的一部分。（www.iobservation.com）

托尼·瓦格纳也强调了走访学习是全面变革领导力策略中的一部分，强调与教师的支持性关系（45）。

在每一个课程中，最重要的都是通过信息反馈来支持教师的能力，而不是强制执行严格的合规文化（compliance culture）。这些教育研讨或者教学走访，必须本着与教师合作的精神，而不是在绩效考核的背景下进行。当走访学习成为鼓励教师成长和自我学习的方式后，这些就成为支持教师掌握4C教学的宝贵方法。

行动步骤：建立教学指导地位

保持教师持续参与专业学习是教育领导者要考虑的另一个重要问题。不知道有多少次听到管理者跟我们说，教师一旦在教学和学生成绩方面表现优异，接下来就会从教室里被调出来，去做行政领导，如成为校长、设计课程或者管理专业教学改革。虽然有些教师渴望这种方式，但是许多优秀的教师实际上更倾向于让他们离开课堂休息一下，过一段时间后再回到课堂上。当然成为管理者是非常可贵又令人敬仰的教育职业路径，而且这些位置也一直需要优秀的教育者来填补，所以请不要误解我们的意思。然而，作为教育领导者，你要考虑教师是否有多样化的职业道路选择，以及是否教师的选择局限于要么进行课堂教学，要么做管理者，而在这两者之间并无其他选择。

在弗吉尼亚州夏洛茨维尔（Charlottesville）的阿尔比马尔乡村公立学校，预算的削减迫使校长帕姆·莫兰的团队重新配置了他们所有的教学教练（instructional coaching）岗位。在此之前，学区的每个学校都被安排了一名中心行政人员作为教学教练；这些教练负责支持教师使用技术以及进行全面教学改进。事实上，这些教练已经深入到群体中，已经成为在当地领导和教师的指引下，关注技术整合需求的"热点人物"。对在课堂上进行技术整合"习得性无助"的教师来说，教练基本上已经成为高级的"地鼠"。由教练执行的日常任务包括编辑PPT和处理数字投影仪。由于超出预算需要，这些岗位被取消了，但是在这一过程中创建了新的系统。在重新配置的系统中，"21世纪技能教练"由这个学区的教师轮流担任，其中一些最有能力的教师都在竞聘这一岗位，这就使其变得非常有竞争力。每年的每个教练都是从"21世纪技能教练"中选出，然后分配到不同的学校，最长为期三年，三年以后教练回到自己的班级上重新做回教师。教师们对这一制度充满热情，因为它提供了一种创新的行政职业道路选择，允许他们发展与跨学区的关系，拓展他们教与学的知识。很显然，当这些教练到达所指定的学校时，他们没有一系列特定的工作，唯一的要求是将他们自己融入到学校文化中（每一个学校的文化都是独特的，因而缺乏明确的指导），同时帮助教师将21世纪学习融入到日常实践中去。校长莫兰认为这是绝对的成功。轮流上岗意味着教练要不断地在新的多样化的环境中精炼他们的方法；每年，教学教练都会收到来自他们所帮助的教师更多积极的反馈。这一项目不仅为莫兰校长关于专业学习的21世纪愿景提供了独有的支持，也帮助学区节省了很多经费。

为喜欢教学的教师提供这样成长机会的重要性再怎么强调都不为过，通过临时指派教师走出教室轮流上岗对4C工作很有帮助——例如，21世纪技能教练、共同体和商业伙伴、实习教师、PLC设计与支持——都是很值得考虑的。

行动步骤：让教师评价有意义

为教师提供有意义的反馈是我们所推荐的另一个行动步骤。在科罗拉多州丹佛市的奥德赛学校（远征学习学校），学校的主任马西娅·富尔顿（Marcia Fulton）启用了一种评价教师绩效的创新方法。在她创建新的体系时，有两个关键因素影响了她的决定：第一，她意识到，如果教师要适应增强学生 21 世纪学习效果的做法，她——作为学校的领导者——需要创建与教师同样的学习文化模式。第二，科罗拉多 SB191 方案在 2014 年实施，要求学生成绩在教师评价中占比 50%。富尔顿非常重视于这一目标的实现，她奖励符合 21 世纪目标的优质教学。

作为回应，富尔顿和一些远征学习项目的同事及学校设计者每个月会谈几次，设计教师评价架构，强化 21 世纪教育愿景。他们研究了全美的前沿实践，思考远征学习的核心实践，并创建了一种方法，然后在每所学校进行定制。在实现了新的架构后，富尔顿所做的第一件事情就是开发了一个在线评估工具，这样教师可以在整个评价过程中与她合作。富尔顿意识到如果要求她的教师使用绩效评估技术评价学生，她也需要对教师使用同样的技术。因此，在线评估体系被设计用来收集和存储教师的各种数据，具体包括富尔顿从课堂走访中的观察内容、富尔顿基于评价标准的反馈、教师评价，以及教师提供的证明，如教学计划。富尔顿使用该系统在对教师提供持续的反馈，这也是她识别"大师级"教师的主要途径，要求这些教师在他们的 PLC 中担任领导角色，以改善 21 世纪的教学和学习实践。

富尔顿的方法非常有效，因为她注重建立一种"把教师当作学习者对待"的评价体系，即教师经历的与要求教师教给学生的正是同样的结构和过程。这就让教师——大多数教师在上学的时候没有体验过这种学习环境——能够把他们的经验传递给学生，这既改变了教师的经验，也改变了学生的经验。

行动步骤：为教师提供适当的基础设施

我们在这里要特别讨论一下技术。我们在教育与科技交互的情境下工作已经有十几年了，对科技改变教育面貌的能力印象深刻。这样说似乎违反我们的直觉，但是我们要非常清楚一点：4C 教学策略并不需要技术。学生可以学会批判性思维、沟通、合作及创新，甚至不需要使用任何一门技术。人们对 21 世纪技能最大的误解就是认为这些都与技术有关，非常肯定地说，并非如此。

然而，教学技术只要与你的总体目标相一致，它就会非常有帮助。我们鼓励你通过两件关键的事情，考虑教学技术如何能够最大程度地辅助你 21 世纪的教育。

- 确保教学技术与你的 4C 工作保持一致，并提升其价值。
- 根据教学技术和 4C 的投资回报率（ROI），用明确的方法确定什么是有效的，什么无效的。

根据以上观点，我们认为有三种技术会很有帮助，相信值得投入，因为它们能够为 4C 教学提供非常宝贵的支持。

- **合作技术**：评价教师是否有足够的技术工具促进学生的合作。基于探究性小组工作的设计和规划是非常困难和耗时的，适当的技术工具可以简化一些任务（安排及监控小组工作），将教师解放出来，让他们更多关注设计和促进更好的学生合作。当然，这些技术也有其他重要作用：可以让学生更多参与到合作学习中。异步沟通、文件共享及思维导图/构思工具可以让学生有机会接触、分享和互相学习，这也是一种反映他们在校外数字化生活的方式。
- **数字档案袋及评价工具**：考虑数字档案袋技术是否会对你的教师和学生有益。这些工具为教师和学生提供了强大的方式来建立、处理、评价和完善他们在数字工作中的档案袋。我们所见过的对档案袋的最佳使用方法，是允许学生在教师提供一定程度的帮助下收集他们最好的工作并组织起来，加上评语和上下文，选择性地与他人分享。因为档案袋是数字的、便携的、并容易长久保存的，学生在几年内，而不是一节课或一个学期，都可以对自己的课程学习进展进行深入了解，这就让教师通过教会学生反思、管理、策划，以及展示他们最好的工作，从而让他们"拥有"自己的学习。

- **数字内容管理**：技术工具可以帮助教师访问、创建、组织、分配和跟踪数字资源，通常称为学习管理或课程管理系统。最具创新精神的教育工作者总是从各种各样的资源中混合和匹配资源：教材、自主创建的模块、区域发布的资源、视频、免费和付费网站、学生创建的项目等。管理这样一系列广泛的项目，为学生提供一系列连贯的任务，一个单元接一个单元，一年又一年，使用随机混合的在线管理工具，即使对最有精力和最投入的教师来说也是非常耗费时间的。例如，我们知道教师在线保留着书签、在硬盘里有视频，以及在维基上有课程计划，当4C被整合到核心学术科目的情况下，就会特别让人烦恼，因为4C导向的教学往往是高度定制的。用技术方法会让教师减少管理和创造性工作的负担，允许教师在单一管理界面/环境下与学生群体或小组进行无限组合，将数字内容进行再组合与再利用，这就是支持你引领教师的强有力的方式。

除了技术之外，我们还建议评估你的学校和学区的物理基础设施需求。有没有充足的物理空间提供给教师合作，以及学生需要几周完成项目小组工作？当我们谈到探究式项目，一位我们认识的科学课教师表示赞赏。但他很快指出，很多教师——也包括他——在与其他教育者共用的教室里上课，他不能将项目资料留在实验室，因为上完课后还有其他教师要用实验室。

我们访问了图森市中学，他们的4C经常会与核心学术课程完全整合，然而校长对学校缺乏稳定的互联网接入非常不满。有的教师很喜欢将技术工具融入教学，但一周至少有三次网络会出故障，校长指出当基础技术设施都指望不上的时候，让她最好的教师将精力花费到这样的活动中是多么的困难。

将21世纪的教育愿景与支持教师的具体细节相匹配是非常重要的——甚至重要过系统中的其他合作伙伴，因为教师需要有合适的工具和适当的基础设施，这样当他们真正需要的时候能够用得上，否则课堂革新很难出现，你想尝试的文化变革也很难实现。教师有需要的工具和基础设施的支持，你与教师的合作也会更加成功。[有两个有关学校设计的有用的资源，可参考知识工程和美国建筑基金会（AFF）出版的《全国高峰论坛：学校设计报告》(*National Summit on School Design Report*)（http://ncef.org/pubs/nationalsummit.pdf），以及《P21学习环境白皮书》（http://p21.org/storage/documents/le_white_paper-1.pdf）。]

○ 结　语

我们希望帮助你加深在工作中对教师支持重要性的认识。教师应该是你工作中最有效的伙伴，作为教育领导者，你处在特定的位置，可以帮助他们明晰对4C在学生工作中的看法，建立如UbD这样的反向设计方法，并根据4C教学强化所有的学习环境。在我们看来，这是令人激动的一步，因为你可以让教师真正地参与到这个工作中，对你学校或学区的所有学生来说，4C将会成为一种有形的常规学习元素。

○ 反　思

为支持教师的4C教学，请思考如下问题：

- 我们的系统是真正根据4C设置的吗？
- 教师有适当的专业学习机会来支持指导他们的4C教学吗？

- 我们允许教师在备课和教学中有足够的自主性吗？例如，我们支持教师在教学实践中灵活自主地尝试吗？我们鼓励教师运用他们最好的判断力并从失败中学习吗？或者教师会因为有些事情没有效果而受惩罚吗？
- 我们是否给予教师足够的弹性时间进行教学和计划？例如，主计划表能为横向和纵向教师团队提供一般的规划时间吗？专家是否有策略地利用这种时间/空间让专业学习团体茁壮成长？教师能创建横跨几个星期教学时间的基于项目的课程吗？
- 教师有适当的物理空间进行合作性学生项目吗？
- 关于学校物理空间的设计决策是否考虑了4C教学？
- 教师有机会接触校外有意义的教育合作伙伴吗？例如，这些教师是否有机会通过与博物馆、校外项目、企业和/或其他非正式学习伙伴的合作拓展学生教学？
- 教师是否有机会用教育科技手段提升4C学生学习效果？

练 习

4C 和教师	反 思	下一步
批判性思维能力	使用什么样的批判性思维方法会影响你对教师的支持？	
沟通能力	会/应该如何与你的教师沟通你考虑的支持系统？	
合作能力	如何与你的教师队伍接触，共同创造需要的支持来完成你的21世纪教育愿景？	
创新能力	对教师的支持如何能在教学法上激发其创新能力和创新能力？	

参考文献

Blanding, Michael. "Treating the 'Instructional Core': Education Rounds." Harvard Graduate School of Education. http://www.gse.harvard.edu/news-impact/2009/05/treating-the-instructional-core-education-rounds.

City, Elizabeth A., Richard F. Elmore, Sarah E. Fiarman, and Lee Teitel. *Instructional Rounds in Education: A Network Approach to Improving Teaching and Learning.* Cambridge: Harvard Education Press, 2009.

Darling-Hammond, Linda, et al. *Powerful Learning: What We Know About Teaching for Understanding.* San Francisco: Jossey-Bass, 2008.

"Grading the Teachers: Value-Added Analysis." *Los Angeles Times.* http://www.latimes.com/news/local/teachers-investigation.

Partnership for 21st Century Skills. *21st Century Learning.* Web. Jan. 2012. http://p21.org/storage/documents/le_white_paper-1.pdf

Pink, Daniel. *Drive: The Surprising Truth About What Motivates Us.* New York: Riverhead, 2009.

Sparks, Sarah D. "Study Leads to End of New York City Merit-Pay Program." *Education Week.* http://blogs.edweek.org/edweek/inside-school-research/2011/07/a_new_study_by_the.html.

Tyack, David, and Larry Cuban. *Tinkering toward Utopia: A Century of Public School Reform.* Cambridge: Harvard University Press, 1995.

Wagner, Tony, and Robert Kegan. *Change Leadership.* San Francisco: Jossey-Bass, 2006.

"Why We Must Fire Bad Teachers." *The Daily Beast.* http://www.newsweek.com/2010/03/05/why-we-must-fire-bad-teachers.html.

Wiggins, Grant P., and Jay McTighe. *Understanding by Design.* Upper Saddle River, NJ: Pearson/Merrill Prentice Hall, 2006.

步骤 7　改进与创新

> **聚焦 4C**
>
> 以下是关于 4C 在步骤 7 中是如何操作的：
>
> - 批判性思维能力：需要批判性思维来推进持续改进过程和解决方案，使 4C 有效地融入到教学、学习中，以及学校或地区组织的运作中。
> - 沟通能力：领导者必须进行有效沟通，为课堂、专业学习共同体及其领导团队建立持续改进文化的需求模式。
> - 合作能力：持续提升不应是针对孤立的学生、教师和管理者的策略，而应在专业学习共同体的情境下发展。
> - 创造与创新能力：持续改进只会在接纳创造性实验的环境中茁壮成长，并有效发挥作用，在这个环境中，打破常规（out-of-the-box）的想法会受到重视和考验。

○ 创建"步骤7"组织

跟我们一样，进行到步骤7你可能也很激动。不知为何，到达某件事的终点总是让人感觉很好的。但是在21世纪，终点永远不会是结束，而是下一个阶段的开始。这七个步骤也一样，目标不会让它们终结，而是让它们越来越好。

这是一个很好的现实检验。你到达步骤7很开心，是不是因为你几乎快完成了？或者你到达步骤7很开心，是不是因为可以回顾并开始完善其他步骤——实际上是从头再来一遍？如果你仅仅是为了快完成了而开心，那你仍旧停留在20世纪；如果你的激动是在于作出长期展望，并对此项工作进行修改和完善，那么欢迎来到21世纪的教育。

步骤7可能是这本书中的最后一步，但也会带你回到旅程的开始。当到达步骤7，你会根据经历的循环过程来决定如何改进它。

卡塔利娜山麓学区显然是一个进行"步骤7"的学区。他们一到步骤7，就开始修改步骤1。在最初的设想中，他们确定了12位学生的学习成果，但是经过七年的努力，以及根据教育者和利益相关者的大量反馈，他们细化了七个成果列表。这就是工作的持续改进！他们的改进模式在步骤1里有展示。

在我们看来，你需要立志形成一个团队，持续尝试改进你过去及现在的工作。满足于过去的成功很难产生长时间的持续性改进，不断追求卓越才是21世纪真正高效的组织的标志——"步骤7"组织。

在过去的20年里，私营部门已经用不同方法在持续改进，其中很多你们中的很多人都很熟悉，也研究过这些过程，你应该在步骤7中借鉴这些专业知识。

我们有幸见证了很多一手的持续改进的例子，尤其是在高科技领域。在1993年，作为在华盛顿特区计算机产业工作的一部分，肯访问了伊利诺伊州香槟-厄巴纳的国家超级计算机应用中心（NCSA）。在这几天的参观过程中，肯特别关注了互联网及其对研究的影响。研究者论证了全世界的项目是如何根据他们记忆的算法来接入和使用互联网的，但这些研究用具不适用于一般的"非技术人员"。

参观的高潮部分是肯遇上了三个本科生，他们正在从事各种的研究项目，其中一个展示了一项他正在做的小实验，他们尝试是否能用创建互联网接入的复杂算法，由简单的鼠标"点击"一下来取代。他展示了他的方法，这些"非技术人员"代表团很快理解了它的重要性。很明显，这是一项改变游戏规则的技术创新——互联网不必仅仅停留在信息技术研究人员的领域，非技术人员会将互联网用于多种目的，其中很多目的远远超出了研究人员的领域。

肯遇到的本科生正好就是马克·安德森（Marc Andreessen，浏览器软件的最初开发者），他演示过"莫扎克"（Mosaic，全球最早可以显示图片的浏览器）。第二年，他创建了网景公司，该公司极大地改进和普及了万维网（web）浏览器。

安德森曾经问过一个相当简单的问题："我能否使用更简单和更有效的界面取代目前的互联网算法，这样更多的非研究人员也可以更广泛地使用呢？"安德森关注如何能改进互联网，从根本上让更广泛的受众更容易接触到它，后来他在一个私营部门继续完善和改进这一想法。老实说，他的相当"简单的"改进对我们所有人的生活产生了极大影响。

我们明白，使用简化及改进的案例并不总是受到教育部门的欢迎。我们相信，关于持续改进，私营部门为教育者提供了大量的非常有价值的案例和模式。在企业领域，这些处理方法有各种各样的名称：全面质量管理、六西格玛、精益制造、持续改进、生产力及过程改进。

一些将这些商业概念移植到 K-12 儿童教育中的尝试曾经十分成功。例如，备受推崇的波多里奇奖现在也颁给教育界，很多学区都在追求波多里奇奖的卓越绩效计划（www.nist.gov/baldrige）。几乎在每一个州，你现在都能发现有一个学区参评或者获得了波多里奇奖。这些学区的领导者对于你来说可能是很好的信息或者咨询来源；也可以考虑让学区已经退休但是经历过这些过程的领导参与进来。

另外，布罗德基金会曾奖励不懈追求不断提升学生成绩的实习生（参见 www.broadfoundation.org）。广泛的获奖者是"高绩效组织"学区的优秀榜样。此外，美国生产力和质量中心（APQC），其关注商业部门的生产力和质量，曾经创建了一个名为"北极星计划"的项目（http://www.apqceducation.org/what-we-do/north-star-vision.html），它旨在将过程改进的原则引入学区。APQC 也有着良好的记录。教育部门的这些项目通常侧重于学区流程，如维护和修改计划、总进度安排、食品服务及运输服务。少数专注于学术策略，如毕业率及开办网络学院的流程。

作为教育领导者，你最重要的任务之一是利用持续改进策略，以支持你 21 世纪的教育愿景，利用步骤 7 的力量，充分实现你在步骤 1 和步骤 2 设计的愿景。

推荐阅读

当考虑到持续改进时，我们推荐下面几本书，帮助你为持续变革和创新构建宽松的环境。虽然这些文本并没有特别关注持续改进本身，但是我们认为它们为所有领导者在设想这一工作中提供了有益的见解。

- 弥尔顿·陈（Milton Chen）：《教育国度》（Education Nation）
- 克莱顿·克里斯坦森（Clayton Christensen）：《扰乱课堂》（Disrupting Class）
- 迈克尔·富兰（Michael Fullan）：《一切就绪》（All Systems Go）
- 赵勇（Yong Zhao）：《追赶还是领先：全球化时代的美国教育》（Catching Up or Leading the Way: American Education in the Age of Globalization）

○ 创建支持持续改进的文化

在关注实质性持续改进之前，你需要一个支持它的文化。当你走进"步骤7"中的学校或学区，你得到的"感受"非常明显，只是看起来有所不同而已。对我们来说，有一种合作和兴奋的活力，这就代表着一种改进的文化。

我们曾经在新技术网络（NTN）学校的教室里见过这种活力。在每一所访问过的NTN学校，我们都注意到，在走廊里或者网络咖啡屋里，教师正讨论他们最近的项目，互相询问如何能让学生更多地参与到工作中来，以及怎样才能更加符合NTN的模式。这种团队合作在新技术的教师团队工作非常普遍，所以，看到学生主动参与有挑战性的工作就不足为奇了。

走进圣地亚哥的高科技高中（High Tech High），这种感觉也是很明显的。行政人员和教师创建了贯穿全校的合作及实验文化。学术总监本·达利（Ben Daley）将他们在创建持续改进文化方面的成功归功于使用了严格的规程。他们采用一些方法用来指导围绕特定问题的工作，例如最受欢迎的包括"困境咨询"规程、"项目优化"规程和"看着学生学习"规程。有些规程需要协调人在互动中关注建设性意见和潜在的改进。这些规程有助于消除对话的个性等，这样参与者就可以专注于改进。这种规范被称为"对内容严格，对人们宽容"，"要善良，要帮助人，要具体"，以及"同呼吸，共命运（或向前一步，后退一步）"。我们很喜欢他们用来描述其持续工作的流行说法："每个人都会做得更好。"

每个规程将40分钟的时间分成六个部分，包括达利（Daley）考虑的非常重要的最后五分钟的"汇报"。达利解释道，这些规范和战术规程在创建以改进为导向的讨论中至关重要。教师和行政人员已经开始通过规程有效引领教育者团队，而且这些也使得持续改进文化成为可能。其中一个规程可以参见附录13。

最近在我们访问的一个学区的教育工作者会议上，我们强调为改进相关讨论制定坚实基本规则的重要性。该学区的 21 世纪教练们担心批判性思维策略在学区的小学中会得不到均衡实施，他们不愿在定期召开的领导层会议上提出这个问题，担心会破坏与那些陷入困境的学校校长的关系。在教练们的允许下，我们询问了相关的校长，其中一名校长立即建议与教练召开小组会议，回顾每人最近的进展，分享最佳的实践。这位校长拥有持续改进的观念，表明有一种健康的文化氛围在支持持续改进。然而，虽然校长们的反应和改进建议令我们印象深刻，但教学教练的不情愿还是有问题的。我们在高科技高中见到的规程，可能会帮助这个学区的教练们建立一个更具建设性的、不具威胁性的平台，来发起这种微妙的对话。

这个学区同样在批判性思维工作中经历了另一个挑战。21 世纪技能教练们被分配到该学区，帮助其提升批判性思维相关的教学法。但是在这工作进行了一年以后，他们发现，他们在与他关注另一些方面［如数学和国际文凭（I.B.）］的其他教练"竞争"。在某些情况下教练们会争抢校长、部门主管和/或教师的注意力和时间。在其他情况下，通常是在意识不到的情况下——他们在互相削减彼此的努力。

在一定程度上，他们最终认识到这样孤立的工作没有意义，于是他们召开了所有教练参加的集体会议。他们基于单一主题（"21 世纪学习者实施标准"）一起组织了各个方面的工作。这对所有的教练都有帮助——不论他们是关注 I.B.、科学探究还是批判性思维——一起工作完成统一的目标。他们能更有效地合作，并创设了一个共同的术语表，以此来评估长期的集体进展。

这些关于学区进程的对话是非常重要的，但建立一个教师改进思维倾向的环境也是非常关键的。其中一个指标是教育工作者如何对新的思想作出反应。这里提供一个案例供大家参考。我们都生活在亚利桑那州的图森市，那里 2011 年 1 月 8 日发生了悲惨的枪击惨案，引起了很多像我们这类人对政治话语中文明问题的关注。我们启动了一个项目，让城市和乡村的学生可以关注政治竞选背景下的文明。学生会制定文明礼仪的标准，对他们在辩论中、电视广告中以及其他政治事件中见到的文明话语进行排名。然后学生可以写文章,将结果发布在网络上,并鼓励进一步的社区对话的文明活动。当我们与全国的教育领导者分享这一想法时,大多数人的反应都很积极。然而也有一些人指出,他们所在地区的教师会对这样的发展前景不堪重负,除非得到授权,否则很可能会被立即撤掉。

你认为你的教师对这样一个新的提案会有什么反应?他们会以开放的心态考虑呢,还是会观望是否需要他们参与?他们会愿意组成小组对这个提案集思广益呢,还是不理会并希望它能消失?这些问题的答案可能会让你知道你的学校或学区距离"步骤7"文化还有多远,以及向这个方向前进的障碍是什么。在某些情况下,这可能只是对改变单纯的抵制;然而,就我们的经验来看,这些障碍与环境因素有很大关系,如缺乏共同的规划时间或缺乏有效的专业发展。

那么,考虑一下你会怎样支持教师在学生中培养改进的观念。肯喜欢讲他小儿子布兰顿(Braden,现在在读研究生)的故事,他在三年级时接受了一项有趣的任务,老师告诉他回家里找一些他能改进的事情,他像个小厨师一样,专注于他无法在厨房里轻松使用厨具的问题。他也注意到他的祖母,因为患有严重的关节炎,使用厨具也很困难。因此布兰顿到车库里从他的自行车上取下了车把。他用腻子灌满车把,一头插了一个蔬菜削皮器,另一头插了一把小刀。他发现这样他和祖母用厨具都容易多了。他把他做的厨具带到学校,结果老师说他的发明不是很有创造性的改进,这令他很失望。

大概一年以后,肯购物时看到第一套由 OXO 销售的厨具,正是使用了布兰顿的超握柄设计,包括蔬菜削皮器、削皮刀以及比萨刀。很显然,布兰顿对厨具的想法是一项非常重大的创新,这是一个微妙而简单的解决方案,更像马克·安德森用的"点击鼠标"来革命性接入互联网一样。布兰顿的直觉让他发现了对厨房用具"有价值的"改进,已经为至今仍然强劲的产品市场所证明。然而,最重要的是,那位老师已经让布兰顿对真正的创新产生了挫败感,布兰顿回忆说,这件事影响了他很多年。

学生不会在真空中培养进步的心态。他们需要一种氛围,在这种氛围中这些想法才会得到培养和鼓励。对教师来说也是一样，作为领导者，你在创造改进文化中的作用极为重要。

在你一心想持续改进时，不要忘记学生的想法，他们是你持续改进文化的重要因素。当你在改进中产生了一些想法，你和你的教师可以通过学生来测试，你的学生自己能够设计出改进的主要元素。

你、教师们以及你的领导团队需要不断从学生的角度看问题。他们觉得自己是持续改进文化的一部分吗？在步骤 2，我们描述了学生拓展的重要性，在附录 10 中也介绍了学生的拓展工具箱。在这种情况下，我们建议借助它向学生宣传你 21 世纪的教育愿景，建议你在更广泛的情境下重新回顾一下工具箱（见附录 10）。思考学生的观点在你学校或地区的文化和组织中得到充分的体现了吗？学生有发言的一席之地吗？学生会被视为你持续改进文化的共同创造者吗？

○ 关注你在 4C 教学与学习方面的持续改进

一旦形成良好的文化氛围，你就可以把重点放到你想实现的事情的本质上——支持 4C。思考如何推广现有的持续改进活动来完成你的 4C 实施工作。在密苏里州斯普林菲尔德公立学区，教育领导者们一直在用持续改进过程加强他们的日常操作，如设施和运输。他们已经将持续改进方法拓展到了他们 21 世纪的教育工作中（关注批判性思维、沟通和合作）。斯普林菲尔德的领导者使用 APQC 的北极星项目模式，促进他们教学及学习转型工作的实施。项目组完成了 4 天的 APQC 的培训，通过北极星项目继续接受模拟指导。项目组已经设计并实施了流程图，在 2015—2016 年期间完善持续改进的范围和顺序。

建议将持续改进实践融入你的专业学习共同体规程。在我们看来，专业学习共同体的功能可以派上用场了。因为我们都在乡村游览过，已经注意到越来越多的学区开始使用专业学习共同体的概念了。当看到专业学习共同体已经作为真正转型的工具时，我们也备受鼓舞。在我们看来，这是专业学习共同体做的"正确的事",虽然不是所有学校或学区都这样做,但是这种趋势正在增强。

我们曾经与里奇·杜弗(Rich DuFour)合作,探讨如何最大程度地整合强大的专业学习共同体实践和21世纪的学习成果,将其作为指导学校和学区转型的一种方式。就像杜弗与我们分享的,关键要求就是"关注正确的事"。持续改进在让专业学习共同体的工作焦点更加明晰上发挥了作用。如果专业学习共同体仅仅关注核心学术学科的掌握,你对21世纪学生学习成果的愿景不可能会实现。思考如何建立结构、规程和对专业学习共同体的期望,既关注内容也关注21世纪的学习成果,然后你可能会用专业学习共同体根据指标和数据追踪他们的进展,用通用的指标评估是否成功,这样会帮助所有的教育者确定他们的学生是否掌握了4C。

设想一下这样的一个连续循环:

- 共同愿景
- 共享结果
- 共同衡量成功的标准
- 采取行动
- 衡量进展
- 反思进步
- 修正行动
- 重复以上

为了实现真正的发展,必须在专业学习共同体中展示一种"行动和改进的文化"。理想情况下,专业学习共同体可以提供改进建议,教师可以测试它们然后返回到专业学习共同体。专业学习共同体可以探讨成功和失败的方面,确定解决方案,然后重新走一次流程,不断完善有效的、对学生产生真正效果的解决方案。关注持续改进的专业学习共同体是你学校或学区创新的活力来源,具有为所有学生带来真正收获的潜力。

○ 将 4C 持续改进战略延伸到你组织的其他关键部分

持续改进在你学校或学区组织的其他很多方面也具有实际价值。这里有个建议：和你的领导团队坐下来，问他们以下问题：

> 如果我们在学校或学区只改进一个方面的组织化流程，就可以对学生在 4C 方面产生最大影响，那么会是什么方面的呢？

请你领导者团队的每位成员分享一个答案，然后讨论所有的答案，然后把它们按照小组进行优先排序。一旦你完成这些，就会为你领导团队的持续改进日程制定出一个可靠的选择列表。领导者团队在此经常发现的一个共同领域是人力资源。理由是，如果我们想要教师和领导者能够批判性思考、沟通、合作并有创新能力，我们应该在人力资源部门的一切工作中推广这些功能。

如何应用持续改进过程来支持 4C 人力资源工作日程？我们这样想：从这一点出发，如果该学区聘用的每一位新教师、管理者和工作人员，其职位描述都要包括 4C 和持续改进的承诺会怎么样呢？考虑在招聘过程中，所有 4C 和持续改进都可以适用。考虑将 4C 加入到职位描述和求职者问卷调查中。以这种方式融入 4C 是一个强烈的信号，表明各学区对每位教育工作者（不仅仅是学生）在这些技能上的承诺。

4C 人力资源战略不应该仅限于教师。如果想让领导者向 4C 方向去引导，我们需要能够为 4C 树立榜样的管理者和员工。如果说 4C 和持续改进真的是你愿景一个组成部分，那么就很值得考虑这些技能如何与学区每个职位的工作需求相关联——或者，至少考虑 4C 的哪些方面特别适合每一个职位。这就包括了可能会而且应该受到挑战的"分类"员工，将批判性思维、合作、沟通、创新和持续改进战略嵌入到日常工作中。我们已经见到在各种不同部门如金融、人力资源、运营、食品供应和设施方面应用这种方法。

另外，考虑 4C 如何在所有员工的评价中发挥作用。在你 21 世纪的实践工作中，绩效评价会是很重要的组成部分。卡塔利娜山麓学区已经采用了这种方法。在确定 21 世纪成果后，将其嵌入教师、管理者和员工的评价工具中。每位员工会根据他或她自己的批判性思维、沟通、合作和创造性技能来评判。卡塔利娜山麓已经将 21 世纪成果与薪酬挂钩。在有些学区，这一策略可能会带来严峻的挑战，但这是 4C 持续改进战略的合乎逻辑的结果。如果在步骤 2 你与教师工会已经达成共识，这一改进应该是可行的选择。

希望我们已经提出一些建构性的意见，帮助你考虑应该如何有效地将 4C 和持续改进嵌入到学校或学区的运作中。虽然我们在这里强调了人力资源，但这只是提升你 4C 教学与学习愿景许多案例中的一个常见例子。希望你和你的团队能够在你系统的其他部分实施类似的战略，有效嵌入 4C 和持续改进。

这些建议是为了帮助你与你的领导团队进行一系列的讨论：如何建模和驱动 4C 与持续改进的文化。作为提醒，请再次查看"MILE 指南"（步骤 3 有讨论），在指南中标记了"持续改进/战略规划"。这可能会帮助你明确，你和你的团队认为在 21 世纪持续改进中什么才是最重要的。

○ 关于持续改进的最后想法

我们希望持续改进的这些建议会帮你在学校或学区设立更高的标准。如果不努力做到步骤 7，维持在步骤 1—6 的工作是很困难的。如果你围绕 4C 和 21 世纪愿景进行持续改进，你将在离开学校或学区的时候为所有的学生留下持续改进的宝贵财富。

考虑到步骤 7，你和你的团队反思以下问题会对你有帮助：

- 你和你的学区会渴望成为"高绩效"的组织吗？
- 你的学校或学区有采用持续改进战略吗？

- 你的学生有持续改进的文化吗?
- 你的学区有支持学生和教师持续改进的文化氛围吗?
- 你的专业学习共同体组织的教师关注 4C 持续改进吗?
- 你的领导团队有为你的组织制定 4C 持续改进的工作日程吗?
- 你可以怎样改变你的学习文化,让每间教室的学生和每个专业学习共同体的教师都有持续改进的精神?

○ 结 语

感谢你们参与这一部分的 21 世纪教育之旅。希望与你们一起结束这一阶段的工作,就像我们开始一样:专注于 4C。当你继续 21 世纪教育旅程时,我们对 4C 工作提出一些希望:

第一,继续批判性地思考,关注 4C 成果和你可能已经采用的其他成果,这是我们在 21 世纪旅程中学到的最重要的一课。学生的学习成果是这项工作的关键部分。希望我们对你现在工作最主要的一个贡献,就是让你们把注意力集中在 4C 上,这是你们作为 21 世纪教育者角色的核心要素。

你的学生,今天的学生,需要准备应对:

- 一生中做 10—15 份工作
- 需要用复杂性和创造性解决的复杂问题
- 一个需要复杂的互动沟通技巧的高度网络化的世界
- 需要分析、综合、利用和创造新旧信息的能力以处理海量信息
- 一个需要持续改进的不断变化的社会

上个世纪 50 年代和 70 年代我们还在上学的时候,这些都不是社会的需求,它们并不是那个时代教育体系主要的、有意的和有目的的重点。你现在创造的愿景和模式需要你自己、你的领导团队、教师及学生有目的和

有意地工作，不要失去重点，不要停止对你学生学习成果的批判性思考。

第二，不要停止与你的利益相关者沟通。而我们从步骤 2 开始还没有关注到有效沟通，但你的成功有赖于在整个过程中与你的内部和外部利益相关者的持续沟通。我们七步模式的一个独特之处在于要将利益相关者的联系、共识构建与课程、教学、专业发展和评价的工作结合起来。请不断地重复步骤 1 和步骤 2，与你的学生、父母、商业领袖、共同体领导和教师在共识构建的基础上检验你的愿景。这一工作的效能就在于，如果你做对了，你的共同体就会在你背后大力支持你所做出的努力，但你也需要确保他们一直保持投入和尽责。

第三，创造一种支持创新和持续改进的文化。建立一个"步骤 7"的组织。不要成为满足于教师说"我们已经做了"的学校或学区，要成为接纳"我们怎样可以做得更好"这样问题的组织。

最后，不要停止合作。是的，你需要不断地与你的教师和领导团队合作，但不要将你自己和其他领导者孤立起来，从其他有着相似愿景的领导者那里寻求你需要的支持。希望你加入我们致力于 21 世纪教育的领导者专业学习共同体。

最重要的是，希望你们会继续进行 21 世纪教育之旅，可以到我们的网站学习更多关于如何实施这项工作的内容（www.edleader21.com），第七步不是旅程的终点。我们希望这本书不是你的终点，而是开始。

参考文献

Daley, Ben. Personal interview and communication. Jan. 12, 2012.

附录 1

P21 架构性定义

为帮助教育实践者将技能融入核心学科，合作伙伴形成了一种统一、共同的学习愿景，即 21 世纪学习架构。该架构描述了学生在工作和生活中必须掌握的技能、知识和专门技术。它是内容知识、特定技能、专业知识和素养的融合。

每一种 21 世纪技能的实现都要求开发核心学科知识和了解所有的学生。那些具有批判性思维和有效沟通能力的人必须首先要掌握核心学科知识。

在核心知识教学背景下，学生**必须学习在当今社会取得成功的关键技能，例如批判性思维、问题解决、沟通和合作能力。**

如果学校或学区设立在这一基础上，将整个架构与必要的支撑系统（标准、评价、课程和教学、专业发展以及学习环境）相结合，学生学习会更投入，也会为在当今全球经济中茁壮成长作出更充足的准备。

虽然该图形对每一个基本要素进行了明确的说明，但合作伙伴认为所有要素都紧密关联在 21 世纪的教与学的过程中。

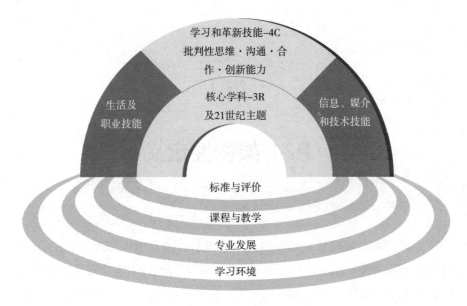

21 世纪学生学习结果及支撑体系

21 世纪学生学习结果

在"21 世纪学生学习结果"部分中描述的基本要素是指学生在 21 世纪工作和生活中必备的知识、技能和专业技术。

核心学科和 21 世纪主题

掌握"核心学科和 21 世纪主题"对所有 21 世纪的学生都是必不可少的。核心学科包括：

- 英语、阅读和语言艺术
- 世界语言
- 艺术

- 数学
- 经济
- 科学
- 地理
- 历史
- 政府和公民

除此之外，我们认为学校必须采取行动，不仅要把重点放在掌握核心科目上，还要将 **21 世纪的跨学科主题**编入核心科目，以促进对更高层次学术内容的理解：

全球意识

- 使用 21 世纪技能来理解和解决全球问题。
- 在个人、工作和社区环境下，以相互尊重的精神和开放对话的形式，与代表不同文化、宗教和生活方式的个体进行合作，并向他们学习。
- 理解其他国家及其文化，包括使用非英语语言。

金融、经济、商业和企业家素养

- 知道如何对个人经济作出适当选择
- 理解经济在社会中的作用
- 用创业技能提升工作效率和职业选择能力

公民素养

- 通过了解如何获取信息和理解政府程序来有效参与公民生活
- 在当地、州、全国和全球各级行使公民权利和履行公民义务

- 理解公民决策对当地和全球的影响

健康素养

- 获取、阐释和了解基本的健康信息和服务，并利用这些作为促进健康的途径。
- 了解身心健康的预防性措施，包括适度饮食、营养、锻炼、规避危险和减缓压力。
- 根据所得信息作出适当的与健康相关的决定。
- 建立并监控个人及家庭健康目标。
- 了解国家和国际公共健康及安全问题。

环境素养

- 展示对环境、周围情况以及影响这些的条件的知识和理解，特别是与空气、气候、土地、食品、能源、水和生态系统有关的知识和理解。
- 展示对影响自然环境的社会的知识和理解（例如，人口增长、人口发展、资源消耗率等）。
- 调查和分析环境问题，并针对如何有效解决这些问题得出准确结论。
- 采取个人和集体行动应对环境挑战（例如，参与全球行动，设计应对方案鼓励解决环境问题的行为）。

学习和创新技能

学习和创新这一技能逐渐成为学生是否准备好应对 21 世纪日益复杂的生活以及工作环境的标准。关注创新能力、批判性思维、沟通和合作，在学生应对未来的准备中不可或缺。

创新能力与创新

创造性思考

- 运用多种创意技巧（如头脑风暴）。
- 创造新的有价值的想法（包括渐进和激进的观念）。
- 阐述、细化、分析和评估自己的想法，以提升和最大程度地发挥创新能力。

与他人创造性地工作

- 有效地向他人提出、表达和交流新的想法。
- 对新的和不同的观点保持开放和积极响应；将团队意见和反馈融入到工作中。
- 在工作中表现出独创性和创造性，理解现实世界接纳新思想的局限性。
- 把失败看作学习机会；理解创新能力和创新能力是伴随着一点点的成功和不断犯错的长期循环过程。

实施创新

- 采取创造性的想法，对创新领域作出切实有用的贡献。

批判性思维和问题解决

有效推理

- 使用各种类型的推理（归纳、演绎等），根据情况酌情处理。

采用系统思考

- 分析整体的一部分如何与其他部分进行互动，以及如何在复杂的系统中产生整体效果。

作出判断和决策

- 有效分析和评估证据、论点、主张和信念。
- 分析和评估主要替代性观点。
- 综合信息和论点，并将二者连接起来。
- 基于最优分析解释信息并得出结论。
- 对学习经验和过程进行批判性反思。

问题解决

- 以常规和创新方式解决各种不熟悉的问题。
- 识别并提出重要问题，阐明各种观点，并提出更好的解决方案。

沟通与合作

清晰地沟通

- 在不同的形式和情境下用口头、书面及非语言等交流技巧有效阐明思想和观点。
- 有效倾听，解读包含知识、价值观念、态度和倾向的内容。
- 为达到一系列目的进行沟通（如告知、指导、激励和说服）。
- 利用多媒体和技术，懂得如何判断它们的先验效果，评价它们的影响。
- 在不同环境（包括多语言环境）中有效交流。

与他人合作

- 展示有效合作及尊重团队差异的能力。
- 锻炼灵活性，愿意为达成共同目标作出必要让步。
- 共同承担合作性工作的责任，重视每一个团队成员的个人贡献。

信息、媒介及技术技能

21世纪人们生活在技术和媒介充斥的环境中，因此具有了不同的特质，如：(1)获取大量信息；(2)技术工具的飞速变化；(3)能够在空前的规模上进行合作，并贡献个人力量。为了在21世纪有所成就，公民和工作者必须具备一系列与信息、媒体和技术有关的功能性和批判性的思维技能。

信息素养

获取及评估信息

- 高效（时间）及有效（来源）地获取信息
- 对信息进行批判性和恰当的评估

使用及处理信息

- 准确并创造性地利用信息解决身边的问题
- 管理各种来源的信息流
- 对获取和使用信息的伦理/法律问题进行基本的了解

媒介素养
分析媒介

- 了解媒介信息的构建方式和原因及其目的。
- 研究个人如何解读不同的信息,如何将价值观和观点纳入或排除,以及媒体如何影响信念和行为。
- 对获取和使用媒介的伦理/法律问题进行基本的了解。

创造媒介产品

- 了解和使用最恰当的媒介创作工具、特征和惯例
- 在不同的多元文化环境中理解和有效利用最恰当的表达和解释

ICT(信息、交流和技术)素养
有效使用技术

- 用技术作为手段研究、组织、评估和交流信息。
- 用数字技术(计算机、掌上电脑、媒体播放器、全球定位系统等)、社交/网络工具和社会网络,适当获取、处理、融合、评估和创造信息,并在知识经济中成功运作。
- 对获取和使用信息技术的伦理/法律问题进行基本的了解。

生活及职业技能

当今的社会生活和工作环境会要求人们掌握更多的思维技能和学科知识。在全球竞争激烈的信息时代,驾驭复杂生活和工作环境的能力要求学生认真关注足够的生活和职业技能的发展。

灵活性和适应性

适应改变

- 适应不同的角色、不同的工作机会、不同的议程和不同的情境
- 在经常不明朗又多变的环境中有效地工作

保持灵活

- 有效纳入反馈。
- 积极对待表扬、挫折和批评。
- 理解、判断、平衡不同的观点和信念,形成可行的解决方案,尤其是在多元文化环境中。

创新性和自主性

管理目标和时间

- 根据有形和无形的成功标准设立目标。
- 平衡战术(短期)和战略(长期)目标。
- 有效利用时间,管理工作量。

独立工作

- 监督、定义、划分优先级,并在没有直接监管的情况下完成任务。

成为自主学习者

- 不局限于基本技能和/或课程的掌握,探索和拓展自己学习和获得专门知识的机会。

- 展现将技能水平提升到专业水平的主动性。
- 表明将学习作为终身过程的态度。
- 对以往经验进行批判性反思以促进未来发展。

社会技能及跨文化沟通技能

与他人有效互动

- 知道什么时候该听，什么时候该说。
- 以体面、专业的方式为人处世。

与不同团队有效合作

- 尊重文化差异，与来自不同社会和文化背景的人有效合作。
- 对不同的思想和价值观以开放的心态进行回应。
- 利用社会和文化差异激活新思路，加强创新和工作质量。

生产力和责任感

目标管理

- 即使面临阻碍和竞争压力，也要设立目标并实现它。
- 划分优先级、计划及管理工作，实现预期结果。

产出成果

- 展示与生产高质量产品相关的附加属性，包括以下能力：
  - 积极并合乎伦理地工作
  - 有效管理时间和项目
  - 同时处理多项任务

- 积极、可靠、准时地参与
- 展示自己的专业性和礼仪
- 与团队有效合作
- 尊重并欣赏团队的多样性
- 对结果负责

领导力和责任

指导和领导他人

- 使用人际和问题解决技能影响并指导他人达成目标
- 利用他人优势完成共同目标
- 用榜样和无私精神激励他人达到最佳状态
- 在使用影响力和权力时展示自己的正直和道德行为

对他人负责

- 考虑到更大的团队的利益,负责任地行事。

21 世纪支持体系

以下描述的基本因素是用批判性思考来确保学生掌握 21 世纪技能的必要条件。21 世纪标准、评价、课程、教学、专业发展和学习环境必须适用于把现在的学生培养为 21 世纪人才的支持体系。

21 世纪标准

- 关注 21 世纪技能、内容知识和专门知识。
- 建立核心课程内部及之间的理解,以及 21 世纪跨学科主题内部及之间的理解。
- 重视深度理解而不是浅层知识。
- 让学生在大学、工作及生活中投入到与真实世界的数据、工具以及专家的接触中；当学生积极参与到有意义问题的解决中，他们会学得最好。
- 允许存在多种掌握知识的方式。

21世纪技能评价

- 支持评价的平衡性，包括高质量标准的测试，以及有效的形成性和终结性评价。
- 重视对学生日常学习表现的有益性反馈。
- 平衡技术提升、形成性评价和终结性评价的关系，来衡量学生对21世纪技能的掌握程度。
- 开发学生档案袋工作，向教育者和未来的雇主展示学生对21世纪技能的精通程度。
- 用比较平衡的学生档案测量标准，针对在21世纪技能中达到高水平的学生能力，评价教育系统的有效性。

21世纪课程与教学

- 在核心学科及21世纪跨学科主题的背景下分别教给学生21世纪技能。
- 专注于提供在内容领域应用21世纪技能和基于能力的学习方法的机会。
- 将创新学习方法整合到支持性技术、基于探究和基于问题的方法以及高阶思维技能的使用中。
- 鼓励校外社区资源整合。

21 世纪专业发展

- 强调教师可以抓住机会，将 21 世纪技能、工具和教学策略融入到他们的课堂实践中，帮助他们识别什么活动可以被取代/弱化。
- 平衡直接教学法和专题教学法。
- 举例说明对主题的深入理解可以真正提高解决问题的能力、批判性思维，以及其他 21 世纪的技能。
- 使 21 世纪的教师专业学习共同体能够为学生提供最能促进 21 世纪技能的课堂学习模式。
- 培养教师能力，识别学生特别的学习方式、智力、优势及弱势。
- 帮助教师发展他们针对不同学生使用不同策略（例如形成性评价）的能力以及创造环境支持不同教学与学习的能力。
- 支持对学生 21 世纪技能发展的持续性评价。
- 鼓励实践者共同体通过面对面、网络或混合沟通方式进行知识分享。
- 使用可扩展和可持续的专业发展模式。

21 世纪学习环境

- 创建将来能够支持 21 世纪技能教学与学习效果的学习实践环境、人力支持环境，以及物理环境。
- 支持专业学习共同体，促进教育者合作、分享最优实践，将 21 世纪技能整合进课堂实践。
- 让学生在相关的、真实的 21 世纪情境下（例如，通过基于项目的或其他应用工作）进行学习。
- 允许公平地获取高质量的学习工具、技术和资源。
- 为小组、团队和个人学习提供 21 世纪建筑和室内设计。
- 支持扩大社区和国际参与学习，既可以通过在线也可以面对面。

关于 P21 组织

P21 组织是一个国际组织,倡导将批判性思维、问题解决和沟通技能融入核心学术学科(如英语、阅读、语言艺术、世界语言、艺术、数学、经济、科学、地理、历史、政府和公民)的教学中。

该合作组织与我们组织的成员共同提供工具和资源以促成这一必要的变革。

如需获得更多信息及参与请参考 www.p21.org。

21 世纪技能地图

这些资源由 P21 创建,与美国主要的学科内容相关联:

- 数学
- 英语
- 科学
- 艺术
- 世界语言
- 社会学
- 地理

这些资源可在以下网站免费下载:
http://p21.org/tools-and-resources/publications/1017-educators#SkillsMaps

附录 3

批判性思维资源文档

技能定义

下面我们分享一些你在实施工作中可能需要考虑的定义语言。批判性思维的定义最初来源于 P21 版本,并由 EdLeader21 成员进行了补充。

有效推理

- 根据情况使用不同推理模式(例如归纳和演绎)。
- 评估结论的强度,区分基于事实的推理和基于观点的推理。

使用系统思考

- 分析在复杂的系统中,整体中的各部分如何相互作用以产生整体效果,并分析系统间如何有效地相互作用。
- 使用系统思考工具(冰山、推理阶梯、系统原型、加强/平衡反馈循环、系统原型、行为-时间图)来理解复杂性、相互依存、变革和杠杆作用。
- 练习自我超越、共同愿景及团队学习。
- 检验心理模型。

作出评价和判断

- 有效识别、分析和评估证据、论点、主张、信念和不同的观点。
- 综合信息和观点,并将其联系起来。
- 根据最好的分析解释信息并得出结论。
- 从多个不同的角度提出站得住脚的结论。
- 批判性反思学习经验和过程。

识别、界定并解决真实问题和本质问题

- 制定基本猜想;确定和提出重要的问题,澄清不同的观点,最终导致更好的解决方案。
- 清晰准确地识别和界定真实问题。
- 用传统和创新的方式解决各种不熟悉的问题。

收集、评价和分析相关信息

- 收集多种来源的可靠证据。
- 识别和评估与基本问题相关的信息。
- 基于证据或数据,通过识别构成要素之间的关系和/或模式来分析信息。
- 有效组织信息。
- 从多种一手和二手资料中收集、质疑、评估信息的质量。

对学习经验、过程和解决方案进行批判性反思

- 坦诚而深入地反思自己的学习经历(我做了什么,我学到了什么)和过程(我是怎么做的以及我为什么要这么做)。

- 评估和完善解决方案，并确定下一步的步骤。

批判性思维资源

以下是针对批判性思维的总体资源：

> 组织／项目

创新性学习交流（www.clexchange.org）

创新性学习交流鼓励 K-12 教育中积极的、以学习者为中心的发现过程，挑战先入为主的观念，加深对概念的理解，通过掌握系统思维和系统动力学模型，参与有意义的现实世界问题的解决。

批判性思维基金会（www.criticalthinking.org）

基金会与其相关单位的目的是通过提供批判性思维的信息、研究成果和资源，改善各个层次的学科教育。这个网站提供了关于批判性思维的优质背景资源。

教育领导力国际中心的精准性／关联性架构（www.leadered.com/rrr.html 及 www.leadered.com/pdf/R&Rframework.pdf）

精准性／关联性架构是检验课程、教学和评估的工具。精准性／关联性架构基于更高的标准和学生成绩两个维度，让老师在架构的"象限 D"中进行教学，使学生能够合作解决现实世界中不可预测的问题。

哈佛大学的"零点项目"：可视化思维例程（http://pzweb.harvard.edu/vt/VisibleThinking_html_files/VisibleThinking1.html）

该项目侧重以研究为基础的方法，将学生的思维发展与跨学科的内容学习结合起来。该网站上有大量关于可视化思维的深度有益的资源，EdLeader21 的成员也强烈推荐这些资源。

沃特斯基金会（www.watersfoundation.org）

沃特斯基金会的资源旨在提升教育工作者在课堂教学中利用系统思维概念、习惯和工具的能力。系统思维评价标准的范例可在此查阅：www.

watersfoundation.org/index.cfm?fuseaction=stdm.classinstruction。该网站中的最佳实践部分也包含了非常有用的资源；大多数 EdLeader21 成员建议将沃特斯基金会的资源作为在学校系统中开发批判性思维策略时的关键资源。

学校和课堂教学的资源

计算机辅助教育（AE）的大学学习评估（CAE's Collegiate Learning Assessment，CLA）和大学与工作准备评估（College and Work Readiness Assessment，CWRA）

这两个评估被美国教育委员会用于衡量分析性思维、批判性思维、问题解决能力及书面交流技能。CWRA 供高中生使用。评分标准参见：http://bit.ly/fly3AJ，基本信息参见：www.cae.org/content/pro_collegework.htm。

卡塔利娜山麓的批判性思维评价准则（http://bit.ly/4n677D）

卡塔利娜山麓学区创设了一系列评价准则来评估学生的批判性思维能力。他们测量的批判性思维能力包括如比较、分类、归纳和演绎推理、错误分析以及决策能力。

批判性思维教学计划——UNC（http://bit.ly/dOmrsa）

该教学计划将批判性思维融入核心学科，如科学、英语语言艺术、社会学、地理及其他。

第一乐高联盟的评估准则（http://tinyurl.com/88wajev）

第一乐高联盟（FLL）的机器人项目不仅关注 STEM（科学、技术、工程和数学），而且关注团队合作、交流技能、创新能力、创新能力和批判性思维。这里有一些帮助测量 4C 的评估准则。

伊萨克森和崔芬格的批判性和创造性思维模式

斯科特·伊萨克森（Scott Isakesen）和唐纳德·崔芬格（Donald Treffinger）开发了一个六阶段的批判性和创造性思维模式，在他们的《创造性问题解决：基础课程》(*Creative Problem Solving: The Basic*

Course,1985）一书中对此进行了概述。

穆罕默德·卡马鲁·卡比兰（Muhammad Kamarul Kabilan），《语言课堂中的创造性和批判性思维》（http://bit.ly/hnnL5k）

该文章阐述了"创造性"和"批判性"语言学习者的问题，包括为了培养语言学习者的创造性和批判性，教师需要什么以及如何实现这样的学习之类的问题。其中提供了示例活动。

全国数学教师委员会（NCTM）：数学及推理资源（http://bit.ly/VtCDr）

全国数学教师委员会关于数学课程和教学中推理和意义建构的资源使其与批判性思维的连接更加可视化。

奥农达加–科特兰–麦迪逊（Onondaga–Cortland–Madison）BOCES 21世纪技能资源（www.ocmboces.org/teacherpage.cfm?teacher=1221）

这里有极佳的资源链接列表，帮助评估21世纪的技能，如批判性思维。

社会研究及批判性思维（http://bit.ly/eq14T6）

这是由俄亥俄州教育部发表的文章，讨论了基于社会研究中批判性思维的论证基础。

英国A-level批判性思维考试指南（www.criticalthinking.org.uk）

本文概述了针对英国学生的A-level批判性思维考试，它提供了一个有趣的视角，让我们了解其他国家的批判性思维方法。这里包括了有关考试的4个方向的资源和链接：证据的可靠性，论证的评估和发展，困境解决策略，以及批判性推理。

伊内斯·瓦尔迪兹（Inés Valdez），《用语言作为批判性思维的工具》（http://bit.lygvx04x）

这一简短的概述对如何使用非英语语言进行批判性思维提供了一些有趣的想法。

弗吉尼亚海滩市公立学校（VBCPS）资源

VBCPS的21世纪技能连续统一体（http://www.vbschools.com/compass/pdfs/VBCPSContinuum.pdf）。

批判性思维的"寻查": VBCPS 曾经制定了批判性思维"寻查"清单,描述了学生批判性思维的行为。许多"寻查"都基于"象限 D"的**精准性/关联性**架构(http://www.leadered.com/rrr/html)。"寻查"清单由教师和管理者专家团队合作开发。该清单的目的是指导教师制定需要,学生进行批判性思维的学习计划。(http://bit.ly/g85MG3)

学校部门的 2015 年战略计划指南定义了学生作为 21 世纪学习者、工作者和市民的必备技能。定义参照:www.vbschools.com/compass/skillsGlossary.asp。

书籍

詹姆斯·贝兰卡:《丰富的学习项目:21 世纪技能的实用途径》(*Enriched Learning: A Practical Pathway to 21st Century Skills*)

本书借鉴了 21 世纪丰富的学习学校模式,旨在满足标准沟通、培养合作、批判性思维、创新能力及全球和跨文化意识方面的技能。(http://amzn.to/e6vzDL)

詹姆斯·贝兰卡和罗恩·布兰特编:《21 世纪技能:重新思考学生如何学习》

这本书探讨了三个主要问题:(1)为什么《21 世纪学习架构》中列出的技能在未来学习中是必须的?(2)哪些技能是最重要的?(3)有哪些可以帮助学校将这些技能纳入进他们的课程,使 21 世纪学习可以取得成果?(http://amzn.to/g56hYY)

苏珊·布鲁哈特(Susan Brookhart):《如何评估高阶思维能力》(*How to Assess Higher Order Thinking Skills*)

这本书的重点是开发和使用测试问题和其他评估,以揭示学生分析、推理、解决问题和创造性思维的能力。(http://bit.ly/eriCEd)

亚瑟·科斯特(Arthur Costa)和贝娜·考力克(Bena Kallick):《跨课程的思维习惯:教师的实用创新策略》(*Habits of Mind Across the Curriculum: Practical and Creative Strategies for Teachers*)

由教师编撰的这本书详述了"思维习惯"是如何在特定学科中得到最有效的培养的。(http://bit.ly/eB74ey)

查尔斯·菲德尔和伯尼·特里林:《21世纪技能：为我们所生存的时代而学习》(*21st Century Skills: Learning for Life in Our Times*)

这本书探讨了由P21定义的21世纪技能的三个主要范畴：学习及创新技能，数字素养技能，生活及职业技能。它还有包含一张DVD，里面有大量21世纪课堂教学视频案例。(http://amzn.to/clwMNv)

罗伯特·马扎诺和黛布拉·皮克林（Debra Pickering）:《高度参与的课堂》(*The Highly Engaged Classroom*)

这本书作为自学教材，为如何提高学生的注意力和参与度提供了实用的指南。书中总结了主要研究成果以及将其转化为课堂实践的建议。(http://bit.ly/e6xkix)

贝斯缇·摩尔（Besty Moore）和托德·斯坦利（Todd Stanley）:《批判性思维和形成性评估：提高课堂的严谨性》(*Critical Thinking and Formative Assessments: Increasing Rigor in Your Classroom*)

从布鲁姆分类学的细致解释中，这个2010年的题目提供了许多实用的课堂应用，帮助教师在不同的学科领域提高批判性思维。在整个过程中发现的策略都可以立即在课堂上使用。(http://amzn.to/dGelbl)

戴维·帕金斯（David N. Perkins），海蒂·古德里奇（Heidi Goodrich），沙里·蒂什曼（Shari Tishman）和吉尔·米尔曼·欧文（Jill Mirman Owen）:《思维联结：学习思考和思考学习》(*Thinking Connections: Learning to Think and Thinking to Learn*)

这本书来自哈佛大学"零点项目"研究团队，包含了教授批判性思维策略的逐步指导和实用建议。(http://ascd.org/publications/books/109041.aspx)

彼得·圣吉（Peter Senge）等:《第五项修炼：知行学校》（又译为:《让学习真正发生的学校：面向教育工作者、家长和所有关心教育的人的第五项修炼领域手册》(*School That Learn: A Fifth Discipline Fieldbook for*

Educators, Parents, and Everyone Who Cares About Education）

圣吉和他的同事们提供了一套有用的概念和实践，引导教育者和其他教育相关者走向更有效的学习环境。（http://amzn.to/amKANO）

艾莉森·兹穆达（Allison Zmuda）：《打破教与学的迷思：创新是学生成功的引擎》（*Breaking Free from Myths About Teaching and Learning: Innovation as an Engine for Student Success*）

兹穆达建议，我们需要打破学习和教学的神话，以此来满足21世纪的需求。她提出了将学校变得有吸引力、有价值和有意义的具体建议。（http://ascd.org/publications/books/109041.aspx）

其他资源

ASCD：《学习思考……思考学习》（*Learning to Think…Think to Learn*）

专业发展活动（PD）的设计对象为：大型工作坊、小型学习小组和个人学习，帮助教师提升三种主要类型的思维技能：信息处理技能、批判性思维技能以及复杂思维策略，适用于小学、初中和高中的课堂教学。里面包含了用户指南。（http://shop.ascd.org/productdisplay.cfm?productid=607087）

教育乌托邦基于项目的学习视频

教育乌托邦网站上有许多关于项目的学习视频资源，这些视频演示了如何在课堂上使用批判性思维等技能。视频包括聚焦STEM、科学设计以及建筑设计。（www.edutopia.org/project-based-learning）

ITC出版物：《教师专业发展视频系列》（*The TeachrPD Video Series*）

这家澳大利亚公司已经出品了20集优秀的短视频，展示了提升学生批判性思维的教师课堂教学技能和活动，这些已经被实践证明是行之有效的。ITC也出版了教师日志和海报，提供批判性思维练习和策略。（www.itcpublications.com.au）

微软，与ISTE合作：《通过网络研究技能开发批判性思维》（*Developing Critical Thinking Through Web Research Skills*）

课程计划包括先决条件、逻辑依据、基本概念以及相关国家教育技术标准（NETS）的描述，并针对初级、中级或高级水平设计，面向初中和高中学生。（http://tinyurl.com/6mgmvoy）

区域培训中心：鼓励技巧性、批判性和创新性思维——PD课程

基于最近的大脑研究和学习者为中心的原则，这一实践性、体验性课程关注如何为思考而教，如何在思考中教，如何教授思考。主题包括关切及尊重的课程、具体的思考技能及过程、提问架构和方法、元认知及反思、思维导图以及合作学习以增强思维。这些课程都在东海岸进行，但教师指南应该可以买到。详见课程列表。（www.thertc.net/main.php）

附录 4

沟通资源文档

简 介

沟通是贯穿 K-12 教育中的基本技能,最直接相关的科目是比如英语语言艺术。随着英语语言中心(ELA)的共同核心标准的制定,整个课程的读写能力得到了新的关注(例如,科学、非虚构/技术文本的阅读/写作)。也有越来越多的工作涉及使用技术进行有效沟通,例如数学和科学中沟通也是一个重要的话题。

沟通本质本就是协作的——这就是为什么一些沟通的定义(如 P21 的例子)特别将沟通和合作联系起来,强调沟通的互动方面。

定 义

很多组织和行动计划都定义了沟通技能。下面是一些常见的定义:

P21

清晰沟通

- 在不同形式和情境中有效地使用口头、书面及非语言沟通技能，表达思想和想法。
- 有效地倾听以理解内容的含意，包括知识、价值观、态度和意图。
- 将沟通用于多种目的（例如，通知、指导、激励和说服）。
- 使用多媒体和技术，知道如何判断其有效性，并评估它们带来的影响。
- 在不同环境中有效沟通（包括多语言）。

SCANS

"沟通"在 SCANS 架构中指以下三种组成部分：

写　作

书面沟通思想、观念、信息和书面信息；完整准确地记录信息；编写和创建文件如信件、说明书、手册、报告、提案、图表、流程图；根据主旨、目的和读者使用适当的语言、风格、组织和形式。

倾　听

以适当的方式接收、注意、解释和回应口头信息及其他线索，如肢体语言。

说　话

根据倾听者和情境适当地组织思想和传达口头信息；参与对话、讨论和小组展示；选择适当中介传递信息；使用口头语言和肢体语言等其他线索；表达清晰，传达信息。

EFF 的成人识字内容标准对"沟通"的定义

说话能让别人听懂

确定沟通的目的；组织及传递信息，有效地服务于演讲目的、情境和听众；注意英语口语的沟通习惯，包括语法、选词、语态、语速和手势，以减少听者理解的障碍；运用多种策略监控沟通的有效性。

积极倾听

注意口头信息；明确倾听目的，使用与这一目的相适应的倾听策略；监控理解程度，调整倾听策略克服理解障碍；将听到的信息与先前的知识相结合，以达到倾听的目的。

以书面形式传递思想

确定沟通的目的；组织和呈现信息，以服务于目的、情境和受众；关注英语语言使用的惯例，包括语法、拼写和句子结构，尽量减少读者理解的障碍；寻求反馈并改进，以提升沟通效果。

通识阅读

21 世纪 NCTE 课程及评估架构

21 世纪的读者和作者需要：

- 发展使用技术工具的能力。
- 与其他人建立关系，以协作和跨文化的方式提出和解决问题。
- 为全球共同体设计和共享信息，以满足各种目的。
- 管理、分析和综合多种即时信息来源。
- 创建、评论、分析和评估多媒体文本。
- 关注这些复杂的环境所要求的伦理责任。

（www.ncte.org/positions/statements/21stcentframework）

新文化研究实验室

丽莎·扎维林斯基（Lisa Zawilinski）、唐纳德·列伊（Donald Leu）以及新文化研究实验室的成员分享了对 21 世纪文化素养的额外思考。对数字文本和信息如何影响阅读、写作和沟通技能提出了深刻的见解。

（www.ncte.org/magazine/extended）

课堂谈话/责任制谈话

"第五章：课堂谈话步骤，学科领域对话"

本章以英语语言学习者为重点，讨论了各种可以得到提升的课堂谈话（包括责任制谈话），并讨论了如何构建有效的协作讨论和强调交流的小组。（www.ascd.org/publications/books/108035/chapters/Procedures-for-Classroom-Talk.aspx）

学习机构：责任制谈话资源

匹兹堡大学的学习机构由劳伦·雷斯尼克（Lauren Resnick）在1995年建立。雷斯尼克，是国际知名的认知心理学家，匹兹堡大学学习研究和发展中心的高级研究员，也是标准运动的领袖，曾被一些顶级专家邀请帮助他们实现标准运动的目标——给所有学生提供达到或超越世界标准的机会。

该机构的网站上有大量的"责任制谈话"的资源，是由雷斯尼克创建的。她将责任制谈话描述为"由教师精心策划的谈话，使学生学会对问题作出反应，对文本进行正确的学科解释，并超越实际的内容……其基本思想是，你对知识处理得越多，你对它们的理解就越好，你对它们的记忆就越好，你的记忆就越复杂，而你就变得越聪明"。（http://ifl.lrdc.pitt.edu/ifl）

雷斯尼克描述责任制谈话的视频

（http://ifl.lrdc.pitt.edu/ifl/index.php/resources/ask_the_educator/lauren_resnick）

课堂交谈相关责任制谈话的资料

克拉克大学的莎拉·麦克（Sarah Michaels），波士顿大学的玛丽·凯瑟琳·奥康纳（Mary Catherine O'Connor），匹兹堡大学的威廉姆斯·豪尔（Williams Hall）以及匹兹堡大学的劳伦·雷斯尼克（http://ifl.lrdc.pitt.edu/ifl/index.php/download/ats）

责任制谈话：总体概述

这一清晰简明的概述针对四年级到六年级的学生。（http://www.scholastic.ca/education/movingupwithliteracyplace/tiparchivepdfs/tip-0311.html）

ICT 素养

与信息、沟通和技术素养（ICT 素养）相关的总体资源请见：

- P21 ICT 素养地图（http://bit.ly/mLSOhA）
- 关于 ICT 素养的美国教育考试服务中心报告（http://bit.ly/mk7enm）
- 数字素养门户网站（www.ictliteracy/info）
- 全国技术素养中心（www.mos.org/nctl）
- ICT 素养教师工具（http://bit.ly/kdtPLJ）

教师工具

阅读和写作计划

K–8 写作样例。（http://tc.readingandwritingproject.com/resources/student-writing/kindergarten）

高中生创造性沟通技能活动

（www.essortment.com/teaching-good-communication-skills-classroom-36140.html）

评估规则

Edutopia 分析写作评估规则

（http://tinyurl.com/6tdujyo）

K-8 评价叙事写作统一体

（http://tc.readingandwritingproject.com/public/themes/rwproject/resources/assessments/writing/narrative_writing_continuum.pdf）

科学沟通评估标准

（www.scienceforall.com/BWLP/PlanVisit/rubric.pdf）

书面和口头沟通技能评估标准（Marzano 2000）

（www.uen.org/Rubric/rubric.cgi?rubric_id=1226）

来自高等教育机构（适用于 K-12）

高等教育评估标准：向下翻动可以看到沟通评估规则（针对高等教育）。（http://business.fullerton.edu/centers/CollegeAssessmentCenter/RubricDirectory/other_rubrics.htm）

团队口头报告（www.cse.ohio-state.edu/~neelam/abet/DIRASSMNT/oralTeamPresRubric.html）

个人口头报告（www.cse.ohio-state.edu/~neelam/abet/DIRASSMNT/oralPresRubric.html）

21 世纪沟通标准（亚利桑那州，图森市，圆形剧场区）

教育领导者用该评估规则测量学生的沟通技能。它提供了清晰、简易地评估口头和书面沟通的策略，以及演示工具和技术的使用。（www.p21.

org/route21/index.php?option=com_jlibrary&view=details&id=849&Itemid=179）

书面说服评估规则

（www.intercom.net/local/school/sdms/mspap/wkidpers.html）

犹他州教育部的写作评估规则

评分指南包括"声音"、"想法和内容"及"句子流畅度"等范畴。（www.schools.utah.gov/eval/DOCUMENTS/UBSCT_WRTTING_SCORING_RUBRIC.pdf）

书 籍

《向严重残疾学生传授沟通技巧》（第二版）（*Teaching Communication Skills to Students with Severe Disabilities*），朱恩·唐宁（June.E.Downing）博士著，特邀撰稿人

（www.brookespublishing.com/store/books/downing-7551/index.htm）

《向下沟通：让决策执行到位的高效对话》（*Powerful Conversations: How High Impact Leaders Communicate*），菲尔·哈尔金斯（Phil Harkins）著

高效对话的目标是将你沟通的影响力最大化。该详细指南会告诉你如何将哈尔金斯的程序个性化，以适应你自己独特的风格和情境。高效对话技能的实践案例、个案研究和自我测试可以帮助你分析自己的对话风格。（http:/amzn.to/ipNNna）

《第五项修炼：创建学习型组织的策略和工具》（*The Fifth Discipline Fieldbook: Strategies and Tools for Building a Learning Organization*），彼得·圣吉等著

本书是一部关于文章、案例研究和发展学习型组织的纲要。学习型组

织的创设和维持的关键因素是人际沟通技能，整本书都强调了这一问题。（http:/amzn.to/ktgxh3）

《艰难对话：如何讨论最重要的事情》（*Difficult Conversations: How to Discuss What Matters Most*），道格拉斯·斯通（Douglas Stone）、布鲁斯·巴顿（Bruce Patton），希拉·赫恩（Sheila Heen）和罗杰·费舍尔（Roger Fisher）著

　　这本书是哈佛大学谈判项目十年的研究成果。艰难对话为专业人士、家长、教师、政府官员、公司和共同体提供了具体循序渐进的方法，帮助你准备或实行最具挑战性的对话。（http://amzn.to/lraLUE）

组织／行动计划／专业发展

新文化研究实验室

　　康涅狄格大学的新文化研究实验室研究网络的新式阅读理解和学习技能，以及其他新兴的信息和沟通技术，获得了全世界最广泛的认可。其工作是给出研究性的数据，帮助学生为其将来的素养和学习作好准备。（www.newliteracies.uconn.edu/index.html）

全国写作项目

　　全国写作项目在广度和规模上都是独一无二的，它是一个由大学和学院组成的网站，从学前到大学，在各个学科和各个层次上为教师提供服务。其提供专业发展、资源开发、研究生成和知识应用提升教师在学校和共同体中的写作和学习。

多种资源／链接

建造有效人际沟通技巧：自我评价练习

　　（http://spot.pcc.edu/~rjacobs/career/effective_communication_

skills.htm）

英语作为第二语言及沟通技能

教授英语为第二语言的儿童社会沟通技能（www.suite101.com/content/teaching-social-communication-skills-to-kids-a 147871）

教授听力技能（www.abax.co.jp/listen/index/html）

针对英语语言学习学生的活动（www.pcieducation.com/store/default.aspx?DepartmentId=48&CategoryId=5）

我所知道的关于演讲的一切都是在戏剧学校学到的

如何创造引人入胜的口头陈述列表（www.darrenbarefoot.com/archives/2007/09/everything-i-know-about-presentations-i-learned-in-theatre-school.html）

你的沟通技巧有多好？自我测试

（www.mindtools.com/pages/article/newCS_99.htm）

有限思考

威瑞森的有限思考提供了各学科和素养方面的全面教学资源。根据各州的标准配置很容易搜索 K–12 分级资源。（www.thinkfinity.org）（www.thinkfinity.org/21st-century-skills）

职业信息中心沟通资源列表

（www.khake.com/page66.html）

附录 5

合作技能相关的资料

简 介

把合作技能融入到教学中,需要在学校、地方的教学实践中营造一种合作文化氛围,因此所有相关者都要对完整的教学活动进行反思。老师想要培养学生的合作技能,必须更多地用团队的形式取代传统的、个人的实践,地方领导则必须出台相应的政策支持老师。

当我们讨论合作技能时,准确地界定合作这一概念是至关重要的。合作可以是一种学习成果,即学生能够有效地与人合作;合作也可以是促进这一成果的学习过程,即合作学习。本附录详细地记录了一些通用的资料,以帮助教育界的领导者们掌握提高学生合作技能的实践方法。

当我们讨论合作技能时,还需要考虑它和技术的关系。合作性的技术在合作学习中扮演了一个变化的角色:老师和学生在使用技术时,合作技能提升得很快;但如果只是把技术简单地加进教学环节,那么技术就无法提升合作技能了。只有当每一个教学环节都在支持合作学习时,使用技术才能有效地提升合作、沟通、团队协作的能力。

在你开始继续阅读本附录前,我们建议你先回答以下四个问题:

1. 你是否正准备培养学生的合作技能?
2. 你现在的教学环境是否支持合作学习?

3. 你的学生是否能和很多不同的、高质量的团队进行合作式学习？

4. 老师和专家是否有接受培训以提高他们合作式教学的实践能力？

定 义

关于合作技能，我们有三种思路来考虑其在教学环境中的定义。包括：

学 生

以学生为中心的合作技能定义如下（出自 P21）：

> 与他人合作

- 展示出在不同团队中高效地、带着尊重工作的能力。
- 锻炼为了共同目标而作出必要妥协的灵活性和意愿。
- 既承担团队合作的责任，又尊重每一个人的贡献。

职业能力

以老师为中心的合作技能如下（出自 Learning Forward / NSDC）：

职业发展既能改进学生的学习过程，又能给老师提供合作相关的知识和技能。

教育领导者

大卫·约翰逊（David Johnson）和罗格·约翰逊（Roger Johnson）

提出了一个经常被引用的合作式学习架构，这也是一个帮助学生和教育者建立合作技能的主要支持系统（http://www.co-operation.org/）：

合作学习是在教学中利用小组，让学生一起工作，这样学生共同努力以最大限度地提高彼此的学习效果，它与竞争性学习和个人学习不同。

大卫·约翰逊和罗格·约翰逊认为合作式学习中有五个重点：

- 个人责任
- 积极的依赖
- 面对面的交流
- 小组合作
- 人际关系和小组合作的技能

资　源

All Things 专业学习共同体（PLC）

All Things PLC 网站为寻求与 PLC 相关信息的教育者提供研究、文章、数据和工具。利用这些信息，学校和地方就有相关的实用的知识和工具来创建并维持自己的专业学习共同体。

- 团队合作的研究文章（www.allthingsplc.info/articles/articles.php#10）
- PLC 工具和资源（www.allthingsplc.info/tools/print.php#13）
- 为合作腾出时间（规划工具）（www.allthingsplc.info/pdf/tools/makingtimeforcollaboration.pdf）

《评估共同核心标准：合作》，安德鲁·米勒（Andrew Miller）

这个博客讨论了共同核心国家标准中关于合作的存在及如何评估它："我在共同核心标准中遇到的最引人注目和愉快的惊喜之一是合作的盛行，仅此一点就表明我们在共同核心的正确道路上。什么是21世纪所需要的技能？合作。"（http://www.andrewkmiller.com/tag/common-core-standards/page/2/）

巴克教育学院（BIE）

BIE是一个专注于学校项目式学习的一流的非盈利组织，其网站包含与项目式学习的研究、专业发展、课程以及评估相关的材料。他的项目式学习初学者工具包是在该领域被广泛使用和引用的资源。（www.bie.org）（www.bie.org/research）（www.bie.org/tools/freebies）（www.bie.org/store/item/pbl_handbook）

《有效课堂教学》（Classroom Instruction that Works）

这本备受推荐的书有一个章节专门讲了合作式学习。（www.amazon.com/Classroom-Instruction-That-Works-Research-Based/dp/0871205041）

《有效课堂管理》（Classroom Management that Works）

这本书在亚马逊上的描述是："课堂管理如何影响学生表现？教师认为什么方法最有效？学校为课堂管理设定基调的政策和做法有多重要？这本是《学校里什么最有效？》（What Works in Schools?）的后续，在书中罗伯特·马扎诺分析了100多个关于课堂管理的研究，以找到上述问题的答案。然后，他还把研究的发现应用到一系列的行动步骤中，这是教育者可以使用的具体策略。"（http://www.amzn.to/IT7Dov）

科拉：协同在线研究和学习

科拉（Coral）是一个跨学科协作任务小组，其成员来自不同的大学，他们都致力于借助合作教学和学习，创造和测试技术整合模型。科拉小组认为，课堂教学应该给学生提供为了共同学习目标而主动合作的机会。因此科拉小组开发的模型会以互联网为协作工具，将来自不同大学不同学科的大学生连接起来，共同完成一个联合项目。（http://coral.wcupa.edu）

小组合作技术

马萨诸塞大学科学推理研究机构

这是对各种合作学习结构和教学方法的概览。（http://srri.umass.edu/topics/collaborative-group-techniques）

关于教学合作性活动的常见问题

宾州施莱尔卓越教学研究所

这是一个针对高等教育的优秀问答，也可以应用到 K-12 阶段（尤其是高中的教育工作者）。其主题包括处理团队冲突，评估合作任务。（http://bit.ly/eNVcGc）

合作学习机构与互动图书公司

这个由大卫·约翰逊和罗格·约翰逊成立的组织提供大量有关合作学习的资源背景材料。（www.co-operation.org./?page_id=65）

合作学习——国际督导与课程开发协会（Association for Supervision and Curriculum Development，ASCD）教育领导力期刊（1990年1月）

该期刊在线提供免费的合作学习的文章都是由著名的合作学习专家发表的。（www.ascd.org/publications/educational-leadership/dec89/vol47/toc.aspx）

创建在线的专业学习共同体以及把实践转化到虚拟教室

该资源项目详细说明了专业学习共同体在学校是什么样子的，有谁在其中，以及具体是怎么运作的。（www.elearnmag.org/subpage.cfm?section=articles&article=122-1）

用谷歌文档培养学生的合作技能

这个展示了为什么合作能力是一种关键技能，在个性化学习的环境中学生合作是什么样的，以及如何用谷歌文档促进学生合作技能的发展。（www.edtechteam.com/workshops/2010-10-27-bell）

教育部（美国）：互联网国际合作教师指南

教育部整理了一份关于跨文化互动和项目工作的资源列表。（www2.ed.gov/teachers/how/tech/international/guide__pg2.html）

杜弗：关于专业学习共同体（PLC）的资源

理查德·杜弗和蕾贝卡·杜弗几十年来一直领导着关于专业学习共同体与合作的模范工作。他们精选了一些资源：

- 《做中学：专业学习共同体职业手册》（http://amzn.to/jwiLdK）
- 《启动：重塑学校变成专业学习共同体》（http://amzn.to/j6eDEY）
- 《当你愿意时，一起工作》（在这篇文章中，杜弗认为合作不应该只是自愿的。为了建立相互依赖与合作才是新常态的学校，我们必须把合作纳入学校的常规活动的结构与文化中，确保这种合作走在正确的方向上，并鼓励教师建立合作而不是单独工作的能力）（http://allthingsplc.info/articles/KapanMagazineRickDuFour2011.pdf）
- 全美师资发展委员会（NSDC）关于共同体与合作学习的专栏（www.learningforward.org/news/authors/dufour.cfm）

GLOBE 计划

全球学习和观察造福环境（GLOBE，Global Learning and Observations to Benefit the Environment）计划是一个全球性的基于小学和初中科学的实践教育项目。其愿景是促进并支持学生、教师和科学家在基于探究的环境和地球系统调查中相互合作，与美国国家航空航天局（NASA）、美国国家海洋大气局（NOAA）及美国国家科学基金会地球系统科学项目（NSF ESSPs）在地球动态环境的学习和研究中合作紧密。（http://globe.gov/about）

斯宾塞·卡根（Spencer Kagan）博士

卡根关于合作学习的研究持续了数十年，并且都是被广泛引用的研究。以下是几个著名的研究：

- 《Kagan 合作学习》，斯宾塞·卡根和米格尔·卡根（Miguel Kagan）合著（http://bit.ly/9yWWNI）
- 《Kagan 出版 & 专业发展——工作坊、工具和资源》（www.kaganonline.com）
- 《Kagan 补充阅读目录》（与各个年级有关的合作学习出版物的清单）（http://bit.ly/jWCaVe）
- 《Kagan 结构简介》（http://bit.ly/kTIDzD）

皮特·鲁南（Peter Noonan）的《共同的语言，共同的定义》

出自 2010 年 5 月《发热》（*Be Inkandescent*）杂志，在这篇文章中，皮特·鲁南讨论了"以学生为中心"，合作的学习环境的重要性，其他教育者也都榜上有名。（http://bit.ly/iWMEY2）

元合作

这个资源主要讨论了维基和其他的合作努力–关于合作的维基。（http://collaborsity.wikia.com/wiki/Cateqory：Education）

面条工具：课程协作工具包

这是一个对老师非常有用的问答社区，可以提供各种关于合作的资源和建议。（www.noodletools.com/debbie/consult/collab）

准则

- BIE 合作准则（www.bie.org/images/uploads/useful-stuff/PBL-_St-_Kit_rubrics.pdf）
- 关于合作准则的新科技（www.p21.org/route21/indexlt.php?option=com-_jlibrary&view=details&task=download&id=382）
- SCORE 合作准则（www.sdcoe.net/score/actbank/collaborub.html）
- SDSU 合作准则（http://edweb.sdsu.edu/triton/tidepoolunit/rubrics/collrubric.html）

技术相关的合作学习资源

这个资源有合作学习的简单概述，并且附有该领域主要作者、研究者和实践者的点评，包括卡根、大卫·约翰逊、罗格·约翰逊、斯莱文（Slavin）等人的摘要。（www.teach-nology.com/litined/cooperative_learning）

有效使用小组的十项原则

该资源出自凯文·沃什伯恩（Kevin Washburn），《伊杜拉蒂评论》（Edurati Review）。

这里有一个常用列表，包括在教室有效开展合作学习的十项原则。十项原则以问答的形式呈现，例如：什么时候小组作为学习阶段是有效的？什么时候合作完成任务比单独完成更好？如何组织团队以获得最佳的效果和结果？（htttp://eduratireview.com/2011/01/using-group-effectively-10-principles）

附录 6

创造性资源的文件

定 义

下面是 P21 对创新能力（这里包括革新能力）的定义，欢迎各位在此基础上提出修改建议。

创新性思考

- 广泛使用创新性思考的技术，例如头脑风暴。
- 创造新的有价值的想法（既包括逐渐积累又包括突然产生的概念）。
- 详细说明、提炼、分析并评估自己的创意以获得最大化的效果。

和他人创造性合作

- 发展，执行，并和他人有效沟通新想法。
- 对新潮的、不同的思维持开放的、负责的态度，把团队的输入和反馈带到工作中。
- 展示自己原创性的成果，同时认识到在现实世界应用的局限性。

- 把失败看作学习的机会，理解创新和革新是长期的、是由小小成功和不断失败组成的循环过程。

推进创新

- 基于创造性想法采取行动，对其未来应用的创新领域作出切实和有用的贡献。

思想 / 信念 / 背景的食粮

《想象力可以被教会吗》

迈克·安特努奇（Mike Antonucci）在《斯坦福杂志》的文章中，详细介绍了 d. school（正式名称为斯坦福哈索·普拉特纳设计学院）"创新温室"的方法，以及它"如何改变人们的思维方式"。（http://bit.ly/fmZ1qh）

《创新能力危机》

珀·布朗森（Po Bronson）和阿什里·迈里曼（Ashley Merryman）撰写的《新闻周刊》的这篇文章给我们提供了围绕教育中的创新能力进行战略对话的绝佳背景资料。文章包括了课堂上创新能力的历史性、全球性内容，以及其对 21 世纪经济的重要性。还详细分析了关于认知和神经科学方面的最新研究，以及这些新发现是如何在改变我们对创新能力的认识的。

（http://www.thedailybeast.com/newsweek/2010/07/10/the-creativity-crisis.html）

《培养想象力》

约翰·西里·布朗（John Seely Brown）和道格拉斯·托马斯

（Douglas Thomas）这篇短文严谨地讨论了创新能力和想象力之间的关键区别：创新能力和想象力是 21 世纪学习增长和发展的重要工具，但我们需要理解二者是如何运作的，才能更好地用我们的资源，在教学世界的知识经济和环境中理解、构建、创造和发挥作用。（http://tinyurl.com/46oy8wd）

《胡说八道如何提高智力》

在《纽约时报》上，班尼迪克·凯里（Benedict Carey）写了一篇很棒的文章，在此摘录一段："最新的研究结果支持了很多实验艺术家、习惯旅行者和其他小说寻求者一直坚持的观点：至少在某些时候，迷失方向会引发创造性思维。"（http://nyti.ms/dZmcxn）

《如何以及为何在我们的学校教授创新》

亚历山大·希亚姆（Alexander Hiam）在《电子校讯》（eSchool News）上的文章讨论了五个概念：想象、探究、发明、实现和倡议。（http://bit.ly/hPCiUv）

《是时候认真对待教室中的创新能力了》

吉姆·莫尔顿（Jim Moulton）在教育乌托邦上的博文讨论了"结构中的自由"，换句话说，老师会把任务布置得很明确，但是对如何完成任务没有限制。假设我们把一群儿童带到艺术间，然后让他们做自己想做的，这群儿童会变得有创新能力吗？作者一直认为答案是肯定的。但事实证明答案是否定的。（www.edutopia.org/freedom-structur-balance-classroom）

音乐与大脑播客

国会图书馆，关于音乐与大脑项目的资源提供了关于认知神经科学和音乐交叉领域新研究爆发的讲座、对话和研讨会，项目负责人凯·莱德菲尔德·詹米森（Kay Redfield Jamisom）会以两年为周期，召集科学家、学者、作曲人、表演者、理论家、物理学家、心理学家和其他专家进行一系列引人注目的活动。（www.loc.gov/podcasts/musicandthebrain/index.html）

《神经科学为创新能力提供了新视角》

在格雷戈里·伯恩斯（Gregory Berns）的文章中，神经科学展示了如何激发新想法。文章写道："为了激发新想法，你必须开发新的神经回路，打破依赖经验的分类循环。正如马克·吐温所说，教育主要存在于人们没学会的事情中。当然，这句话对于大多人来说这不是自然发生的，通常你越想尝试换个角度去思考，分类就会变得越刻板。"（www.fastcompany.com/magazine/129/rewriting-the-creative-mind.html）

论创造心理学（书章）

约阿希姆·凡克（Joachim Funke）在其著作的一章中从心理学视角对创新能力进行了概述。（http://bit.ly/gocMwa）

肯·罗宾森谈扼杀了创新能力的学校

肯·罗宾森（Sir Ken Robinson）给我们示范了一次有趣而深刻的演讲，分析了如何创造一个能激发（而不是削弱）学生创新能力的教育体系。（www.ted.com/talks/ken_Robinson_says_schools_kill_creativity.html）

《重新思考》（会议开场白/对话开场白-视频）

《重新思考》（Think Again）以幽默和鼓舞人心的视角审视了历史上一些最著名的创新，以及一些非常聪明和成功的人士最初是如何将它们视为不可能的。（www.youtube.com/watch?v=3NPL2f0WVEM&feature=youtube_gdata）

专业发展

下面介绍的资源可以帮助教师理解如何提升学生的创新能力和创新能力。

《ASCD：在教室中提升创新能力和创新能力》
根据财富 500 强公司提升创新能力和创新能力的方法，这个视频展示了教室中课程和教学的实际策略，附加的工具也包含在介绍内。（http://shop.ascd.org/productdisplay.cfm?categoryid=books&productid=609096）

创新能力工作坊
成立于 1993 年的创新能力工作坊致力于帮助教育者发展和培养他们以及学生的创新能力，并开设了一系列独特而简单有效的训练，旨在保证课堂和个人的创新能力流动。同时，创新能力工作坊还可以提供系统学习、旅行、获得学分、与来自全世界的同伴交流的专业发展机会。（http://creativityworkshop.com/index.html）

《课堂中的创新能力：研究对教师的启示》（保罗·托伦斯）
这个小册子讨论了和创新能力相关的教育目标、教学方法、课程与教材、识别创新人才的程序以及创新成果的评估。（http://1.usa.gov/f3cMI9）

CyberSmart：真正的学习和创新能力
这个在线工作坊为教育者提供了动手实践的机会，让学生参与需要使用技术的现实任务，并探索发展学生创造性思维的方法。（http://cybersmart.org/workshops/smart/learningcreativity）

《专业发展：支持课堂上的创新能力》

爱丽斯·斯特林·侯宁（Alice Sterling Honing）的这篇文章强调了创造性思维在教育中的重要性，而且可以帮助孩子拆掉思维的枷锁。（www2.scholastic.com/browse/article.jsp? id = 10583）

零点项目

这个研究中心坐落在哈佛大学教育研究生院中，其发表了一系列关于创新能力的文章，重点关注教师如何在课堂上提升学生的创新能力。（http://pzpublications.com/creativity.html）

学校和教室的工具

艺术边缘－肯尼迪中心

这个网站有非常丰富的课程、活动、项目和课程指南，供教育者使用，以促进艺术、历史、文学和其他人文学科的创新能力。同时，网站上提供了很多丰富的多媒体资源和鼓励使用技术作为创造性教育工具的想法。（http://artsedge.kennedy-center.org/educators.aspx）

批判性和创造性思维－布鲁姆教育目标分类法（Bloom's Taxonomy）

这个网站解决了一些关键的问题：什么是批判性和创造性思维？什么是布鲁姆教育目标分类法，它如何帮助我们进行项目规划？学习领域是如何反映在技术丰富的项目中？（http://eduscapes.com/tap/topic69.htm）

丹尼尔·平克为教育者编写的《右脑讨论指南》

这里的讨论鼓励教育者去思考自己的教育系统是如何将"右脑"（创造性）方法融入教学和学习的。这一指南摘自平克的《全新思维》一书。（www.danpink.com/PDF/AWNMforeducators.pdf）

数学思维习惯

这个博客有一份关于数学创新能力"修补"(见项目5和6)的观点列表,这一列表是经过深入思考的,这里的观点及评论部分对那些研究基于探究的数学教学方法的教育工作者来说,可能是发人深省的,而且数学在创新能力方面也是一个非常具有挑战性的学科。(http://mathteacherorstudent.blogspot.com/2010/09/habits-of-mind.html)

因特尔:视觉排名、找出原因和展示证据的工具

这些免费的在线工具是将创意技巧融入课堂的有效方式,还能提供教程、项目实例和教学策略。(www.intel.com/education/teachers)

《数学和艺术》

本期《美国数学学会会刊》的主题是"数学和艺术",这四篇文章展示了数学和艺术的不同方面。(www.ams.org/notices/201001)

《教学创新》

一篇艺术教师写的包括教学的方法和教学的创新能力的文章。"我以一名艺术教师的身份,为其他艺术教师写下这篇文章。但我认为每一个学科的教师都需要反思他们正在做的事情,这些事情往往会培养成阻碍创造性的批判性思维,而创造性的批判性思维是当今世界必不可少的生存或成功技能。"(www2.goshen.edu/-marvinpb/arted/tc.html)

《威斯康星当地社区行动计划创意指南:为寻求促进教育中的艺术和创新能力的社区提供的工具包》

这本指南为社区(这里说的社区包括公司、学校、小团队、文化艺术组织的代表组成)提供了宝贵的工具和资源,以提高他们社区的艺术水平和创新能力。(www.creative.wisconsin.gov)

棉花糖挑战

棉花糖挑战是一个非常有趣又充满了教学性设计的练习，鼓励团队在合作、创新和创新能力方面进行简单而深刻的练习。（www.marshmallowchallenge.com/Welcome.html）

要想了解谁最擅长这项挑战，请看这篇 TED 演讲：www.ted.com/talks/lang/eng/tom_wujec_build_a_tewer.html。

路径 21

路径 21 是 P21 的一个在线数据库，里面有很多文章、章节、课堂上可以使用的工具以及创新能力有关的其他项目，我们精选了一些列在下面，但还是建议读者进入 www.p21.org/route21 网站搜索一下"创新能力"（"creativity"）这个关键词。

- 《识别和培养创造性天赋》[罗伯特·斯腾伯格（Robert Sternberg）]
- 《剑桥思考和推理手册》中的章节 [罗伯特·斯腾伯格，托德·卢巴特（Todd Lubart），詹姆斯·考夫曼（James Kaufman），让·普雷茨（Jean Pretz）] 谈到了创新能力。
- 《创新能力：发展与跨文化问题》（托德·卢巴特）

从 STEM（科学、技术、工程、数学）到 STEAM（科学、技术、工程、艺术、数学）

因为 STEM 本身非常强调创新能力这个概念，所以我们把以下几个方面纳入进来讨论，并说明把艺术（arts）加入到 STEM 中（即"STEAM"）的必要性。

ArtStem

位于温斯顿塞勒姆的北卡罗莱纳大学艺术学院（UNSCA）的托马斯·S. 凯南艺术中心正在进行一个项目。该项目受到艺术家和学者的启发，他们消除了"艺术"和"STEM"的界限，该项目汇集 UNCSA 的学术和艺术教师，以及公立学者教育工作者的跨学科团队，举办了一场关于艺术和 STEM 学科交叉地带的教学和学习的夏季研讨会，随后进行了一年的创造性教学和编程。（www.artstem.org）

搭建 STEM 到 STEAM 的桥梁：为艺术和科学的教学开发新架构

2011 年 1 月 21—22 日，在罗德岛设计学院举行了由艺术家、科学家、研究者、教育者和信息行业的领袖参加的，NSF 资助的工作坊，讨论了下面这个问题：你认为什么在你的研究、工作或教学中是最有潜力的？你怎么看待与其他学科互动中收获的价值？（www.stemtosteam.org）

《创新、教育和创客运动》

这篇报告是 2010 年 9 月 26—27 日在纽约科学馆召开的创客福利工作坊的会议综述。（www.nysci.org/media/file/MakerFaireReportFinal122310.pdf）

有意义的观察

罗德岛设计学院（Rhode Island School of Design）的院长约翰·梅达（John Maeda）讨论了在科学教育中加入艺术和设计的想法，通常被称为"STEAM"而不是"STEM"教育，这种讨论对于教育中的创新能力和艺术也是有益的。（http://seedmagazine.com/content/article/on_meaningful_obervation1）

评 估

EdSteps：创新能力评估项目

EdSteps 致力于理解创新能力的复杂性，以及如何在课堂上提升创新能力。EdSteps 将创新能力定义为想象力、发明和好奇心驱动的原创性的有价值的用途和成果。EdSteps 的工具还致力于衡量所有学科内部和跨学科创新能力的原创性和影响。（http://bit.ly/fJ5TIX）

创新能力的评估准则

- 卡塔利娜山麓学区（http://bit.ly/focKV8）
- 英特尔教学元素评估准则（http://filesocial.com/7sy660f）
- 创造性思维技能（堪萨斯州）（www.adifferentplace.org/creativitythinking.htm）
- 用诗歌规则来舞蹈（http://gcuonline.georgain.edu/wootton_1/dancing_through_poetry_rubric.htm）
- 麦提立（Metiri）（http://akron4.metiri.wikispaces.net/Creavitity+Rubrisc）
- 价值规则（www.aacu.org/value/rubrics/pdf/CreativeThinking.pdf）

托伦斯中心的托伦斯创造性思维测验

托伦斯创新与人才发展中心是一个服务、研究和教学中心，关注创新能力潜能的识别与开发，天才和未来研究。其目标是调查、实施和评估提升创造性思维的技术，并为支持创新能力发展的国家和国际的机制提供帮助。

- 测试概述（www.indiana.edu/~bobweb/Handout/d3.ttct.htm）
- 中心网站（www.coe.uga.edu/torrancce）

书 籍

《在界外着色》(作者：René Díaz-Lefebvre)

在社区学院的课程中应用加德纳的多元智能理论，强化教育者基于学生的主导智能（如语言/口语或音乐/节奏）来教授学生的能力。(http://1.usa.gov/dLqqKA)

《创意阶层的崛起》(作者：Richard Florida)

理查德·佛罗里达的这本书关注创意经济，以及城市和人们是如何与21世纪的变化相关联的。(www.creativityclass.com)

《无脚本学习：在K–8课程中使用即兴活动》(作者：Carrie Lobman)

即兴创作被公认为一个令人激动的快速学习工具。凯丽·罗卜曼的这本书，实践性非常强。教师会了解如何在K–8课程中使用即兴活动以提升创新能力，并把班级发展成和谐的学习整体。读者会学习到如何使用这一革新工具，去教授识字、数学、社会研究与科学。(http://amzn.to/h6kAP8)

《创造一个数字化的课堂：在Web2.0的世界中教学》(作者：Meg Ormiston)

这本书提供了一个研究基础和实践策略，用于运用Web2.0工具来创造一个引人入胜的课堂，以转换并丰富内容。(http://bit.ly/fOoTvw)

《全新思维》(作者：Oaniel Pink)

由"左脑"主导的时代和由此产生的信息时代正在让位于"右脑"素质（创新能力、同理心和意义）主导的新世界，这就是这本发人深省的原则书的核心论点，它用我们大脑的两面作比喻来理解我们时代的轮廓。(www.danpink.com/whole-new-mind)

《创意课堂的力量：探索创造性教学和学习的教育工作者指南》(《创造性课堂》系列第二卷）（作者：Ron Ritchhart 和 Tina Blythe）

（www.amazon.com/Power-Creative-Classroom-Educators-Exploring/dp/B000OBDTools）

《心灵之外：学着变得更有创意》（2011年新版）（作者：Sir Ken Robinson）

肯·罗宾森爵士的这本书关注如何通过不同的思维方式来实现真正的创造潜力。（www.amazon.com/Out-Our-Minds-Learning-Creative/dp/1907312471/ref=sr_1_1?ie=UTF8 & s=books&qid=1301422133q&sr=8-1）也可以登陆他的网站。（http://sirkenrobinson.com/skr）

《天才的13个思维工具》（作者：Robert 和 Michéle Root-Bernstein）

罗伯特、米歇尔·鲁特-伯恩斯坦（Michéle Root-Bernstein）著，本书旨在锻炼你的想象力，并点燃天才的火花，探索非凡人物的思维工具，从爱因斯坦到古道尔再到莫扎特和伍尔夫，并学习如何训练同样的想象力技能，使自己成为最具创新能力的人。（http://amzn.to/hNd9Up）

《创造的习惯》（作者：Twyla Tharp）

特怀拉·萨普这本书是一个很好的资源，她认为创新能力不仅只属于艺术家，本书还提供了练习来挑战常见的创意设想。（http://amzn.to/dXyYNw）

附录 7

共同体小组拓展工具箱

EdLeader21 共同体小组拓展工具箱

小组成员最近要求提供一种工具箱,以便可以关注更广泛的社区,而不仅仅是商界。我们非常高兴有机会创建"共同体小组拓展"工具箱。它只是个起点,你可以根据自己的需要进行定制。

工具箱包括:

- 一封致共同体小组的外联信
- 一个适合共同体小组的议程
- 一套与共同体小组使用的"参与问题"
- 一套与高等教育界使用的"参与问题"
- 一个关于视频和书籍的供你在拓展工作中使用的资源页面
- 一份与共同体小组使用的 PPT 初稿

希望这些工具能帮助你们开始与共同体小组互动。

背景

关于吸引利益相关者和建立共识问题,仅仅拓展到商界是不够的,需要培养更广泛的共同体。关注人力和经济发展的共同体及州组织机构都可以成为助力联盟。例如，当地劳动力发展委员会知道，批判性思维能力、沟通能力、合作能力和创新能力是 21 世纪人力资源的必备需求。一旦延伸到这样的机构，可以想象你的工作是与地区经济发展举措相一致的。一些区域项目已经将 4C 作为主题，围绕 21 世纪经济发展来组建共同体。克利夫兰、辛辛那提、印第安纳州西北部的区域都已经开始了这样的举措。

青年发展和非正式教育的领导者是另一个可以考虑拓展的群体。遍及全国的创新性青年发展项目已经认识到了 4C 的重要性，这些群体正在使用创新性策略帮助有风险的年轻人作好准备应对劳动力的挑战，例如波士顿年度成长项目。在波士顿的公司为参与年度成长准备项目的个人提供奖学金，并承诺在项目完成后聘用他们。对于传统的 K-12 学区来说，与这样的项目结盟是很有意义的，4C 的愿景为这种合作提供了一个很好的平台。

非正式教育机构也是重要的合作伙伴，校外课程、青年课程、暑期学校课程、博物馆和公共图书馆都属于这一范畴。有时候，这些课程项目比 K-12 的课程更迅速、更有目的性地将 21 世纪技能融入到它们的战略中。学生参加的这些校外项目——男童子军、女童子军、足球小联盟、基督教青年会、基督教女青年会、四健会等，都在锻炼他们的批判性思维、沟通、合作和创新能力。

纽约的北塞勒姆中心学区正在进行一项 21 世纪教育计划，其重点是关注创造性问题解决能力。他们惊喜地发现，他们所在地区的青少年发展项目一直非常火热，而且感觉与该地区的新举措非常一致。

此外，许多公共图书馆和博物馆的负责人已经开始更加关注他们在共同体中支持 21 世纪技能所发挥的作用。博物馆和图书馆服务研究所（IMLS）举办"21 世纪技能、博物馆和图书馆"活动，为围绕 K-12 教育、公共图书馆和博物馆如何更紧密地合作以促进社区 4C 发展的对话提供强大的推动力。（请参见：http://www.imls.gov/about/21st_century_skills_home.aspx）

你也可以考虑一下成人教育项目，在一些社群里，你们作为 K-12 的负责人可能对这些项目是有管辖权的，但在很多社群中，这些事情是分开的。无论在何种情况下，很多成人教育的专家已经发现 21 世纪核心素养架构是关联的而且是有益的。一个著名的例子是成人学习综合性评估系统，该系统与州和当地的项目合作帮助青年和成人提升基本技能，获得全国认可的高中文凭（全国校外课程文凭），发展其关键技能，确保其在 21 世纪的工作场所取得成功。

最后，希望你们拓展到高等教育群体，其中最相关的是教育学院，让他们参与到你的学区未来教育的愿景中，毕竟，你有可能会招聘它们的毕业生，在理想情况下，他们应该能够教授和评估 4C 技能。而且，拥有前瞻性的教育学院可以为你提供 21 世纪教育关键方面教师专业发展的资源。P21 和美国教师教育学院联盟出版了《21 世纪教育者需要具备的知识和技能》，这是个很有用的资源，也是向这些合作伙伴推广的有用资源（参考 P21 的网站：www.p21.org）。还有国家教师教育认证委员会，这一教育学院的认证机构已经有了新的愿景，即将 21 世纪教育战略纳入教育学院。在加利福尼亚，K-12 和高等教育的领导者一起开发了加利福尼亚早期评估项目，是一项了不起的工作，为高中毕业生进入大学作准备方面取得了显著成效（www.calstate.edu/eap/index.shtml）。

另外，建议你更广泛地参与高等教育共同体的工作，在共同体小组会议的议程草案（见此文件）里包含了一些问题样例，可能会对你与高等教育领导者对话有帮助。

共同体拓展目标

这一工具箱的目标是帮助你跟不同类型的共同体成员进行 21 世纪教育共同体对话，建议你从以下领域邀请一些代表：

- 商业共同体
- 课外项目
- 暑期项目
- 青年发展项目

- 公共图书馆
- 博物馆
- 高等教育
- 民间团体

你可在共同体中增设一些有意义的类别。目标是激励共同体代表参与你的 21 世纪教育举措，并考虑他们是否可以：

- 在他们的机构中实施这一举措。
- 用他们机构的计划对你的措施进行补充。
- 与你合作，共同计划，帮助你们实行双方的计划。
- 开发共同体范畴的 21 世纪教育途径。

工具箱为你提供需要的特定工具，帮助你在广泛的共同体小组基础上运行最初的拓展会议。

小结

很多教育者会将他们的 K–12 战略看作其学校和学区内部的一种操练。令我们兴奋的是，从一开始，21 世纪教育领导者工作就被定义为内部和外部相结合的工作。相信与你们共同体进行 21 世纪教育的对话是非常有力量的，这种潜能不仅建立了面向 K–12 的 21 世纪教育措施的支持，而且还将创造更广泛的共同体的响应，所有的潜在参与者共同努力制定一套关于共同体中所有学习者 21 世纪教育的成果，希望这一工具箱可以帮助你向这个方向前进。

写给共同体小组的信（模板）

亲爱的 _____，

正如你们所知，我们学区一直致力于帮助每个学生为 21 世纪的生活、公民身份和工作作好准备。我们采取了一项举措来确定我们年轻人未来成为有效的公民和工作者所需的技能。

我们很希望你们参与，听听你们对如何改进这一举措的建议。

然而，我们也认识到，这一对话可能会影响我们整个共同体。

- 作为一个共同体，我们会考虑一起来应对21世纪公民的挑战吗？
- 作为一个共同体，我们会考虑一起来应对21世纪劳动力的挑战吗？

我们想邀请你加入共同体对话，其中会考虑如下问题：

- 你的组织是否认为青年或其他关键的社区选民已经明确了21世纪的成果？
- 当前我们各自的组织在解决这些问题方面正在做哪些努力？
- 社区如何从一种更为合作的方式中获益，以此来解决这些能力的问题？

你对这些问题的看法将有助于我们继续改善我们学校或学区的教育质量，还会帮助我们确定是否会采用更多的合作甚至共同体的方法，以解决共同体成员在21世纪面临的挑战。会议日程随信附上。

希望你能够加入我们。

感激不尽！

[签名]

日期：_____

时间：_____

地点：_____

联系人：_____

议程草案

[输入日期/时间/地点/联系人]

21世纪教育的共同体对话

Ⅰ. 会议介绍

Ⅱ. 参会者介绍

Ⅲ. 有关21世纪教育的发言PPT

Ⅳ. 在共同体内介绍21世纪的公民和21世纪的工作。每位参会人员准备以下讨论：

  a. 你们组织当前进行的什么工作是与这些挑战有关的？

  b. 共同体会做些什么更具有合作性的工作来应对这些挑战？

Ⅴ. 可能会进行的下一个步骤

注意：

附件A：与共同体小组进行对话的参与性问题

附件B：与高等教育共同体在21世纪教育方面进行对话的参与性问题

附件C：EdLeader21资源指南——视频和书籍

与共同体小组在21世纪教育方面进行对话的参与性问题

请考虑以下问题：

- 如何帮助我们更好地理解学生需要准备的经济和劳动力能力？
- 如何帮助我们更好地理解学生需要准备的公民能力？
- 我们在K-12教育中如何更好地帮助年轻人准备应对作为21世纪公民所面临的挑战？
- 在K-12教育中我们如何更好地帮助年轻人准备应对在21世纪

所面临的生活挑战？

• 在 K-12 教育中如何将我们的工作与共同体劳动力和经济发展需要更好地结合起来？

• 我们如何将共同体中的正规教育和非正规教育相结合？

• 我们如何共同努力，制定让 K-12 教育者和更广泛的共同体可以使用的通用术语，帮助学生们为共同体的公民和经济作好充分的准备？

• 我们可以互相合作，制定更有针对性的战略，帮助年轻人制定一套更好的 21 世纪教育策略吗？

• 我们如何才能一起制定共同体的战略，让所有人为 21 世纪公民身份和工作作好准备？

与高等教育共同体在 21 世纪教育方面进行对话的参与性问题

请考虑以下问题：

• 当我们的学生从高中毕业时，你希望他们具备什么样的品质？

• 什么样的学生是高等教育真正想要的？

• 高等教育领导者是如何看待 4C 的？

• 高等教育领导者是如何看待我们学校或学区在关注的其他方面的学生成果呢？

• 高等教育领导者会建议我们关注其他方面的能力，以便更好地为学生在大学学习作好准备吗？

• 在未来五到十年里，高等教育的招生政策会作出什么改变？

• 目前高等教育在做什么工作来为大学生提供 21 世纪技能？K-12 教育领导者从中可以学到什么？

• 在未来五到十年里，高等教育教学法和评估可能会发生什么变化？

• 关于 21 世纪公民和工作，在高等教育、K-12 学校和学区以及更广泛的共同体之间，有什么最理想的合作关系？

EdLeader21 资源指南：视频和书籍

21 世纪教育特定视频

《超越时空》

由 P21 和 FableVision 制作的动画视频，将 4C 的重要性"赋予了生命"。这个视频可以作为教师、家长、学生和社区成员有效讨论的起点。（www.p21.org/4cs）

《21 世纪教育领导者的作用》

这是 21 世纪教育领导者和皮尔森基金会制作的视频，里面有几位 21 世纪教育的负责人，这对任何关注领导力和 21 世纪教育的会议都会有帮助。（www.youtube.com/watch?v=Vsan9hjWSPg）

21 世纪技能视频图书馆

BIE：项目式学习的视频

这里有很多 BIE 制做的大量项目式学习的视频资源库。（www.bie.org/videos）

Teach21

一个很棒的教学项目视频图书馆，由西弗吉尼亚教育部制作，这个网站提供了老师讲解教学方法和课堂的视频。（http://wvde.state.wv.us/teach21）

Video21

这是关于 21 世纪教育非常好的视频资源库，由 P21 提供维护。（www.thepartnershipfor21stcenturyskills238.eduvision.tv）

书籍

《21世纪技能：重新思考学生如何学习》，詹姆斯·贝兰卡和罗恩·布兰特编，肯·凯作序（Solution Tree 出版社，2010）

这是21世纪教育领域真正的杰出人士所写文章的优秀概要，对21世纪教育工作者来说，这是一本非常好的"读物"。

《21世纪技能：为我们所生存的时代而学习》，伯尼·特里林（Bernie Frilling）和查尔斯·菲德尔（Charles Fadel）著（Uossey-Bass 出版社，2009）

这是一本很棒的书，内容是关于21世纪学习的21世纪技能架构的合作，作者都是合作伙伴董事会的前任成员。

《全球成就差距》，托尼·瓦格纳著（Basic Books 出版社，2008）

这是一本关于21世纪教育模式的优秀书籍，对涉及教育和商业共同体成员的读书小组来说特别有帮助。

商业共同体拓展工具箱

EdLeader21 商业拓展工具箱

许多 EdLearder21 成员想请我们提供一套工具,将 21 世纪教育拓展到商业领导者。

目前工具箱的内容包括:

- 一封给商业共同体的拓展信
- 与商业共同体会面的议程草案
- 互动练习的范例
- 商业共同体为 21 世纪教育作贡献的方式列表
- 用于给商业领导者使用的 PPT 模版(见 EdLeader21 共同体网站的单独 PPT)

我们希望这些工具能够为你提供一个有用的起点,帮助你和商业共同体进行互动。

写给商业共同体的信函模版

亲爱的 _____ ，

　　正如你们所知，我们学区一直致力于帮助每个学生为21世纪的生活、公民身份和工作作好准备。最近我们正在进行一项战略规划，明确每一位学生应该在毕业前就具备的知识和技能，这样他们可以成功地应对未来的挑战，甚至是我们任何人都无法预料的挑战。这项工作的要点之一是更好地了解你们作为领导者在职业方面的需求。我们请商界人士帮助我们更好地了解年轻人需要哪些知识和技能，以期在现在和未来的职业生涯中获得成功。

　　特别是，我们想邀请你们加入21世纪工作的共同体对话，当我们讨论到我们需要你们提供一些今日商业信息，比如以下问题：

- 当你考虑未来的员工的时候，什么技能对你来说是最重要的？
- 在你目前的工作中，你最看重什么能力？
- 对于目前的员工，你会评估他们什么方面的能力？
- 你认为在未来五年里什么能力会越来越重要？

　　你们在这些问题上的看法会帮助我们继续提升学区的教育质量，以满足21世纪的需要。我们想你们也会很开心与我们以及其他对学校/学区教育改进有兴趣的领导者一起参与活动。会议议程随信附上。

　　希望你们能加入我们。

　　不胜感激！

[签名]

日期：_____
时间：_____
地点：_____
联系人：_____

议程草案

[输入日期/时间/地点/联系人]

21 世纪教育的商业共同体投入
 Ⅰ. 关于学校/学区 21 世纪教育计划简介（输入演讲者姓名）
 Ⅱ. 互动练习
 Ⅲ. PPT 展示——21 世纪教育
 Ⅳ. 问题答疑
 Ⅴ. 头脑风暴——商业参与
 Ⅵ. 下一步骤

互动练习

问题

 问：在过去的 25 到 30 年里，社会出现的最大的 2—3 个变化是什么？

 答：

 问：列出 2—3 个学生应对你们在上面提到的社会变化所需要的技能？

 答：

 问：在你们看来，我们的学区或其他学区对这些结果有多大的意向性和目的性？

 答：

参与商业共同体：头脑风暴

 以下是当地 21 世纪教育计划中商业共同体的参与模式，可使用这些清单展开与参与者会谈的头脑风暴：

- 在图森市，雷声（Raytheon）公司将数学和科学教师带进公司，让他们在暑期进行真正的公司项目。教师获得八周按市场价计算的报酬，并对学生进入职场后面临的挑战有了更加深入的了解。一位教师在八周的工作后说："它彻底改变了我对如何教授数学的看法。现在我想让我的学生将数学难题与现实世界问题关联起来。"
- 圣米格尔高中（www.sanmiguelhigh.com）的模式在芝加哥、波特兰和图森就是一个很好的例子。在圣米格尔，学生一周上四天课，还有一天到当地的商业机构实习。这一策略有助于降低学校的运营成本，同时也为当地企业提供服务。企业家、学校领导和学生都证明了这一模式在加强学术知识和技能以及劳动力准备方面的有效性。
- 在罗得岛普罗维登斯的麦特学校，每个学生都要求在一个企业工作（尽管有些企业实际上是由学校自己经营的）。学生一周有一半的时间在工作，另一半时间在学术场所以帮助他们满足工作场所必备的能力。
- 位于纽约东雪城的核心联邦信用社已经与该地区的米诺学区合作，在高中开设了一个学生管理信用社。同区域的一家制药公司参与为初中和高中学生开设了一门科学课，学习如何开发急救药品并得到食品和药物管理局（FDA）的认证。
- 很多公司可以通过资金支持创新学区的工作。一些学校和学区已经建立了基金会，可以通过企业捐助，获得的资金可以用于有针对性的工作，如"小额捐款"，支持为改进他们课堂或学区的21世纪教育提出创新观点的教师。

学校董事会备忘录
——利益相关者的拓展

注意：这个文案是为学区或学校领导与其校董会有效沟通而设计的。

致：_____教育董事会

自：_____，督导

转：21世纪学区教育战略

如你所知，我们的学区正在开展21世纪教育战略改革。在新学年开始，表明我们开展这项教育战略的决心很重要。与此同时，将我们对这项教育战略的思考放到整个国家和州的教育大趋势中理解，这样做是很有意义的。

当前责任制的趋势

在过去的十年间，我们的教育系统一直是在传统的绩效责任制度下运作的，这受制于诸如《不让一个孩子掉队》法案、A.Y.P.和其他传统的评估工具。出于识别和提升表现较差学生、学校和学区教育的需要，这些绩效责任制度在运作过程中的重要性备受重视。

当前我们的学区也无法回避这些来自教育绩效责任的标准考量。庆幸的是，我们可以以此作为工作业绩的底线，而不是"天花板"。换句话说，这些绩效责任的考量标准对于界定学生学业表现的基准线（底线）提供了很好的参照，但这些标准并没有真正展现出我们对于 21 世纪未来的学生学业成就的愿景和期待。

21 世纪教育

作为教育者、教育政策制定者、共同体成员，我们的目标是帮助学生为 21 世纪未来的学习、工作和生活作准备。这需要我们超越当前绩效责任系统中所确立的最低期望。

具体来说什么意思呢？在我们的学区中，我们继续重视严格的学术课程，同时我们也优先考虑所提出的 4C 核心技能（此处可添加你自己的定义/愿景）作为 21 世纪未来学生所必备的能力。这些能力包括：

- 批判性思维能力
- 沟通能力
- 合作能力
- 创新能力

（此处可以添加你所在学区中明确的其他核心技能。）

我们正努力将这些技能融入到学区教与学的各个方面，到目前为止，我们已经根据行动指南进行了以下工作：

1.（插入学区至今为止已经开展的工作）
2. _____
3. _____

国家和州的教育发展趋势

根据当前影响 K–12 教育的国家发展趋势，我们对学区已经开展的教育改革很有信心。《共同核心州立标准》意味着，在创设大学和职业准备方面，创建一套具有一定可比性的州的标准的重大发展。迄今为止，这套标准已经涵盖了数学和英语语言文学等学科。标准中对21世纪教育的核心能力，包括批判性思维能力、沟通能力和合作能力，都有所强调。

目前，我们希望我们的州（请插入你所在州的共同核心标准的具体情况）。

与此同时，两个大型评估协会正在设计研发新的、旨在衡量除了学科知识测评之外、针对批判性思维能力和沟通能力的测评体系。这套测评体系有望于2014—2015年投入使用。

我们同样也期待新的联邦政策的发展，如制定和颁发《初等和中等教育法案》（ESEA）及新的NCLB法案重新授权。这项立法可能会在很大程度上提升整个国家K–12教育系统，进一步提高大家对高等教育和职业准备的关注。

我们认为所有的这些发展趋势都表明，我们目前已经开展的工作将会使我们的学生和本地区为未来两到五年内可能的变化作好准备。

EdLeader21

（注释：若你是EdLeader21的成员，以下内容将为你提供参考。）

为紧跟时代前沿，与学区开展21世纪教育改革相契合，我们最近还加入了由20个地区组成的组织，这些地区的教育领导承诺共同致力于推进教育改革。EdLeader21是一个由学区督导和教育领导者组成的专业学习共同体，为开展21世纪教育改革的工作共同努力。

EdLeader21是由肯·凯发起的，他是P21的前任主席和联合创始人，他与同事在过去的八年中为21世纪教育改革政策而努力，目前他们将重点转向支持各个学区层面的21世纪教育改革。

参与EdLeader21专业学习共同体将获得：

- 从"21世纪教育准备"（21st Century Readiness）的领导者们那

里直接获得资源和建议。
- 与全国其他致力于为21世纪的学习者作准备而开展教育改革的学区建立联系。
- 分享21世纪教育改革中关于课程、教学和评价的最优实践。
- 与各个学区的教育领导者建立联络。

我们对参与这项新计划感到非常兴奋，也会随时向你通报小组的最新进展，如你还有其他问题，也可随时提出。

我们学区的未来计划

2011年将是提升我们学区21世纪教育改革计划的重要一年，我们将有针对性地对以下项目实施改革计划，包括：

1.（请插入2011年教育计划）
2.＿＿＿＿＿＿＿＿＿＿＿＿＿＿
3.＿＿＿＿＿＿＿＿＿＿＿＿＿＿

尤其开心的是，我们学校的董事会也对我们21世纪的教育改革工作非常感兴趣，非常感谢你们的支持。我们正在作出必要的改变，让我们的学生对未来踏入大学、工作岗位、开展未来生活将会面对的真正挑战作好必要的准备。我们期待与你们和其他学校共同体进行合作，持续推进21世纪教育愿景。

为学生准备的拓展工具箱

如何使用这个工具箱

我们推荐以下使用此工具箱的方式:

- 将其作为与专业的领导团队开展讨论的指南——如平等谈判讨论、破除阻碍等。
- 将其作为领导团队战略规划过程中相互分享的背景阅读材料。
- 将其作为不断思考改进学生在 21 世纪教育改革中扮演的角色的规划工具。

简 介

要开展 21 世纪的教育改革,学生是重中之重,学生能否在未来 21 世纪的生活、工作和职业发展中取得成功,是我们考虑如何开展课程、评价和教学改革的依据。

同时,学生自身在这项工作中的作用也是非常重要的,这个工具箱可以帮你思考学生是否或如何参与到这项改革的努力中,并以此为依据,它还可以帮助我们与学生一起引领一系列深入的改革实施计划。

为帮助我们思考学生参与问题，建议大家阅读《我的声音：2010年6—12年级学生国家报告》。这里包含了来自"我的声音"的调查中关于学生志愿的良好数据。该调查对象涉及全国19000多名6到12年级的学生。关注学生的自信心、学业成就期待和对学校的看法，同时对学生的归属感、成就动机、好奇心与创新能力、领导力与责任感，以及开展行动的信心等方面也展开了调研。

调研展现了很多积极的发展态势，但也出现了以下一些问题，值得21世纪教育改革的领导者们加以注意：

- 不到一半的学生认为他们的教师关注他们的问题和感受，感觉到他们是学校中有价值的成员，以自己是该学校的成员为荣。
- 不到一半的学生表明他们喜欢待在学校。
- 只有三分之一多一点儿的学生认为他们的教师努力让学校成为学生乐于学习的地方。差不多一半的学生认为学校是个百无聊赖的地方。七成的学生认为学习是有趣的。
- 仅仅四成的学生觉得课堂对于他们理解每天生活中发生的事情有帮助。
- 大约四分之一的学生害怕受到别人的挑战，因为他们害怕接受自己是失败的。
- 三分之二的学生自我认为他们对自己的领导力技能有信心，但是只有不到一半的人认为他们在学校决策过程中有发声的机会，或者认为教师会愿意向学生学习。

调查报告详见：http://www.qisa.org/publications/reports.jsp。

如果在你的学校中，学生存在这样的态度和认识，那么在你21世纪教育改革过程中，学生对改革成功与否就至关重要了。以下是一些让学生参与到这7个步骤中来的策略和办法。

步骤 1：你的愿景与学生的关系

在 EdLeader21 的讨论中，我们花了很多时间探讨开展 21 世纪教育改革过程中构建个人愿景的重要性，其中包括对 4C 等学生学习能力的界定。对教育领导者来说，若缺乏这类以学生为中心的教育改革愿景，就难以很好地引领改革。

学生现在不只是 21 世纪教育改革愿景的接受者，事实上他们理应参与制定和实施，如果他们以真实的方式参与进来，他们可以成为最强大的实施伙伴。

在考虑让学生参与进来完善你的愿景时，了解他们的现状是很重要的。你需要知道：他们对学习的态度是什么？他们对教师、课堂教学和学校环境有何看法？他们的所想所需是什么？他们有什么期待？他们是否认为学校是一个能够支持和满足他们学习需要的地方？

从以上问题切入，让学生围绕这个问题展开讨论，这是改进 21 世纪教育改革愿景过程中非常合乎逻辑的一步。与此同时，有以下一些问题有待探讨：

- 对于开展的 21 世纪教育改革，你是否直接与你的学生们沟通过？
- 学生们的态度和看法如何影响你对 21 世纪教育改革愿景的思考？
- 学生是否认为他们在学校或学区的决策过程中扮演了积极的角色？
- 学区内所有的学生是否感到他们也是 21 世纪教育改革的实施者？

步骤 2：与学生接触

我们已经总结了一套向学生拓展的工具，这套工具还可以专门定制，用于一系列深入讨论和规划项目的过程中。

通常，我们认为 21 世纪教育改革项目应该让学生持续地参与进来，让学生协助确定他们在此过程中所处的位置，以及他们能够在教育改革中提供什么帮助和面临哪些挑战。

当你考虑如何深入到广大学生中时，请反思以下问题：

- 对于实施 21 世纪教育改革，教育领导者和学生目前正在以何种方式讨论和/或合作来实施的？
- 哪些常规性的论坛允许学生持续反省并参与到你正在追求的转型工作？
- 若学生和教育领导者之间展开合作，存在哪些障碍？
- 作为教育领导者，你的拓展计划究竟是与某些特定的学生群体，还是针对所有学生？（如果这些学生是隶属于诸如"学生会"这样的机构的话，那么有没有一个策略来接触到所有学生群体？）

步骤 3：政策协调一致与学生的关系

让教育系统各个方面运作与 21 世纪教育改革愿景相互配合是一个持续的过程，让学生参与到教育改革进程中来也同样是一个持续的过程。

可以与你的学生一起用 MILE 指南工具中特定的栏目（也可以从 www.p21.org 中下载）进行合作活动，你可以先聚焦到学习环境、学生学习结果、伙伴关系以及持续性改进方面。

你也可以和领导小组合作，共同分析 MILE 指南中每一个栏目，考虑如何让学生投入到这些活动中。对于每一个栏目，都请思考以下一些问题：

- 我们是否已经向学生提供了有意义的机会，让他们参与我们的相关工作？
- 我们是否知道学生是否认同我们在特定领域的工作进展（比如：学生学习结果、评价、伙伴关系）？

步骤4：能力建设与学生的关系

在我们的建议中，有以下两个领域涉及了能力建设和学生发展：

- 可以考虑围绕学生学习投入、学习动机和学生的心声等问题开展教师的能力建设。这一点非常清晰，但依然需要强调：那些不愿意参与的、不去上课的和退学的学生，或者感觉学校教育和教师无法满足他们需求的学生，其4C能力将得不到很好的提升。与此同时，围绕以上一些事宜开展的教师能力建设也需要与21世纪教育改革相一致，其目标不应该仅仅为了降低学生的缺席率或辍学率（尽管这些指标是有意义的），能力建设的目标应该是让学生投入到学习中，提升其应对21世纪社会竞争挑战所需的知识与技能，减少阻碍学生学习投入的障碍等。
- 思考将学生融入到教师专业发展的活动中。在一些学区，可以让学生引领教师来开展基于新技术的专业发展活动。学生可以就他们所感兴趣的、特定的教学实践活动的效果及时反馈。将学生纳入到教师的专业学习共同体中，不仅能够提升学生的学习投入感，也能够提升学校甚至整个学区的能力建设。

步骤5：学生及4C课程和评价体系

在步骤5，学生有大量的机会投入到改革的活动中。思考以下选项，同时要明确这些选项与正在开展的 21 世纪教育改革的愿景相契合。

- 档案袋：运用档案袋记录学生学习的进展情况，是一个很好的评价学生的方式，同时也让学生能够有机会不断反思自身学业成果的质量，进而不断改进自己的学习。
- 学生主导的会议：学生明白他们知道什么以及需要什么，他们基于自身的成长展开对话，可以帮助他们更加直接地投入到学习过程中。更多信息请详见：http://www.amle.org/Publications/WebExclusive/Portfolio/tabid/650/Default.aspx。
- 学生的展示和表演：让学生展示和表演有很多不同的方式，包括公开展示（向家长或社区公众），顶点项目，毕业档案袋/毕业演出等。
- 学生社会考察：学生可以选择和设计他们的社会考察实践，将课堂学习到的东西运用到真实的社会调查实践中。
- 学生在课程和评价设计过程中的投入：特别是运用反向设计的过程（如 PBL 或 UbD）时，学生能够直接参与到对自己学习经验的设计中。

让学生参与到课程和评价设计中来，帮助学生加深对 4C 的理解（及关注）。学生可以为他们的学习活动拟定目标，这些学习活动围绕 4C 开展，或能够提出相应的问题将 4C 融合到课程中，引领课程的进展。适时引导学生对学习经验进行反思，修正评价机制，使学习对 4C 的掌握更加有意义、更为缜密、更具反思性。

步骤 6：学生对教师的支持

关于如何支持教师开展整合 4C 教学问题时，学生是教师天然的盟友，我们认为这一步与步骤 4（培养专业能力）是不同的，在此，建议你考虑如下问题：

• 在每天开展的班级授课、辅助和项目运转的过程中，学生的角色和责任是什么？在东雪城的米诺学区，学生在学校中自行运营一个信用合作社，他们向教师提供与他们的工作最相关的各种数学教学及其他课程教学的实时反馈。

• 很多 EdLeader21 项目的学区和学校开始让高水平的学生帮扶低水平的学生。学生主导的课程教学增强了学校之间的关系，同时深化了学生对学习的理解（以及学生沟通和表达的能力）。

步骤7：学生的持续改进与创新

21世纪教育持续改进和创新是一个将学生自然而然融入其中的过程。学生在教师和学校管理者认识学校改进、创新和持续推进的内容和范畴中，扮演着重要的角色。作为教育领导者，需要考虑：

• 学生在学习过程中如何构建持续改进和创新的思维模式？换句话说，他们是否乐于接受建设性的批评、在工作中不断修改和寻求创新性的解决方案？

• 学生有没有参与到支持教师的持续性改进和教学创新工作中？

• 学生有没有意识到他们的参与给学校和所在学区带来了哪些改进和创新之处？

• 学生对持续改进和创新过程有何认识（当这种改进和创新是针对他们自己的作业时，或者发生在学校/学区层面的时）？

学生参与工具

有四个活动的设置可供学生选择，包括一整天独立的会议、半天的讨论等，这些活动将学生融入到21世纪教育改革中，让学生像教育领导者们一样与学校和学区共同开展工作。

每一个部分，都邀请尽可能多的学生参与到小组对话中。你需要让领导团队的成员在不同阶段重复开展这些活动，这样可以与更多的学生直接接触，沟通交流。

受　众

- 这样的活动很受高中学生，特别是受到高年级中学生的欢迎
- 对这些活动的部分 1 和部分 3 稍作修改，可适用于年纪较小的学生

目　标

- 增强学生对 21 世纪教育改革运动的理解
- 在学生之间就有关学习结果和活动实施的优先性等问题达成共识

结　果

- 部分 1：学生认为的优先需要达成的学习结果列表
- 部分 2：向学生收集关于学习环境问题的反馈
- 部分 3：使学生投入到整合 4C 的特定课程和作业中
- 部分 4：收集学生对于改进和提升教育改革创造性的意见

时间 / 形式

四个一小时的论坛或者一个半天的会议

建议 35—70 名学生配备 1—3 名教育领导者参与讨论

部分 1

描 述

• 【10分钟】对本学区开展21世纪教育改革的教育愿景进行简单的介绍（10分钟）；如果可以的话对具体的能力不做讨论。

• 【15分钟】开展"三问"活动。每次只问一个问题，允许学生对每一个问题进行回应，然后再进行下一个问题。

1. 你认为为了在21世纪的工作生活中获得成功，需要具备哪三种重要的能力？（让学生举手回答这些问题，将这些答案写在移动白板上，或者投放在幻灯片上。）

2. 你怎么看待当前工作和生活领域中这些能力的重要性？（让学生们分享自己的看法，激发学生与同伴和老师们分享他们对于工作世界的认识，对于自己职业生涯发展的认识。）

3. 在课堂中你有机会学习或者提升自己这些方面的能力吗？你觉得学校/学区的学习活动有助于你学习或者提升自己这些方面的能力吗？（分"同意""一般""不同意"，请学生举手回答。）

• 【15分钟】让学生分享他们认为有价值的学习经验（无论课堂中的学习经验还是课外的学习经验）。请他们描述哪些经验对于他们来说很受益。如果可以，将他们描述的学习经验与目前学校/学区内正在开展的好的教学实践活动联系起来（如：亲自动手实践的活动，有趣的活动，或者与之相关的活动，等等）。

• 【15分钟】请学生们挑选出他们在学校/学区中特别看重的三种（或者五种）能力。另外，请他们界定作为学生哪三种能力是他们各自想要提升的能力。请教师向学生解释，学生所列出的这些能力提升的需要将会在目前及今后一段时间中学校/学区开展的21世纪教育改革愿景中有所体现。

• 【5分钟】将学生的讨论进行整合，并向他们解释这些讨论与接下来的活动之间的关联性。

部分 2 学习环境 /MILE 指南讨论

描　述

- 在这个部分开启之前，先回顾一下 MILE 指南中"学习环境"的列表目录。将关于学习环境的条目列在一页纸上，这些条目也是应纳入 21 世纪教育改革中的有价值的条目。
- 【15 分钟】这个部分可先从向学生提出问题开始，包括：同学们对当前的学习环境有什么认识，当前的学习环境是否有助于（阻碍）学生的学习。提一些适合学生的问题，同时思考以下方面（记录下学生的回答）：
  - 当你沉浸在学习新事物中的时候，你通常会做什么？你周围的环境是什么样子的？你一般会和谁在一起共同学习？你在哪里学习？
  - 描述学习实际发生的场景：室内？室外？嘈杂？安静？
  - 在学校中有没有什么地方是你觉得在那里学习感觉到特别舒适的？那些地方有什么与众不同之处？
  - 学校中有哪些地方是你觉得让你很难集中精力学习的？描述或进行讨论。
- 【10 分钟】以教育管理者的身份和同学们分享你近一个时期以来在解决学校学习环境问题中所面临的挑战。（如有更多的时间和空间来开展项目式学习，更多的空间便于大家开展小组合作，信息技术改进为学生作业布置和评分提供的支持，等等）。
- 【30 分钟】与学生分享未来学习环境将要进一步改进的项目列表。让学生就以下问题展开小组讨论：
  - 记录下学生们对这些项目清单的反应。（他们同意列表上的哪些内容？不同意哪些内容？）
  - 对这些列表上的项目进行审阅并根据优先顺序排序。
  - 添加新的建议列入列表。

• 【15分钟】各个小组向大组汇报讨论的成果，并对他们的回应进行记录。

• 【5分钟】对大家的讨论进行整合，并向同学们解释这些讨论将会与接下来的活动之间的关联性。

部分3　学生设计活动

描　述

• 在这个部分开启之前，与你管理团队的成员讨论，挑出两到三项来年准备改进的任务或课程，尽量将这些任务与课程的选择和学生所列举的实例联系起来考虑。请教师辅助这些课程的开展，并将此与学生的讨论联系起来。

• 【5分钟】将设计活动作为一个练习活动，其间让学生分享在日常的学业过程中他们是如何看待4C的。

• 【15分钟】请一位教师对课程进行说明，如这门课如何上，学生的作业如何做等。最好是教师对课程设计和学生的作业设计中是否整合了4C展开讨论，表达自己的看法。

• 【30分钟】让教师协助开展小组讨论，围绕以下问题：

▪ 在课程计划和（或）学生学习任务中，哪些方面与4C有关？

▪ 假如由我来调整这门课程，使之能够更为集中地体现与4C的关系的话，我可以调整哪些方面？

• 【10分钟】小组向大组进行汇报；围绕这些问题的回应展开讨论；整合这些观点，形成总结陈词。

部分 4　学生的改进和创新

描　述

• 将学生组成四个组，分别聚焦 4C 中的一个能力：批判性思维能力、沟通能力、合作能力和创新能力。

•【10 分钟】对目前每个 4C 如何整合到学校和学区教育系统中，作简要点评。进一步解释，今天的活动是通过让同学们参与进来，为教育的改革和创新提出自己的意见。

•【30 分钟】请每个小组的参与者们对如何改进学校课程、如何将核心能力融入学校课程等问题展开头脑风暴（回应的问题包括：假如将学校建成一个更具合作性的学习环境，我们可以做些什么努力？）。对每一个方面的改进措施，请学生列出这些改进面临的挑战和实施过程中的阻碍，以及解决这些困境的创造性的方法和思路。

•【15 分钟】每个小组向大组汇报讨论成果。

•【5 分钟】将已经讨论的内容进行整合，并基于此阐述接下来开展 21 世纪教育改革所要采取的步骤。

21世纪问题解决任务（PST）

北塞勒姆中心学区科学

5/16/11

课程：中学科学

教师：休·梅恩（Hugh Main）

纽约科学、技术、数学、教育学习标准：

标准1：分析、调查及设计

学生能够使用数学分析、科学调查及工程设计，适当地提出问题、寻求答案并制定解决方案。

标准4：科学

学生能够理解和运用与物理环境和生活环境相关的科学概念、原理以及理论，并认识到科学思想的历史发展。

标准5：技术

学生能够运用技术知识和技能设计、构建、使用及评估产品和系统以满足人类和环境需要。

纽约英语/语言艺术学习标准：

标准1：用于信息和理解的语言

学生能够用听、说、读、写技能来获取信息和理解。作为听众和读者，学生能够收集数据、事实及想法，发现关系、概念和归纳；使用由口头、书面和电子文本产生的知识。作为说话者和写作者，他们会使用口头和书面语言，遵循英语语言惯例获取、阐释、运用和传递信息。

问题解决任务题目：

捕获生物

与此任务相关的单元问题：

一个有机体的外部构造如何帮助它在自己的栖息地发现、得到及食用食物？

科学家如何设计一种工具或仪器在科学研究中完成具体的工作？

联系信息：迈克·希巴德（Mike Hibbard），助理总监，北塞勒姆中心学区，NY 10560 hibbardm@northsalem.k12.ny.us

学习周期的第 1 步：任务、听众和目标

你的角色：你是一个科学家，寻找新的动物物种，抓住它们进行研究，然后将它们毫发无伤地放回到它们的栖息地。

任务：你会设想和创造一个新发现的地球生物，发明一种方法抓住它进行人道、科学的研究。然后你会制作一个 3 分钟的视频介绍这一生物，包括你设计的捕捉它的方法，以及你了解该生物的计划。（该生物可能是在陆地栖息地、水域栖息地或者水陆栖息地发现的。）

你的受众：观看 YouTube 之类视频的观众，该视频剪辑包含你发现、捕捉、研究和释放你的"生物"的冒险经历。

（这些视频剪辑将会放在班级合作软件里。）

你打算如何影响你的受众：你打算让你的观看者了解你的生物，以及科学家是如何人道地研究生物的。

项目背景：地球上的陆地和水域还有很多没有被勘查过。当地球上新的区域被勘查到，科学家经常会发现一些从来没有见过或者研究过的生物。这些勘查的过程以及人道、科学的调查发现经常会在电视和互联网上公开。

评价你的工作：审查你和你的老师用到的评价你工作的一些规则，注意你为自己设置的每一个目标，以提升自己的工作。（请在问题解决任务结尾参阅有关规则的注释。）

学习周期的第 2 步：评价及获取信息

你可以使用你的科学笔记本和课本

个人工作：

设想地球上尚未被探索的陆地栖息地或水域栖息地。用你所有的感官去想象它的样子、气味、感觉声音等（创造性思维）；

绘制这个栖息地的草图（创造性思维）；

在草图上作注释来解释这个栖息地（批判性思维）；

用你的创新能力创造一种居住在这个栖息地的生物。画出你的草图中绘制的栖息地中的生物，表明关于这个生物以下的内容（创造性思维）：

- 该生物身体外部构造的详细信息，说明这个生物如何发现、获取和食用食物——给你的画贴上标签
- 该生物身体外部构造的详细信息，说明它如何保护自己及从敌人和捕食者那里逃脱——给你的画贴上标签
- 该生物身体外部构造的详细信息，说明它是如何在栖息地生存和繁衍的——给你的画贴上标签
- 包括尺寸，说明该生物及其各部分的尺寸

发挥你的想像力改进你关于栖息地的绘图，包括以下内容（创造性及批判性思维）：

- 关于生物吃什么的详细信息——给你的画贴上标签
- 关于什么吃该生物的详细信息——给你的画贴上标签
- 关于生物栖息地的非生物部分的详细信息——给你的画贴上标签

小组工作：

分享和讨论：与两位同学分享关于你的生物及其栖息地的画（批判性思维）

互相提问：帮助每个人改进他们的生物及其栖息地的画（批判性思维）

个人工作：

改进你的生物及其栖息地的画。（批判性思维）

截止日期：_____

学习周期的第 3 步：处理信息

回答关于你的生物的问题（批判性思维）：

- 你如何知道你创造的生物在其栖息地食物链中的位置？
- 你的生物身体的外部结构是如何很好地适应发现、获得和吃到食物的？吃的会是什么食物呢？
- 你的生物身体的外部结构是如何很好地适应自我防御和逃脱捕食者还有敌人的？该生物的捕食者和敌人都是什么呢？
- 你的生物其他的外部身体结构是如何很好地适应在栖息地生存和繁衍的？

草拟一个抓捕工具：通过人道主义的方式捕捉这种生物。你的设计必须说明以下内容（创造性思维）：

- 至少使用 3 种简易机器（滑轮、活动梯、杠杆、轮轴式起重器、螺丝、楔子）
- 这个工具是如何在生物栖息地工作的
- 这个工具用的是什么材料
- 这个工具如何用来捕捉这个生物而不伤害到它
- 这个工具的整个尺寸及其重要部分都有哪些

列出至少七件事：为了抓住这个生物时你想弄清楚的至少七件事，然后解释为什么你想了解这个生物的这七件事，你必须尊重这个生物并用人道主义的方式对待它（创造性思维）

截止日期：_____

学习周期的第 4 步：制造产品

个人工作：

制订计划做一个 3 分钟的视频剪辑，包括以下内容（批判性思维）：

- 描述你的生物以及它身体的外部构造是如何帮助它在栖息地生存和繁衍的——你可以用你画的图来帮助你进行口头描述
- 描述你捕捉该生物的工具，以及这个工具是如何被设计在栖息地捕捉这种特殊生物
- 当抓到这个生物时你想了解它什么？记住，你无论如何不能伤害它，并且还要把它放回栖息地

小组工作：

与你的伙伴合作，用摄像机为每个人制作一个 3 分钟的视频（批判性思维）

截止日期：_____

学习周期的第 5 步：宣传产品

将你的视频剪辑发布在班级合作软件中（批判性思维）

综述与评论至少三个你们同学做的视频（批判性思维）

截止日期：_____

学习周期的第 6、7、8 步：自我评价、自我评估及自我调节（目标设定）

总结你在这个任务中的工作，根据以下内容对你的工作进行反思：

个人工作：

用评估标准评价你的工作（批判性思维）

明确你在这个任务上的强项和弱项（批判性思维）

思考你在这项工作中所使用的创造性思维的过程。这些创造性思维对你完成这些工作有多么重要（批判性思维）

对你的工作进行整体思考，列出你应该考虑为自己设定的三个改进目标（创造性思维）

现在，选择"可行的"目标并制订简单的计划，让你可以集中在对工作的改进上（批判性和创造性思维）

截止日期：_____

捕获生物
问题解决任务

使用分析量表评价所有科目和年级的问题解决任务，这样我们就可以收集关于技能和概念的学生层面的长期数据。

上阿灵顿城市学区毕业设计的操作标准

21世纪学生必需技能点评判标准	初级阶段 2-3	进阶阶段 4-5	高级阶段 6-7	成功阶段 8-9
综合思维能力 对于学生：				
发现核心问题	能够自己隐约地发现问题；或根本无法发现问题。	能够自己发现核心问题，但解答该问题需要极少个人层面、学术层面或社会层面的研究。	能够自己精准地发现核心问题，解决该问题需要个人层面、学术层面或社会层面的研究。	能够自己精准地发现核心问题，解决该问题需要个人层面、学术层面和社会层面的研究。
提出并设计出一个可以研究该重要问题的课题	无法自己提出或设计课题。	能够自己提出并设计课题，但该课题无法深入研究该问题。	能够自己提出并设计一个研究该问题的课题。	能够自己提出并设计一个深入研究该问题的课题，或可以通过不同的方式去研究这个问题。

续 表

21世纪学生必需技能点评判标准	初级阶段 2-3	进阶阶段 4-5	高级阶段 6-7	成功阶段 8-9
收集、评估并分析与该课题相关的信息	收集到相对很少的信息。	收集到的信息和该问题没有关联,或者收集到的信息不够多。	收集并分析了与问题相关的信息,并可以运用到课题研究中。数据分析基于学术研究、工作经验等相关依据。	收集并分析了与该问题相关的大量各式各样的信息,将其全部运用到课题研究中。数据分析基于学术研究、工作经验等相关依据。
辩证地对学习过程进行汇报(最终课题结果汇报)	可以针对学习过程进行报告(但仅仅是对过程的描述)。	可以针对学习过程进行报告,但并没有完全阐述课题本身及进展过程中的优势与劣势。	可以针对学习过程进行报告,并能够阐述课题本身及进展过程中的优势与劣势。	能针对学习过程实事求是地进行详细报告,并能完整阐述课题本身及进展过程中的优势与劣势。
创造性思维与创新能力 对于学生:				
在毕业设计(顶点项目)课题中展示出创造性思维和/或创新能力	该课题或许可以体现学生的想象力,但没有提出新的想法或创造新的服务形式和产品。	该课题提出新的想法,或创造了新的服务形式和产品。	该课题提出新的想法,或创造了新的服务形式和产品。	该课题提出新的想法,或创造了新的服务形式和产品。这些新的产出能够体现学生的想象力、全新的思考角度或问题解决方法。

续 表

21世纪学生必需技能点评判标准	初级阶段 2-3	进阶阶段 4-5	高级阶段 6-7	成功阶段 8-9
在毕业设计中，学生承担了一定的风险或进行了自我挑战	该课题不具备挑战性，学生不需要承担风险。	课题没有体现学生涉足自己不熟悉领域或处理有挑战性问题的欲望。	课题体现出学生对不熟悉领域的渴望，或者即使在没有显而易见的解决办法时，也有处理挑战性问题的欲望。	课题体现出学生对自己不熟悉领域的渴望，或者即使在没有显而易见的解决办法时，也有处理挑战性问题的欲望。
表现出愿意适应逆境，并从失误和挫折中学习的欲望	失误或挫折阻碍了学生课题的进程，或学生不愿处理困境中的问题。	学生承认在课题进展过程中产生了失误或遇到了挫折。	学生处理课题进程中产生的失误或遇到的问题，并展示出他/她是如何纠正的。	学生清晰表述课题进展中遇到的挫折或产生的失误，且把这些经历利用起来当作学习的机会。
世界公民对于学生：				
找到核心问题和社会需求间的联系，并对其有所作为	找到核心问题和社会需求间的联系，但无所作为。	找到核心问题和社会需求间的联系，并对其有所作为。	找到核心问题和社会需求间指向性强的联系，并对其有所作为。	找到核心问题和社会需求间目标明确、紧密的联系，并对其有所作为。
花费时间或施展才能在毕业设计中开展一项能造福社会的服务	没有投入到推进社会变革的工作中或没有意识到自己对于社会的责任。	在课题中投入到推进社会变革的工作中，但这种社会改变并非紧急或急需的。	在课题中投入到推进社会变革的工作中，认识到其新颖和好处，但是学生的课题未能解决紧急问题或满足社会需求。	在课题中长期积极地投入到推进社会变革的工作中，帮助别人缓解痛苦，解决问题，满足一项需求，或解决社区范围的紧迫问题。

续 表

21世纪学生必需技能点评判标准	初级阶段 2-3	进阶阶段 4-5	高级阶段 6-7	成功阶段 8-9
自我指导 对于学生：				
自己独立设定目标	基本没有参与到目标设定过程。	设定的目标要么不具有挑战性，要么很难实现，通常需要指导。	在一定的指导下，设定了具有可实现性的学习目标。	独立地设定了具有可实现性且富有挑战性的学习目标。
主动参与项目，表现出解决问题的能力，并在适当时候寻求帮助	严重依赖老师指导课程进展方向，并提供动力支持。	需要老师指导课程进展方向，并提供动力支持。	大部分时间自己掌控课题进展，偶尔需要老师指导方向。	完全自己控制课题进展，自己解决问题，仅在需要时求助。
自己掌控课题进展情况，并有效利用时间	很少关注自己课题的进展情况，并在课题上花费很少的时间。	有时会关注自己课题的进展情况，花费在课题上的时间不定。	掌控自己课题的进展情况，并有效利用时间做课题。	一直都掌控自己课题的进展情况，并有证据显示学生有效利用时间。
沟通 对于学生：				
运用宣传的技巧，传递产品或产品集中涵盖的信息	产品或产品集内容匮乏，不足以进行宣传。	由于选择了不合适的宣传媒介，缺乏对细节的关注，并且/或者缺乏组织，导致宣传内容偏离了产品自身涵盖的信息。	由于选择了合适的宣传媒介，对细节适当关注，并有良好的组织，得以在产品中传递预期的信息。	多样的宣传媒介，对细节足够多的关注以及良好的组织完美地在产品中传递预期的信息。
运用合适的形式、可应用的技术去展示产品和作品集中的发现	研究结果无法有效地得到证实。	形式和技术并不一定适合展示。	运用合适的形式、可应用的技术展示研究结果。	格式和技术可以使研究结果的影响最大化。

续 表

21世纪学生必需技能点评判标准	初级阶段 2-3	进阶阶段 4-5	高级阶段 6-7	成功阶段 8-9
在编写产品、作品集的说明书的过程中表现出自己应用的能力	在编写对应语言的说明书时，写作水平较差。	在编写对应语言的说明书时，一致性较差。	在编写对应语言的说明书时，表现出自己应用的能力。	在编写对应语言的说明书时，表现出足够的细心。
合作 对于学生：				
表现出在毕业设计开发中会咨询专家意见，解答核心问题的能力	在毕业设计过程中很少会咨询专家意见。	在毕业设计过程中会在一定程度上咨询专家意见。	在毕业设计进程中会咨询专家意见。	在毕业设计进程中持续咨询专业人士，并将他们的意见和建议运用到了课题改进中。

高级技术高等项目调整草案

规　则

- 对内容严格，对人要温和。
- 善良，乐于助人，而且具体到点上。
- "同呼吸，共命运"（或"共同进退"）。

草　案

1. 概述（5分钟）：主讲人对工作进行概述，阐明在设计项目时，他们内心所设定的目标是什么。主讲人将整个项目放到更为广阔的实践背景中，如在学校和课堂教学发生的背景中去分析问题，这对项目的理解是很有帮助的。随后，参与者可以静静地审视这个项目的所有"工作"（例如：项目的讲义、学生作品等）。最后，主持人向到场的所有诤友们剖析问题，展现其中存在的困境或两难问题。

2. 详细阐述问题（5分钟）：诤友们对主讲人详细阐述的问题展开提问。问题要有简短实际的答案，目的是帮助提出问题的人，对所处困境有更深刻的理解，比如："如何为这个活动选择这些小组？"

3. 探究性问题（5分钟）：诤友们会向主讲人提出探究性问题，帮助主持人拓宽对现实中存在的问题和困境的思考。尽管如此，探究性问题不应该是"变相的建议"，比如像"你有没有考虑过……"之类的。探究性问题可以是："你收集了哪些证据，这些证据在何种程度上支持你的项目达成目标？"

4.讨论（15分钟）：如有必要的话，主讲人尽可能重组先前提出的问题，而后退居幕后。整个小组对这个困境展开讨论，尝试对主讲人提出的问题提供见解。

- 积极反馈：在一开始给予正向积极的反馈很重要，如"该项目设计的优势和长处有哪些？"
- 成长的机会：接下来，整个小组开始对该项目的工作进行批判性分析，借助主讲人提出的一系列问题，重构组内的讨论。例如："哪些是主讲人没有考虑到的？""假如……的话，会发生什么？"

在讨论过程中，主讲人不允许发言，但应该倾听，并做笔记。最好是主讲人坐到场外，让整个小组的组员围成一圈进行讨论。小组成员不要冲动地直接对主讲人说话。

5.回应（5分钟）：主讲人对这些讨论作出回应，当然没必要对组员所说的内容逐一回应。主讲人可以分享什么打动了他/她，以及针对讨论所产生的观点，考虑接下来该怎么做。

6.总结（5分钟）：主持人引导关于小组对于项目调整优化过程的观察的对话。好的引导者的一个特征是，他/她有能力引领一场精彩的总结或汇报。

向小组提出的问题包括：

- 我们的问题是好问题吗？我们对这个问题的坚持程度如何？
- 对主讲人来说，在何种程度上这个过程是有用的？我们对问题的探究真的能够推动主讲人的思考吗？我们从讨论中得到的想法是否为下一步可能的步骤提供了见解？

- 有没有一个转折时刻让这个对话往更好的地方发展？有没有某一个点，让整个对话的内容跑偏？
- 我们是如何体现我们的规范的（例如："对内容严格，对人要温和"、"共同进退"等）？
- 切忌让听取意见变成一场无法抉择的讨论。

时间：大约30分钟。

增进讨论的小贴士

- 事先与主讲人一起构思一个好问题，提前对两难困境进行讨论，并提出一个开放的、难以解决的问题。在白板上写下这些问题，使之能够清晰地显现在整个对话的过程中。
- 每一个部分都严格限定时间，使用计时器，请一位志愿者把控讨论的时间。
- 不要害怕让团队专注于流程，让小组的讨论聚焦到文案上。假如在问题澄清过程中，有一些待探究的问题被提出来，请温和地要求参与者记录下这些问题，留到下一个对话环节再提出来。
- 在必要的时候，改变话题（请勿不必要地独占播放时间）。假如讨论跳过了积极反馈，直接指向了对于困境的回应，一定要先花一些时间对积极反馈表示赞赏和祝贺。
- 抑制住跳过总结的冲动，总结是重构对话、改进我们对话质量的关键。这一过程值得珍视，值得花时间投入。
- 勇敢并自信。强大的激励是我们的工作展开对话的关键，也为组内每个成员所赞赏。假如把每一步都读给大家有助于整个组的推进，那么请全力以赴。请拿出"九牛二虎之力"，尽全力扮演好激励者的角色。

MILE 指南

	学生知识和技能				
	核心课程	21世纪的主题	学习与创新技能	信息、媒体和技术技能	生活与职业技能
初始阶段	学生学习主要集中在核心课程中死记硬背的事实性知识上。	公民素养、财经素养、企业家素养、健康素养和环境素养等主题偶尔会出现在学习过程中，通常以一次性特殊课题的形式出现。	25%的学生在核心学科的学习中可能表现出更高层次的思维技能，如批判性思维和问题解决能力。	25%的学生在核心学科的学习中展现了信息素养、媒体素养和技术素养。	25%的学生在核心学科的学习中表现出自我指导、灵活性、适应性、跨文化意识、责任感、效率和绩效责任。
过渡阶段	学生学习表现出对核心学科知识的掌握。 25%~75%的学生在核心学科中表现出更高层次的思维能力，如批判性思维和问题解决能力。 在K-12学生学习中，至少理解了下列21世纪核心素养之一：公民素养、财经素养、健康素养和/或环境素养。				
21世纪	所有学生的学习都显示出对核心学科知识的掌握和理解，此外，超过75%的学生学习都显现出以下素养： ·掌握和理解公民素养、财经素养、全球意识、健康素养和环境素养。 ·批判性思考、解决问题、创造、创新、沟通和协作的能力。				

续 表

学生知识和技能	
21世纪	·信息、媒体和技术素养。 ·自我指导、灵活性、适应性、跨文化意识、责任感、效率和责任。 ·"学会学习"的能力，并运用这种能力自我监控和提升所有科目的学习进度。 学生是教学过程中的积极合作者（如学生与其他学生、教师和教育领导人一起共同创造知识；学生帮助确定、制定和完成有意义的顶点项目和其他基于探究的学习体验）。 每个学生都在一个与年龄相适应的个人学习计划中创建和管理自己的进步，该计划包含了他/她在校内（班级和班级工作）和校外（课后、就业、课外）知识学习和技能获取的目标。

教育领导		
	管理者和教师领导者	教育者
初始阶段	教育领导者将核心学术内容的掌握作为学生发展的首要目标。 一些教育领导者表示支持有关21世纪核心素养的战略规划。 教育领导者已确定与教育公平相关事宜的高优先级，并为学区制定了可衡量的目标[如获得优质教师和学校的机会、获得技术的机会、获得个人发展与教育评价（IDEA）的机会等]。	教育者是核心学术主题内容的主要提供者（如事实性知识以单向的由教师到学生的方式传播）。 教学策略的重点是掌握主题。 技术的使用有时会被纳入课程。
过渡阶段	教育领导者将掌握有深度的内容和21世纪核心素养作为学生发展的目标。 教育领导者在核心学科的学习中，偶尔发起一些小规模试点项目，培养21世纪核心素养。 教育领导者积极处理高优先级的公平问题，并监测其进展情况（例如，获得优质教师、获得技术、获得个人发展与教育评价等）。	25%~75%的教育工作者采用的教学策略是在核心学科学习中有目的地培养21世纪核心素养。 教育工作者通过一系列的方法促进学生获取核心学科知识和应用21世纪核心素养，包括直接教学、协作项目和技术支持下的项目。

续 表

教育领导	
管理者和教师领导者	教育者
21世纪 教育领导者围绕学生学习的发展目标达成共识，即掌握核心学术内容和 21 世纪核心素养，并定期向更多的人推广这一目标。 教育领导者鼓励、促进、示范和支持将 21 世纪核心素养全面纳入到课程、专业发展、教学实践、绩效责任制、资源、管理和业务之中。 管理者将教育者对 21 世纪核心素养的掌握作为绩效评估的一部分。 教育领导者将学生对 21 世纪核心素养的掌握作为评估学校和地区绩效的标准。 教育领导者对实现有关公平教育机会的年度目标负责。 每所学校都很好地整合了教师领导；这些教师领导者示范并促进了 21 世纪核心素养教与学的整合，使所有教育者都能据此培养如创新能力、批判性思维和解决问题等核心素养（如他们促进了 21 世纪核心素养相关的指导、同侪支持，新从业者的入职培训、专业学习共同体、专业发展等）。	超过 75% 的教育工作者采用了一系列适当且多样的教学策略，从直接教学到项目学习，以此来提升对核心学科的理解和学生对 21 世纪核心素养的掌握。 所有教育工作者都可以获得并独立追求与 21 世纪核心素养相关的学习共同体和/或专业发展的机会。 所有教育工作者都利用学习共同体，共同合作，系统地审查学生的工作，并制订培养学生 21 世纪核心素养的教学计划。

政策制定	
政策制定者	
初始阶段	教育政策制定主要侧重于支持学生内容掌握的政策。 25% 的标准、评价、专业发展和课程是一致的，并包含了 21 世纪核心素养。 教育者的资格证和教师教育机构认证的重点是教育学和核心学科的掌握。
过渡阶段	在原有支持学生内容掌握的政策的基础之上，纳入了一些 21 世纪核心素养（如批判性思维、问题解决能力、技术素养、全球意识和/或公民素养）。 25%~75% 的标准、评价、专业发展和课程是一致的，并包含了 21 世纪核心素养。 教育者的资格证和教师教育机构的认证，将一些 21 世纪核心素养（如技术素养）融入到认证项目中。

续 表

政策制定	
政策制定者	
21世纪	持续地制定政策，支持学生掌握21世纪核心素养。 确保提供适当的资金，支持和监督整个教育系统在全面整合21世纪核心素养方面取得的进展。 为领导者、教授和评价21世纪核心素养的教育工作者提供切实的激励。 在地方、州和联邦各级倡导建立基于证据的责任制度，培养学生的21世纪核心素养。 确保所有标准、评价、专业发展和课程一致，并包含21世纪核心素养。 确保国家政策与地区和学校保持一致，以确保21世纪核心素养的整合和实施。 为教育者资格证和教师教育机构认证制定包括全面整合21世纪核心素养的标准。 在评价和专业发展上的投资，覆盖21世纪核心素养的学习。 鼓励/利用教育合作社（教育服务机构）作为21世纪核心素养专业发展的主要资源中心。

持续改进/战略规划	
州、区、学校	
初始阶段	一些地区和学校已经就学生掌握21世纪核心素养的愿景和可衡量的目标达成共识。
过渡阶段	该区的战略规划文件明确了21世纪核心素养的重要地位。 地区和学校跟踪与学生掌握21世纪核心素养相关的可衡量目标。 州、区和学校记录并共享由管理者、教育者和学生应用21世纪核心素养进行教与学过程的实例。 分析当前地区和学校的政策、程序、做法和实践，以了解它们在支持21世纪核心素养学习中的有效性。
21世纪	州、区和学校正在推动学生掌握21世纪核心素养的目标实现（如学区在战略规划和预算中将21世纪核心素养视为关键任务）。 州、区和学校不断监测和追踪他们在整合21世纪核心素养方面取得的进展。 地区领导表彰和宣传学校中开展的学习21世纪核心素养的实践。 各地区通过评价数据和其他指标，持续改进学校及地区中21世纪核心素养的实践。 国家、地区和学校政策支持基于地区的围绕21世纪核心素养的持续改进工作。

教育支持系统

	标准	课 程	教 学	评 价	学习环境	专业发展
初始阶段	25%的核心学术内容标准融合了21世纪核心素养。	课程设计过程主要关注核心学术内容知识。25%的核心课程明确整合了21世纪核心素养。	大多数教学策略都是由教师主导的,并且只专注于基于学科知识的传授(例如,演讲、事实性知识的叙述)。所有学生完成一样的教学活动。	学生课堂学习的25%,融合了对学生21世纪核心素养的学习评价。	在有关学习环境的设计中,有25%为学生掌握21世纪核心素养提供教学支持(如家长和学生可以在线查看学业成绩、作业和绩效信息)。	专业发展主要着眼于提高教育者教授核心学术内容的能力无论何时何地,25%的专业发展机会都是可用的(如可以方便地进入能自定步调、有技术支持的专业发展环境)。一些专业发展机会侧重于21世纪核心素养和/或主题,如全球胜任能力或公民素养。
过渡阶段	25%~75%的核心学术内容课程标准融合了21世纪核心素养。	25%~75%的核心学术内容课程明确地将21世纪核心素养与全球意识、公民素养、财经素养、健康素养和环境素养结合起来。课程设计过程有时会使用逆向设计原则,将21世纪核心素养作为主要学习成果来进行教学设计(如基于理解的教学设计)。	25%~75%的教学策略使用以学生为中心的教学方法来教授和掌握核心学科和21世纪核心素养(如差异性教学、探究式学习)。一些教育工作者开发和使用课程计划,来实现掌握核心学科内容和21世纪核心素养发展的目标(如设计一个提升批判性思维和解决问题能力的课程单元)。	学生课堂学习的25%~75%,融合了21世纪核心素养的学习评估。在特定情况下,可以使用顶点项目和项目组合来评估学生的表现(如基于项目组合的评价)见天才计划或大规模试点项目)。	在有学习环境的设计中,有25%~75%为学生掌握21世纪核心素养提供教学支持(例如系统研究能力单元设计,作的物理空间和在线工具)。	25%~75%的专业发展侧重于提高教育者的能力,以提高21世纪核心素养的方式教授核心学术内容(如培训机会包括核心素养学科学习中的全球探究教学、21世纪课堂素养主题的开发)。无论何时何地,25%~75%的专业发展机会是可用的(如可以方便地进入技术支持的专业发展环境)。专业发展机会是定制的和个性化的。提供并展示了21世纪核心素养整合方面的最佳实践。

续表

			教育支持系统			
	标 准	课 程	教 学	评 价	学习环境	专业发展
21世纪	所有学术内容的标准都将21世纪核心素养以可观察和可测量的方式适合年龄和学科整合在一起。所有学术内容标准传达了一种"大思想",这些"大思想"构成了核心学科学习的架构,并帮助学生深入学习(避免"一寸宽,一寸深"的问题)。所有学术内容标准都包含了技术工具的适当使用。所有学术内容标准都是课程、评价和专业发展一体化系统的一部分。	超过75%的核心学术内容课程明确融合了21世纪核心素养。所有课程设计团队在实践中进行逆向设计,将21世纪核心素养作为主要的学习成果来进行教学设计(如基于理解的教学设计)定期审查和/或重新设计课程流程,以根据深入的学术内容和21世纪核心素养。	教育工作者开发和教授课程旨在加强对核心学科知识和21世纪核心素养的深刻掌握(如课程严谨目与学生经验相关,主张所学知识和理解的真实运用)。教育用发展性的适当方法来进行不同的教学,优化以掌握21世纪核心素养的能力(如针对学生不同学习风格,对学习提供及时反馈)。教学实践活动使学生积极参与教学活动的规划和实施。教育者设计课程,使学生从教师引导的自我学习中获得发展。	学生在掌握核心学科和21世纪核心素养方面的进步是通过一种全面、平衡的评价方法(如形成性评价、基准评价、总结性评价和/或大规模评价)来衡量的。学生课堂学习的75%以上的内容,融合了对学生21世纪核心素养的评估。基于课堂的各种评价策略通常用于所有学生,包括档案袋、基于表现的评价和贯穿课程始终的评价等(如这些策略广泛应用于所有学生群体)。	在教学环境的设计中,有超过75%的设计通过以下方式支持21世纪核心素养的教学: ·提供灵活、适应性强的物理和技术结构,支持小组协作学习,鼓励与周围学习共同体的互动。 ·提供灵活的学习时间单位,使跨学科项目教学成为可能。 ·根据儿童发展用适当方法设计教学支持环境(如一天中的上学时间,教学区学年中的学习时间的长度,一学年中的学习活动顺序、人身和情感安全、与学校和社区的充分接触等)。	超过75%的专业发展侧重于提高教育者传授核心学术内容以增进对21世纪核心素养掌握的能力(如培训始终的机会支持教育者开发21世纪核心素养评价用于课堂教学,支持教师领导者进行21世纪核心素养整合,拓展毕业设计和/或将探究的策略融入实践)。专业发展是贯穿职业始终的、用户化的、协作的且以技术为支撑的;它是形成性的和总结性的评价;无论何时何地都是可用的。所有的教育工作者都可以并且能够建立学习社区,构建技术基础设施和教学工具,来加强学生对21世纪教学标准、教师准备和教师认证过程整合了21世纪核心素养的掌握。

续表

标准	教育支持系统				
	课程	教学	评价	学习环境	专业发展
21世纪	每个年级和科目的课程内容能清晰地指导教育者"分析标准",并进行理解性教学,培养21世纪核心素养(如设计并实施21世纪核心素养课程地图;将21世纪核心素养评估过程贯穿在课程始终)。		学生是记录和理解课堂表现的积极参与者,并利用这种理解指导和改进学习。管理层、教育工作者、学生和家长可以获得21世纪核心素养评价的大量数据,实时了解核心素养的掌握程度。所有评价数据都是作为透明、一致的评价系统的一部分而生成、共享和使用的,并改进学生的学习(如课堂、地区、州和国家的数据可以根据需要合并或分类,以改进教学过程的各个方面:个别学生、学生子群体、教学计划、专业发展、课程等)。	·提供适当的技术基础设施和工具,支持学生掌握21世纪核心素养。 ·为每一个学生提供一个学习计划,明确学校在支持学生掌握核心素养内容和21世纪核心素养方面的作用。	

合作伙伴

	家长	企 业	社 区	高校	供应商
初始阶段	25%的家长可以全天候在线访问学生成绩信息。家长每年都要参加学校组织的规划讨论。	企业偶尔会与K-12合作伙伴合作，解决学生劳动力准备和大学准备问题。企业有时会通过技术项目和/或基础设施支持K-12学校。	社区领导者表示愿意制定区域教育和劳动力战略，以提高学生对21世纪核心素养的掌握能力。一些K-12领导者、社区组织、公共机构、图书馆和博物馆有时共享资源和设施以造福更大的社区。一些教育协会和专业组织表示愿意就21世纪核心素养开展协作工作。	25%的教师教育课程已将21世纪核心素养教学纳入所有职前学生的毕业要求之中。K-12和高等教育领导者有时会通过合作来提高学生可以进入大学的能力，但很少强调21世纪核心素养。	供应商提供支持学生掌握核心学科以及21世纪核心素养的内容、工具和资源。供应商提供技术支持的资源、评价和课程。
过渡阶段	25%~75%的家长可以全天候在线访问学生成绩信息。家长有时与学校和当地社区组织合作，支持学生掌握21世纪核心素养（如家长帮助确定和支持课外、课后生促进学生掌握21世纪核心素养的机会）。	商界领袖每年与K-12教育领导者进行一次讨论，确定培养学生成为21世纪劳动力和高等教育的关键问题。企业有时相关的实习机会和/或导师来支持K-12学校和学生，以提高学生对21世纪核心素养的掌握能力。	社区领导者调查了社区21世纪核心素养发展需求，确定了优先级最高的需求并在社区各团体之间建立了伙伴关系来满足该需求。一些社区项目会关注21世纪公民的核心素养发展。社区领导者定期与K-12领导者合作，发起创新项目，解决社区21世纪核心素养问题。	25%~75%的教师教育计划已将21世纪核心素养教学纳入到所有职前学生的毕业要求之中。K-12和高等教育领导者经常共同努力，提高学生对大学的准备程度，包括一些21世纪核心素养。教育学院偶尔会围绕21世纪核心素养掌握的有效教学和学习评价的方法进行研究。	供应商提供支持学生掌握核心学科以及21世纪核心素养的内容、工具和资源。供应商定期提供K-12领导者期望的21世纪核心素养的内容、工具和资源。大多数供应商都提供了电子形式和传统形式的材料。

续表

	合作伙伴				
	家长	企业	社区	高校	供应商
过渡阶段	超过75%的家长可以全天候在线访问学生成绩信息，包括学生学习21世纪核心素养的进度。家长定期与学校和当地社区组织合作，支持学生掌握21世纪核心素养（例如，家长在与K-12和社区教育机会的年度审查中任职；家长组织发起并支持关注21世纪核心素养的学校活动）。		K-12领导者、社区组织、公共机构、图书馆和博物馆定期共享资源和设施，以造福更大的社区。教育联盟、协会和/或专业组织围绕21世纪核心素养发起了一个区域或州范围内的项目。		
21世纪		企业领导者定期与教育领导者在正式（战略规划、目标设定）和非正式（志愿）环境中就职场和高等教育成功所需的素养进行建设性的对话。企业领导者与学校一起参与对K-12和社区教育机会的年度审查，以提高学生对21世纪核心素养的掌握能力。	社区领导者就21世纪目标已达成共识，以实现面向所有公民的"学习系统"，并以多种可用形式（传统媒体、社交媒体、社区聚会等）传达这一目标。非K-12学习型组织每年与K-12领导者、社区组织、图书馆、公共机构（如博物馆）、企业和其他机构进行协商，不断完善社区和/或地区的方法，以加强21世纪核心素养，不仅是对学生，而且是对所有公民。	75%以上的教师教育计划确保所有候选人都能参与到整合和使用21世纪核心素养的教学策略实践中。教育领导课程强调教师21世纪核心素养的发展。此外，教育领导者培养持续学习的教育工作者，为其创造学习环境，让教师合作和开发课程，提高学生对21世纪核心素养的掌握能力。教师拥有并能够利用强大的现有专业和教学知识、技能，包括21世纪核心素养、主题和核心学科知识。	供应商以可观察和可测量的方式创建全面整合学生21世纪核心素养内容、工具和资源的供应商在基于事实的、技术支持下的资源、评价和课程上投资，以提高学生对21世纪核心素养的理解水平和对21世纪核心素养的掌握能力。供应商在研发上投资，来改进21世纪的教学和核心素养的评价。

续 表

	合作伙伴				
	家 长	企 业	社 区	高 校	供应商
21世纪	家长理解21世纪核心素养目标的重要性，并在更大的社群（即学校以外的社群）中充当倡导者，为了将21世纪核心素养融入正规和非正规的学习环境（如在学校、在家庭中，通过课外活动、实习工作等形式）。	企业领导者为每一个高中生提供良好指导的实习机会和加强21世纪核心素养的其他机会。企业与学校建立伙伴关系，以创建培养21世纪核心素养的创新计划（如创建学生经营的信用合作社）。	以社区为基础的合作伙伴（博物馆、图书馆、非正式学习组织等）每年出版一份课程清单，在K-12学生中培养21世纪核心素养。以社群为基础的21世纪核心素养培养方法是支持地区经济和劳动力发展战略的一部分。教育联盟、协会和/或专业组织是当地和地区21世纪核心素养项目的积极领导者和合作者。	教职员工进行积极的研究，以确定成功的教学方法和其他做法，来提高21世纪核心素养的教与学，并将结果在整个K-12学习系统中与决策者和教育工作者共享。学生掌握21世纪核心素养是入学考试和大学准备的要求。	供应商开发强大的人力资本和专业发展工具，支持教育领导者、实践者和其他教育工作者掌握21世纪核心素养。

图书在版编目（CIP）数据

引领学校和区域教育变革的七步骤/（美）肯·凯，（美）瓦莱丽·格林希尔著；张晓蕾，何晓娜译. —上海：华东师范大学出版社，2021
（"核心素养与21世纪技能"译丛）
ISBN 978-7-5760-0701-5

I.①引… II.①肯… ②瓦… ③张… ④何… III.①学校教育—教育研究 ②社区教育—教育研究 IV.① G4 ② G77

中国版本图书馆 CIP 数据核字（2021）第 238758 号

大夏书系｜"核心素养与21世纪技能"译丛

引领学校和区域教育变革的七步骤

丛书主编	杨向东
著　　者	［美］肯·凯　瓦莱丽·格林希尔
译　　者	张晓蕾　何晓娜
策划编辑	龚海燕　李永梅
责任编辑	张思扬
责任校对	杨　坤
装帧设计	奇文云海·设计顾问
出版发行	华东师范大学出版社
社　　址	上海市中山北路 3663 号 邮编 200062
网　　址	www.ecnupress.com.cn
电　　话	021-60821666　行政传真 021-62572105
客服电话	021-62865537
邮购电话	021-62869887
地　　址	上海市中山北路 3663 号华东师范大学校内先锋路口
网　　店	http://hdsdcbs.tmall.com/
印 刷 者	北京季蜂印刷有限公司
开　　本	700×1000　16 开
印　　张	19.5
字　　数	280 千字
版　　次	2023 年 6 月第一版
印　　次	2023 年 6 月第一次
印　　数	4 000
书　　号	ISBN 978-7-5760-0701-5
定　　价	55.00 元
出 版 人	王　焰

（如发现本版图书有印订质量问题，请寄回本社市场部调换或电话 021-62865537 联系）